数字化转型理论与实践系列丛书

数字化的极简逻辑与方法

唐凌遥·编著

电子工业出版社
Publishing House of Electronics Industry
北京·BEIJING

内 容 简 介

本书着重从企业发展的角度讲清楚数字化的本质逻辑、如何应用新一代信息技术，以及在此过程中需要注意的组织建设、人才培养、各类力量的运用及可能遇到的问题。尽量让读者快速读懂其中的内容并掌握相关方法，能够立即运用到数字化工作中。

本书第一篇是数字化极简逻辑篇，介绍数字化的极简逻辑；阐述数字化是企业"不得不"的选择；通过将数字化目标格式化为数字化营销、数字化管理和数字化创新3部分，介绍数字化的目标和路径；同时，描述数字化与内部审计的关系。第二篇是业务运营系统篇，讲解"文化决定业务运营系统，而业务运营系统进一步保留和强化文化"的逻辑，介绍业务运营系统的持续迭代。第三篇是数字化系统方法篇，从业务、数据、应用、技术4个维度介绍极简数字化转型架构模型（LY-EA-DTM）。第四篇是数字化治理篇，介绍数字化的保障，包括数字化治理、组织机制、管理方式和组织文化4个部分。

本书适合数字化转型从业者、企业各级管理者阅读，也可作为高等院校相关专业本科生、研究生的参考用书。

未经许可，不得以任何方式复制或抄袭本书之部分或全部内容。
版权所有，侵权必究。

图书在版编目（CIP）数据

数字化的极简逻辑与方法 / 唐凌遥编著. —北京：电子工业出版社，2023.8
（数字化转型理论与实践系列丛书）
ISBN 978-7-121- 45998-6

Ⅰ. ①数… Ⅱ. ①唐… Ⅲ. ①数字技术－应用－企业管理 Ⅳ. ①F272.7

中国国家版本馆 CIP 数据核字（2023）第 131877 号

责任编辑：钱维扬
印　　刷：涿州市般润文化传播有限公司
装　　订：涿州市般润文化传播有限公司
出版发行：电子工业出版社
　　　　　北京市海淀区万寿路 173 信箱　邮编：100036
开　　本：720×1 000　1/16　印张：18　字数：345.6 千字
版　　次：2023 年 8 月第 1 版
印　　次：2025 年 6 月第 6 次印刷
定　　价：88.00 元

凡所购买电子工业出版社图书有缺损问题，请向购买书店调换。若书店售缺，请与本社发行部联系，联系及邮购电话：(010) 88254888，88258888。
质量投诉请发邮件至 zlts@phei.com.cn，盗版侵权举报请发邮件至 dbqq@phei.com.cn。
本书咨询联系方式：(010) 88254459，qianwy@phei.com.cn。

序 一

当前，我们面对一个最好的时代，以云计算、大数据、人工智能、物联网、区块链、5G、元宇宙等为代表的新一代信息技术发展日新月异，并不断交叉迭代，融合应用到经济社会各个领域，推动各行各业转型升级，快速向数字化、智能化迈进，给我们带来新的机遇。同时，我们也面临一个最不确定的时代，新冠疫情三年冲击，给服务业和工业企业带来巨大影响和冲击；逆全球化思潮与单边主义影响世界经济复苏；战争与局部冲突，导致世界动荡不安。

破解当前经济发展的不确定性，必须把握新一轮科技革命和产业变革新机遇，大力发展数字经济；而发展数字经济的基础是全面推动数字化转型；通过数字化转型，促进企业生产方式、商业模式、管理模式，以及创新模式的调整变革，强化产业链和供应链，以数据为核心要素，培育新的业态，摸索新的商业模式。

企业数字化转型，就是通过新一代信息技术与企业业务深度融合，实现以数据为核心的资源要素变革，以网络化为牵引的生产方式重构，以扁平化为方向的企业管理形态转型，以平台赋能为导向的业务模式创新，对传统管理模式、业务模式、商业模式进行创新和重塑，实现业务转型和向"变"而生。

然而，转型之路充满艰辛。企业数字化转型是一个复杂的系统工程，如何针对企业核心产品与服务，用数据思维来构建企业新的竞争力？如何在现有 IT 系统基础上，部署新的数字技术，实现业务、数据、应用、技术等协同运行？如何对接国家战略，将企业战略与企业的产品迭代及客户的个性化服务融为一体？企业的数字化项目如何更好地见到成效？运营管理、数据管理等有哪些好的方法可资借鉴？等等，众多企业家和 CIO 面临的各种难题需要理清逻辑，找到行之有效的方法去破解。

正是基于这样的背景，《数字化的极简逻辑与方法》一书便应时而出。作者唐凌遥先生，基于多年在华为总部、中国有色集团、飞利浦中国研发中心等企业数字化一线工作的经验，以及曾为三一集团、一汽丰田、一汽解放等提供伴随式数字化辅导或咨询服务的深厚积累，潜心研究，化繁为简，从华为、特斯拉等企业数字化转型具体案例的详细剖析，到独创性地构建数字化转型模型，进而总结提炼出企业数字化建设的方法论，为众多的企业家提供了新鲜的知识工具和参考指南。

《数字化的极简逻辑与方法》一书将复杂的企业架构比喻成一台"电脑"，将业务运营系统比喻为"操作系统"，强调企业必须构建良好的、可升级的操作系统，即业务运营系统；而数字化建设就是为企业构建和维护一个良好的、可升级的数字化业务运营系统的过程。书中强调，企业数字化是在数字空间为现实世界提供一个"数字孪生"，通过数字技术固化规则，突破时空限制，详细记录交易，实现信息对称、数据挖掘、自动化、个性化、智能化，从而有效驱动业务转型升级，由此，唐凌遥先生创造性地提出了一个"LY-DTM 数字化转型"模型，并清晰地阐述：战略是数字化的输入，业务是数字化的基础，数据是数字化的核心，应用是业务的镜像，技术是应用的支撑。

随后，作者又通过深入研究数字化与净资产收益率的关系、数字化和内部审计的关系、文化对业务运营系统的影响等，系统总结和分析了几种常见的数字化方法论，包括全球开放群组推出的侧重关键业务调整、全面提升业务效率的 TOGAF 框架，国际数字化能力基金会推出的专注于服务的端到端全生命周期管理的 VeriSM 方法，华为基于 TOGAF 框架而创建的统一数据、构建场景、适应大平台管理的数字化方法，以及国资委推荐央企使用的 T/AIITRE10001-2020 团体标准等。

在此基础上，书中创新的提出了 S-APAIP 的数字化系统方法："S"代表战略引领，"A"代表系统方法，"P"代表流程治理，"A"代表企业管理资产库治理，"I"代表信息化/数字化，"P"代表项目管理。这一方法，就是希望企业以战略引领，以系统方法统筹，以流程治理和企业管理资产库治理为抓手，对商业模式相关的规则/标准/流程及相关的逻辑进行数字化建设，整个过程通过项目管理方式推进。书中还对 S-APAIP 方法下的业务流程蜕变，数据映射和跨流

序 一

程共享，双模 IT、云原生等应用建模路径，以及新一代信息技术的工作原理和应用场景进行了系统阐述。正是基于这一方法，作者最终得出结论："一切业务皆能力，一切能力皆服务"，企业业务特征决定了其所需的能力，能力只有被内外部客户使用才能充分发挥价值增值的作用，这就必须通过数字化优化提升企业能力，并将能力服务化。

《数字化的极简逻辑与方法》一书中的独特创见，不仅让关注和研究数字化转型的各界人士耳目一新，而且为正在推动数字化转型的企业和企业家、信息技术主管提供了有效参考和借鉴。开卷有益，期待各界读者尽快打开这本新书，准确把握企业数字化的逻辑与方法，领略数字化转型的深刻奥秘，更好地推动产业企业的转型升级和价值提升。

刘九如

工业和信息化部电子科技委产业政策组副组长、

中国工信出版传媒集团编辑委员会副主任

序　二

　　数字化的浪潮正在以空前的速度席卷人类社会的方方面面，人们用"第四次工业革命"或者干脆用"数字革命"来描述这次深刻的变革。在这样的历史阶段，一切都在快速变化，并且充满了不确定性，人们因此心中充满焦虑：我们如何适应正在到来的新时代？这种焦虑是很有必要的，因为在这样的历史阶段，会有大量跟不上变化的企业甚至行业被淘汰。但是仅有焦虑是不够的，"怎么做"是必须回答的问题。

　　适应新时代变化的大方向，就是"数字化"。很多企业已经明白这一点，迫切地希望找到数字化转型升级的路径（本书作者提出，数字化转型是一个阶段，而数字化建设是更完整的内容），却发现这并不是一件容易的事情，因为关于数字化转型升级的路径目前并没有公认的、简单易行的答案。很多道理和逻辑，到了自己的企业中就发现不那么好用或者不知道怎么落地；别的企业或行业的做法，放在自己这里经常不适用或者"玩不转"。如何帮助企业完成数字化转型、实现数字化建设、跟上新时代的浪潮，这恐怕是当前社会最迫切的一个需求了。

　　本书作者基于多年对不同企业数字化建设的伴随式辅导经验，对究竟如何帮助企业可实操地推动数字化建设，进行了系统化的梳理，形成了一套比较全面的操作参考，可谓是实战派的经验总结，应该是当前阶段对企业具有重要价值的参考书。

　　我本人对其中的一些特点尤其印象深刻，在这里略作阐述：

　　企业的数字化建设，是围绕企业发展目标，以企业整体为对象开展的系统工程，而不是简单的数字化相关技术的应用。一些技术人员容易忽略技术之外的工作，但经常发现"组织"才是整体、"业务"才是核心。本书的内容就不仅包括技术方面的介绍，还包含了组织、管理、文化、人才等更重要的方面。企业数字化的目标，也不是传统业务逻辑下通过新技术实现效率的提升，本书提出明确的目标是数字化的营销、管理和创新。

  这些特点，在我的行业领域中其实也得到了验证。例如，很多人依然把数据安全当作纯技术问题，我们提出要"以组织为单位"，围绕一个组织（企业）建设整体的数据安全能力体系并且加以衡量，其中就必须融合加入组织建设和人才、机制和制度等方面的内容才可能实现。

  因此，"破圈"与"融合"，也是适应新时代的必要能力。本书的推荐读者中，包含企业高管、数字化团队和业务团队人员等，我希望每位读者不要先给自己限定"这是我的工作范围"，而要努力突破自己的边界，从企业的整体来看问题和理解问题，从盒子之外来找方法，相信会有非常大的收获。

杜跃进

360科技集团副总裁兼首席安全官、

阿里巴巴集团前副总裁兼首席安全专家、

网络安全应急技术国家工程实验室前主任

序 三

这本书的底层逻辑基础是系统论和系统思维。系统由两个或者两个以上的要素（组件、对象）组成，要素间存在着有机联系和相互作用，这种联系和相互作用决定了系统具备特定功能和目的。一个系统一般而言具备整体性、目的性、涌现性和开放性四个基本特征。系统的目的性根据需求表现为客户提供的价值；开放系统与外界有物质、能量与信息的交换与流动，形成物质流、能量流与信息流，而物质流与能量流是通过信息流反映出来的。系统功能的维持、系统间要素通过关系发生作用，都要通过信息反馈，而数据是信息的载体。数字技术让数据加速流动，实际上在为系统"加速"，这也是为何在数字化浪潮的当下，数据成为一个组织的核心资产和基本生产要素。

本书对数字化的概念进行了重新思考和重新定义，把企业这个经济系统描述出来的对象称作"业务运营系统"，主要由各类业务规则、管理规则组成，驱动内外部生产要素循着相应规则发生关系，企业的数字化即其业务运营系统的数字化。

本书一个鲜明的特色在于使用了基于模型的系统工程（Model-Based Systems Engineering，MBSE）思维，构建了企业底层业务逻辑模型，此模型包括三块内容：（1）数据要素的数字化，即建设主数据、参考数据（基础数据）。（2）要素间关系的数字化，即建设规则数据。（3）要素通过关系发生作用过程的数字化，即建设事务数据（记录）、观测数据、报告数据、非结构化数据等。

而要做好数字化工作，和系统治理一样，企业需要进行相应的组织变革和数字化人才培养，逐步改变现有习惯，建立新的文化，通过成立数字化治理组织等措施保障数字化治理的有效性，才有可能做好具体的企业数字化工作。

本书作者从介绍数字化的极简逻辑模型着手，花大篇幅介绍了系统论的基础内容，让读者抓住数字化的重点和本质：数字化建设必须扎根业务价值、回归商

数字化的极简逻辑与方法

业本质，关注系统的功能和目的；要素的数字化是基础，要素间关系的数字化是关键，要素间发生关系过程的数字化是结果。同时，本书还详细介绍了业务运营系统建设和维护的方法、数字化具体落地的企业架构方法、华为数字化方法论等，以及相应的组织变革方法和数字化人才应该具备的能力、素养等。

本书以系统论和系统思维为基础，完整地阐述了数字化建设逻辑，并以数据为中心连接物理现实世界和虚拟数字世界，有效融合了业务和 IT 双轮驱动，解决了业界业务和 IT 两张皮的难题。在数字化资料汗牛充栋的今天，本书作者重新思考和重新定义（Rethink & Redefine）了数字化的相关概念以及可行的实践落地方法，独创性地提出了"企业操作系统"新概念，让人耳目一新，相信读者一定会通过阅读本书得到价值，并能更好地帮助企业高效地落地数字化。

张玉宏
钱学森系统工程思想研究室成员、
前美国通用电气 GE 公司爱迪生工程发展项目 EEDP 核心教练

为什么写这本书？

现在有关数字化的书籍、公众号文章、视频、讲座等内容浩如烟海，各协会、智库、大学、咨询机构、专家、大V等似乎都在讲数字化。其中大部分的内容可大致分成两类：一类是讲"大"的方面，如数字化政策、数字经济、行业数字化趋势、数字化标准、数字化方法论或标杆案例等；另一类是讲"小"的方面，如具体的新一代信息技术应用（如云平台）、某个具体方面的数字化（如供应链数字化）、某个具体领域（如数据资产管理）等。可是，企业很快发现"大"方面的内容对于自己通常不那么容易落地，而"小"方面的内容似乎又常和自己最关心的价值点或核心问题不很相关，数字化负责人工作开展不顺畅，咨询公司或数字化供应商的方案似乎没问题但远未达到预期的价值，上马的数字化项目似乎总在隔靴搔痒，着实让人迷茫。

这几年找笔者合作的企业，几乎都被大机构、大厂、大专家"轰炸"过，他们交过无数"学费"后发现：想做真正的数字化的企业，特别需要简单易懂的、洞悉数字化本质的逻辑和配套的方法，只有紧密结合企业的实际情况，将"大"与"小"之间的逻辑断层打通，整理出一套适当的、可落地的赋能方案，才能合理利用好业务骨干、专家、大机构、大厂提供的能力和解决方案，将数字化深度融入企业治理、发展战略、商业模式、运营机制等。

在市面上眼花缭乱的数字化内容中，有关数字化本质逻辑、整体思维和具体落地的资料十分稀缺，而这些恰恰是有关如何将数字化方法、资源赋能于具体场景的关键所在。

基于此，笔者在之前出版的两本数字化图书（《企业信息化：企业架构的理论与实践》《企业架构的数字化转型》）相关思想和内容的基础上，继续将多年学习和伴随式辅导实践中提炼的心得与体验，升维抽象、整理成极简的逻辑与体系，用简单的图形和通俗的文字表述出来，让晦涩的逻辑和繁杂的技术一目了然，分享给切实有需要的企业管理者和数字化建设者们。

笔者的前两本数字化图书曾被数家大型集团企业用作内部数字化教辅材料，并被一所大学采纳为数字化相关课程的教材。在本书中，笔者用尽量简洁的文字进行表述，对之前两本书的内容进行了升级，逻辑上更加缜密，内容上更加实用，希望不让读者失望。

本书的特点

这是一本讲如何"干活"的书，通俗讲就是：如何把数字化"大"的方面与"小"的方面打通，并应用于企业数字化实际建设过程的逻辑与方法。

本书不是理论书籍，为了在薄薄一本书中讲清楚复杂的数字化逻辑，必须对素材进行升维提炼，但升维后会让内容显得抽象，甚至介绍系统论的部分内容，可能会让读者误以为在讲理论。实际上本书的核心内容均是多年实践和学习所得，且比较实用，而笔者没有实践过或者没有想明白的内容，不敢写进本书，以免辜负读者的信任，耽搁大家宝贵的时间。对于结构性思维、系统思维不强的读者，他们可能不能马上理解本书的全部内容，但书中对"LY-DTM"（极简数字化转型模型）、"文化－规则"模型以及其他模型的一些叙述，非常简单、直白、实用，值得多看多想，内化于心，相信读者一定会有所得。

本书虽未涵盖基础理论、技术发明或创新，但笔者通过学习先进、前沿的知识和经验，并在实践中组合、创新地使用，学其神，活用其形，将心得体验提炼成本书内容。期待可以帮助大家结合企业具体场景，规划合适路径，选用好资源，做好数字化工作。

本书会讲一部分信息技术（IT）的内容，但仅限于帮助读者了解关键信息技术的工作原理及应用场景，阅读本书不需要特别专业的信息技术知识积累或技术背景。若读者有进一步了解相关信息技术细节的需要，建议阅读其他的专业书籍。

前　言

在提到"数字化"时，大多数人习惯性地会和"转型"联系在一起，所以"数字化转型"是个高频词、网红词。实际上，"数字化转型"是"数字化建设"的阶段性、部分性工作，不能代表数字化建设的全部内容。为了叙述方便和避免歧义，本书中会把"数字化建设"与"数字化转型"混用，通称为"数字化"，需要区分的地方会特别说明，本书书名也选取了"数字化"这个词：既可以当名词用，表示数字化建设/转型工作本身；也可以当动词用，表示数字化建设/转型的过程。

最后，本书绝对是本"干货"书，避免讲大道理和技术细节，不拼凑字数，不讲好听的故事哗众取宠，而注重逻辑与实战。笔者明白本书肯定没法让所有人喜欢，但相信对正在寻求合适数字化解决方案，且真正想做好数字化工作的企业和从业者会有实实在在的价值。

本书观点

如果把企业看成一台电脑，那么上规模的企业需要为其自身构建一个良好的、可敏捷升级的"操作系统"，即业务运营系统，也叫业务操作系统。在此业务运营系统之上，让企业各项资源和各项管理要素与系统进行很好的匹配与锚定，方可使得各项业务顺畅运行，给企业带来持续收益。

企业数字化的过程就是企业打造和维护数字化业务运营系统的过程，利用新一代信息技术带来的"固化规则、突破时空限制、记录交易、信息对称、数据挖掘、自动化、智能化、驱动商业升级……"能力，让企业更加敏锐、灵活，持续夯实企业基础和提升企业的竞争力。

数字化业务运营系统的建设过程是一项复杂的系统性工作，需要使用科学的系统方法和对应可落地的工程方法，通过跨领域、跨单位、跨层级的团队协作来进行，数字化工作方能顺利落地并可持续优化。借助与数字化相关的系统方法，可从整体的角度厘清企业各个资源与要素间的关系，用可落地的工程方法来搭建卓越的数字化业务运营系统。

本书的价值

本书旨在帮助读者及所在数字化团队：

- **统一数字化思维及思路**：团队思维一致才方便沟通，思路一致才方便达成对方案的共识。本书中的模型、方法和观点等，可以帮助团队快速统一数字化的思维及思路。
- **建立极简有效的思维模型**：帮助将极简的系统思维及数字化极简模型等快速内化于心，直接应用于思考、决策、学习和工作中。
- **了解数字化工作方法**：有助于参与关键问题讨论，充分理解和参与数字化方案设计过程，并控制数字化工作节奏和质量等。
- **增强行动一致性**：帮助数字化团队做到逻辑一致、方法一致、表达一致、目标一致、步调一致、行动一致等，从而高效协作，有序开展数字化及其持续优化工作，切实提升组织效能。
- **更好读懂、理解其他数字化资料**：基于本书的逻辑和方法，读者可以更好读懂、理解其他数字化方法类、信息技术类书籍和资料，更快理解所接触的数字化方案，更有效地参与各种沟通，更实际地结合现状思考所在企业的数字化相关议题。

本书的内容安排

本书分为4篇：

第一篇　数字化极简逻辑篇。

第1章　绪论。先介绍一个传统企业的数字化案例与一个数字化原生企业的数字化案例，展示数字化的价值；而后从企业喜欢的数字化相关问题及企业数字化行动可能遇到的困难着手，讲解当"数字化"成为必修课、必答题时，其根本解决方案是培养自身的数字化团队，应急辅助方案是采用伴随式辅导服务。

第2章　数字化的极简逻辑。本章是第一篇的核心。着重介绍极简数字化转型模型（LY-DTM），讲清楚"战略是输入、业务是基础、应用是镜像、数据是核心、技术是支撑"的逻辑。该模型是本书的基础模型，也是笔者数字化体系的根基。

第3章　数字化的"不得不"。通过净资产收益率（ROE）指标、落地发展战略和时代趋势分析，阐述数字化是企业"不得不"的选择。

第4章　数字化的目标和路径。介绍数字化的目标和路径。基于净资产收益率的3个计算因子，以及华为、埃森哲等的数字化目标分类，将数字化目标格式化为数字化营销、数字化管理和数字化创新3部分。通过比较分析这3个目标，给出简约的数字化路径建议。

第 5 章 数字化与内部审计的关系。介绍数字化审计的概念，以及数字化审计与数字化的关系，建议将内部审计力量纳入企业数字化团队。

第二篇 数字化业务运营系统篇。

第 6 章 业务运营系统概述。首先介绍系统的概念、关系的重要性、综合集成法、数字化与生产关系间的联系，以及数据对于系统的重要作用；其次，基于系统引入业务运营系统的概念，讲解业务运营系统的构成、运行原理、规则的重要性，阐明数字化是固化规则的好手段，强调规则是构成业务运营系统的重要组成部分，通过"文化－规则"模型讲解"文化孕育规则、规则决定行为、行为导致事件"的逻辑，通过业务运营系统运行原理讲解"文化决定业务运营系统，而业务运营系统进一步保留和强化文化"的逻辑，提出企业数字化就是打造与维护数字化业务运营系统的过程；再次，强调业务运营系统需要系统管理员；最后，介绍系统工作者的素质模型。

第 7 章 业务运营系统的持续迭代。介绍业务运营系统的工作原理及持续迭代的方法，主要包括：精益思想、跨领域沟通和敏捷迭代；等式"数字化时代下的精益 = 精益思想 + 跨领域沟通 + 敏捷迭代 + 新一代信息技术"的应用。

第三篇 数字化系统方法篇。

第 8 章 数字化业务运营系统需要系统方法。内容包括：系统的概念及组成，企业架构方法——经过检验的构建数字化业务运营系统的方法；TOGAF 框架；华为数字化转型方法；VeriSM 数字化方法；团体标准 T/AIITRE 10001-2020；推荐的数字化工程方法——S-APAIP。

第 9 章 业务架构：业务是基础。详细介绍"业务架构是基础"的逻辑，以及业务架构建模方法，主要包括从价值流到业务流程的蜕变、CBM 方法和流程梳理的 Y 模型等。

第 10 章 数据架构：数据是核心。详细介绍"数据架构是核心"的逻辑，以及数据架构建模方法，主要包括业务到数据的映射、数据的跨流程共享等。

第 11 章 应用架构：应用是镜像。详细介绍"应用架构是镜像"的逻辑，以及应用架构建模方法，主要包括业务到应用的映射、双模 IT、云原生应用、DevOps 等。

第 12 章 技术架构：技术是支撑。详细介绍"技术是支撑"的逻辑，以及数字化平台的概念与作用，同时介绍了新一代信息技术的工作原理和应用场景。

第四篇　数字化治理篇。

第 13 章　数字化的组织变革。介绍数字化的保障。包括 4 个部分：数字化治理、组织机制、管理方式和组织文化。

附录 1：详细介绍伴随式辅导解决方案。

附录 2：介绍一个数字化迁移示例。

本书的读者

- 企业管理高层，包括董事会成员、经理班子（含 CEO、CFO、COO、DTO、CDO、CIO、CTO 等）；
- 企业数字化团队的成员，包括领导者、设计者、实施者、监督者等；
- 职能部门管理者和业务管理者，包括部门负责人、业务项目经理、业务骨干等；
- 参与企业数字化的供应商团队的负责人和骨干等；
- 数字化转型规划设计人员；
- MBA 学员等。

版权

本书大部分内容为从现场实践及系统性的学习中归纳、思考、提炼后的原创内容；少量内容是对接触到的有参考价值的资料进行消化、吸收、转换后，以笔者的视角进行呈现的。本书中引用的他人版权内容尽可能写明了出处，以表示对原创者的尊重和感谢；若读者发现有遗漏之处，请予以提醒，以便本书再版或重印时予以改正。同样，欢迎喜欢本书的读者引用本书的内容，烦劳在引用时亦注明出处，创作不易，恳请配合。

在阅读本书过程中，若发现纰漏或有好的想法，请联系作者，欢迎批评指正。

联系方式

微信号：renzhetiger　　电话：18128855662

微信公众号：数字化精灵　　邮箱：3969493@qq.com

第一篇 数字化极简逻辑篇

第1章 绪论 /3

两个数字化案例 /3
传统行业：华为的数字化转型 /3
新兴产业：数字化的特斯拉 /6

最常见的几个数字化问题 /7
数字化到底是什么 /7
请直接告诉我做什么 /10
这个数字化项目的 ROI 是多少 /13
同样是调整核心流程，数字化与信息化有何不同 /15
如何在现有 IT 基础上准备数字化 /19

数字化行动之困 /20
数字化培训不能学以致用 /20
数字化项目效果不佳 /21
请来的数字化"大牛"难以着床 /22

数字化行动之策 /25
需要将数字化看成变革工作 /25
成立跨部门的数字化团队来负责数字化工作 /26
设立专门的 DTO、CDO 或 CIO 并对其充分授权来抓
数字化的执行 /26
根本解决方案：打造自身数字化团队 /27
应急辅助方案：伴随式辅导服务 /27

第2章 数字化的极简逻辑 /29
极简数字化转型模型 /29
业务是（数字化）基础 /30
数据是（数字化）核心 /31
应用是（业务的）镜像 /32
技术是（应用的）支撑 /33
业务、数据、应用、技术的对比 /34

第3章 数字化的"不得不" /35
从净资产收益率看数字化 /36
从企业发展战略的视角看数字化 /38
数字化时代企业的未来定位 /40

第4章 数字化的目标和路径 /41
数字化的目标分类 /41
根据净资产收益率进行分类 /41
数字化目标的比较 /43
企业内部的数字化与企业外部的数字化 /44
产业互联网 /45
数字化的路径识别 /47

第5章 数字化与内部审计 /51
内部审计与外部审计 /51
数字化内部审计 /52
数字化与内部审计的关系 /53

第二篇 数字化业务运营系统篇

第6章 业务运营系统概述 /59
关于系统 /59

目　录

　　系统的定义　/59
　　系统中"关系"的重要性　/61
　　系统的综合集成　/61
　　数字化与生产关系　/63
　　数据对于系统的重要作用　/64

业务运营系统是企业的"操作系统"　/65
　　业务运营系统　/65
　　业务运营系统的构成　/66
　　规则的重要作用　/67
　　尽量将工作规则化　/74
　　数字化是固化规则的好手段　/75
　　业务运营系统的运行原理　/76
　　业务运营系统完整程度影响对比　/78
　　业务运营系统的组件　/78
　　数字化业务运营系统　/80
　　业务运营系统的案例　/80

复杂企业需要卓越的业务运营系统　/81
　　复杂企业面临的系统性问题　/81
　　卓越的业务运营系统能有效解决问题　/83

业务运营系统需要系统管理员　/84
　　钱学森提出的总体设计部　/85
　　有必要建立数字化团队　/85

系统工作者的素质模型　/86
　　具备责任心　/86
　　有系统思维和系统观点　/87
　　有良好的沟通和协调能力　/87
　　掌握跨领域的知识　/88
　　有"成人达己"之心　/88
　　能"自省自查"　/89

第7章 业务运营系统的持续迭代 /91

持续迭代 /91
  持续迭代的逻辑：PDCA 与 SDCA /92
  各层管理者的工作重点 /94

数字化与精益的关系 /96
  精益简述 /96
  数字化时代下精益的重要实现方式 /97

跨领域沟通 /98
  为什么需要跨领域沟通 /98
  数字化领导力的工具是跨领域沟通 /101
  跨领域沟通模型：民主集中制、统一表达、统一行动 /102
  数字化需要的"3股力量"：业务骨干+专家力量+外部力量 /104

敏捷迭代 /106
  敏捷思想 /106
  杠杆解 /107
  杠杆解工作模型 /110

第三篇 数字化系统方法篇

第8章 数字化业务运营系统需要系统方法 /115

系统方法的定义 /115

打造和维护数字化业务运营系统需要系统方法 /116

企业架构的定义和构成 /117
  架构的定义 /117
  企业架构的定义 /118
  企业架构的构成 /120

TOGAF® /122
  TOGAF®的组成部分 /122
  ADM 的构成和使用 /123

华为数字化转型方法 /127

 统一思路至关重要 /128

  "1 套方法"：从建设到运维全覆盖 /129

  "4 类场景"：通过数字化实现关键业务重构 /133

  "3 大平台"：数字化的保障和支撑 /134

 华为数字化的 8 个成功要素 /135

VeriSM^{TM} /136

 VeriSM^{TM} 是数字化转型的顶层方法 /136

 VeriSM^{TM} 的核心价值主张 /137

 VeriSM^{TM} 是一个综合集成方法 /137

 VeriSM^{TM}：一切皆服务，整个企业是一个提供服务的组织 /138

 VeriSM^{TM} 提供了一个数字化模型 /139

 VeriSM^{TM} 与 TOGAF® 对比 /142

团体标准 T/AIITRE 10001-2020 /143

 5 个视角 /144

 5 个过程方法 /146

 5 个发展阶段 /147

简易的数字化方法：S-APAIP /149

 S：战略引领 /151

 A：系统方法 /152

 P：流程治理 /152

 A：企业管理资产库治理 /153

 I：数字化/信息化 /154

 P：项目管理 /155

一切皆服务 /157

第9章 业务架构：业务是基础 /159

 业务架构的定义 /159

 从价值流到业务流程的蜕变 /161

　　　　价值流、业务能力与业务流程之间的关系 /161
　　　　价值流→业务能力→业务流程 /162
　　　　流程梳理 Y 模型 /164
　　　　矩阵式结构中的部门管理与项目管理 /165
　　　　如何做好部门经理 /169
　　CBM 建模方法 /170
　　　　自上而下 /171
　　　　自下而上 /172
　　　　参考第三方 /172
　　业务组件模型 /173
　　　　业务组件 /173
　　　　业务组件模型（CBM）的应用 /177
　　CBM 的两种表示方式 /178
　　　　方式一：CBM 的 3 层组件结构 /178
　　　　方式二：组件分类结构 /179
　　　　识别"热点"组件 /180

第 10 章　数据架构：数据是核心 /183

　　数据架构的定义 /183
　　数据无处不在 /184
　　业务到数据的映射 /185
　　数据的跨流程共享 /186
　　数据的分类 /188
　　　　主数据与参考数据 /188
　　　　规则数据 /189
　　　　事务数据 /190
　　　　报告数据 /190
　　　　元数据 /190
　　　　结构化数据 /191

非结构化数据 /191
数据仓库与数据湖 /191
数据治理 /193
　　数据治理标准 /193
　　数据模型 /195
　　数据标准 /196
　　数据质量管理 /197
　　"左右对齐，上下一致" /197
　　业务方案与数据解决方案密不可分 /199

第11章　应用架构：应用是镜像　/201

应用架构的定义 /201
业务到应用的映射 /202
双模 IT /203
云原生应用 /203
DevOps /204

第12章　技术架构：技术是支撑　/207

技术架构的定义 /207
快速了解新一代信息技术 /208
　　虚拟化与分布式 /208
　　IaaS+PaaS+SaaS+DaaS+aPaaS /208
　　应用系统从单体架构到微服务网格架构的演变 /209
　　从单体服务到容器的转变 /212
　　区块链 /213
　　大数据 /214
　　AI /215
　　云管理平台 /216
数字化平台 /217

第四篇 数字化治理篇

第 13 章 数字化的组织变革 / 223
数字化治理 / 223
组织机制 / 224
管理方式 / 227
组织文化 / 227
"一把手"工程 / 228
　关注利益相关方 / 229
　　考核与激励 / 231
持续机制 / 234

附录 1　伴随式辅导服务（解决方案）/ 235
专家的遴选 / 235
服务的价值 / 236
服务的内容 / 237
工作的前提 / 238
工作的方式 / 239
合作的方式 / 239
风险的控制 / 240

附录 2　数字化迁移示例 / 241
示例场景 / 241
策划 / 243
　建立组织 / 243
　项目原则 / 243
　差异分析 / 244
战略引领 / 245
　利用新一代信息技术获取商业价值 / 245
　数字化转型的根本任务是价值体系优化、创新和重构 / 246

　　　　数字化转型的核心路径是新型能力建设　/246
　　　　数字化转型的关键驱动要素是数据　/246
　　能力识别　/246
　　解决方案　/247
　　　　组织　/247
　　　　流程　/248
　　　　数据　/249
　　　　应用及技术　/250
　　项目建设　/257

参考文献　/259

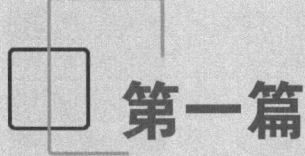 第一篇

数字化极简逻辑篇

穀物の政治経済学

第 1 章

绪　论

两个数字化案例

传统行业：华为的数字化转型[①]

华为从 1998 年便开始流程变革和信息化建设，一直到 2017 年，终于通过一系列变革项目逐步构建起了相对完备的流程管理体系和 IT 系统。主要包括：

- 1998 年：华为启动了 IT 策略与规划项目，在 IBM 顾问的帮助下定义了企业竞争定位、业务构想和变革愿景，并规划了 13 个支撑业务构想的变革与 IT 项目。
- 1999—2003 年：集成产品开发（IPD）项目，以客户需求为导向，将产品开发作为一项投资来管理，重组产品开发流程和管理体系，加快市场反应速度，提升产品质量和竞争力。产品平均开发周期从 74 周缩短至 48 周，产品故障率从 17% 降低至 1.3%，客户满意度提升 30%。
- 1999—2004 年：通过集成供应链（ISC）项目，从各自为政的供应链功能型组织转变为以客户为中心的集成供应链体系，通过供应的灵活性和快速响应能力形成竞争优势。库存周转率提升 45%，订单履行周期缩短 40%，

[①] 主要整理自《华为数字化转型之道》，该书由华为企业架构与变革管理部编写，机械工业出版社，2022 年出版。

成本降低 35%。

- 2006—2014 年：集成财经服务（IFS）变革项目，系统性提升企业的全球财务能力，实现损益可视、风险可控、准确确认收入和现金流入加速。开票触发准确率从 76%提升至 97%，收入触发准确率从 53%提升至 91%，应收账款周转天数从 127 天降低至 75 天。
- 2007—2016 年：客户关系管理（CRM）项目群，建立了从线索到回款（LTC）、管理客户关系（MCR）等流程，规范了全球销售业务，将合同质量标准构筑在流程中。

这个阶段持续的流程变革和信息化建设支撑了华为公司的高速发展：1998 年收入 10 亿美元，2007 年收入 126 亿美元，2010 年收入 280 亿美元，2013 年收入 395 亿美元。但随着华为业务全球化、超大规模、多业态的特点越来越突出，越来越厚重的流程、围绕功能建设的 IT 系统以及被 IT 系统割裂的数据给企业的进一步发展带来了新的问题。正是在这样的背景下，华为开启了自身的数字化转型之旅。

华为从 2016 年开始数字化转型变革，一直到 2021 年，取得的部分成果如下：

- 人效提升：实现销售收入翻番，但人员未显著增长。
- 运营商业务：ICT 产业存货周转天数下降 60%。
- 企业业务：PO 订单从接收到发货的时间下降 30%，海外合作伙伴全流程自主交易比例达到 100%，渠道伙伴业绩激励 60 秒到账。
- 消费者业务：数字化门店体系已覆盖 5000 家以上体验店，支撑门店交易、用户经营和门店运营。
- 全球物流业务：全球物流业务中有 80%的确定性作业实现了自动化；智能仓储实现订单快速出库，手机终端产品的出库时间缩短 50%。
- 智能制造：从物料上线到手机包装完成的整个流程只需要 14 人，每 28.5 秒产出一部智能手机，生产效率是智能制造推行前的 6 倍；设计与制造融合，使产品开发及试制周期缩短 20%，可制造性问题减少 30%。
- 数字化产品：WeLink 办公协同、ROMA 连接平台、智慧园区等内部服务

第1章 绪　论

实现能力外溢，成为面向客户的产品与解决方案。
- 数据治理：数据质量已达到"基本满意"。

……

这期间，华为 2014 年收入 465 亿美元，2016 年收入 786 亿美元，2020 年收入 1367 亿美元。

以上这些变化是许多传统制造企业梦寐以求的结果；但是也看得出来，数字化的投资不是一朝一夕就能见到成效的，华为在 1998—2017 年花了 10 年时间打好了流程管理和数字化的基础，而 2016—2021 年集中发力，又耗时 5 年多才取得这么好的数字化转型的成绩。

基于数字化转型的成功经验，华为总结了一套自己的方法，本书将在第 8 章进行详细介绍。图 1-1 为该方法对应的华为现阶段的数字化转型框架。

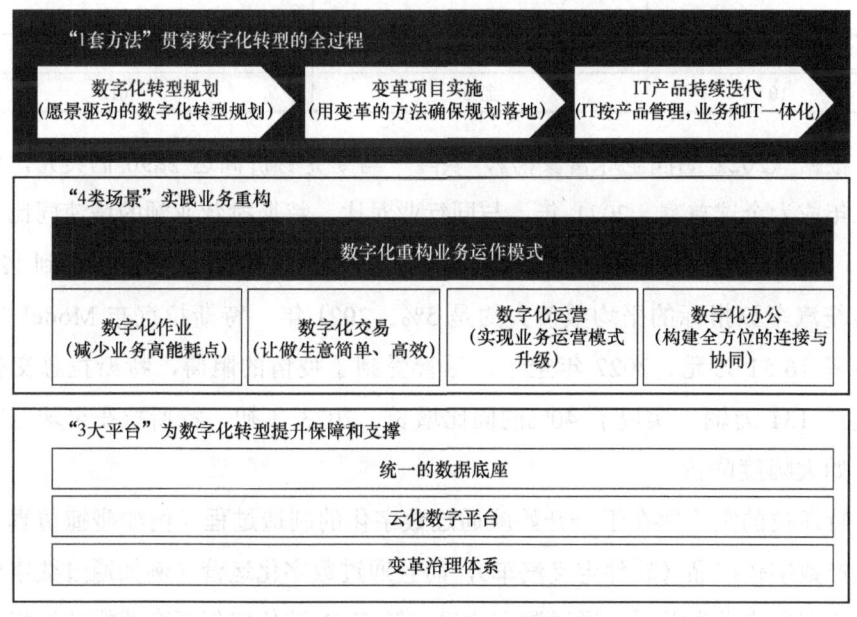

图 1-1　华为数字化转型框架①

---

① 图片源自《华为数字化转型之道》。

新兴产业：数字化的特斯拉

2021 年 10 月，特斯拉的市值首次突破万亿美元关口，超过丰田、大众、通用等数家传统汽车巨头的市值总和，见表 1-1。

表 1-1　2021 全球上市汽车厂商市值排行榜 TOP10（前 10 名）[①]

排　名	车 商 名 称	市值/亿美元
1	特斯拉	10146.3
2	丰田	2795
3	比亚迪	1308.4
4	戴姆勒	1030.7
5	大众	976.4
6	通用	838.5
7	长城	783.5
8	蔚来	676.2
9	福特	639.2
10	宝马	612

根据《2022 胡润全球富豪榜》，埃隆·马斯克身价高达 2890 亿美元，连续第二年成为全球首富。2021 年，与同行业对比，特斯拉营业额的增速同比大于 50%，而传统汽车都在 0%到 20%区间内波动；特斯拉的营运利润率达到 12%，而传统汽车该指标的平均数值大约是 5%。2021 年，特斯拉宣布 Model Y 价格直降 16.51 万元。2022 年全年，尽管受到了疫情的阻碍，特斯拉总交付量仍超过 131 万辆，实现了 40%的同比增长。2023 年初，特斯拉在全球范围内又开始大幅度降价。

特斯拉的撒手锏在于一开始就通过数字化的制造过程（例如碰撞仿真等）来生产数字化产品（软件定义汽车），而且通过数字化运营（例如通过数字化直营直接和用户发生关系，通过数字化平台链接 B 端伙伴创新商业模式）极大地降低成本、提高客户体验、增加收入，同时创新商业模式，从而带来差异化的竞争优势。特斯拉就是汽车界的苹果，开创了数字化的先河，重新定义了汽车，开启了一个新的时代。

---

① 数据源自"勾股大数据"。

第1章 绪 论

尽管现在特斯拉面临非常多的挑战和竞争，2023年初市值缩水严重，但其在同行业的对比中仍然遥遥领先（见表1-2）。

表1-2 2023全球上市汽车厂商市值排行榜TOP10[①]

排 名	车商名称	市值/亿美元	
		2022年1月7日	2023年1月3日
1	特斯拉	10310	3413.5
2	丰田	2767.4	1888.7
3	比亚迪	922.6	967.6
4	大众	1342.5	766.2
5	戴姆勒	739.2	726.3
6	宝马	705.1	597.8
7	通用	904.1	480.5
8	现代	700.5	477.6
9	福特	976.7	469.6
10	Stellantis	648	468.8

最常见的几个数字化问题

数字化到底是什么

在本书前言中提到本书会把"数字化建设"与"数字化转型"混用，通称为"数字化"。

"数字化"既是名词，又是动词。"数字化"作为一个名词，用来表示数字化建设/转型工作本身，是指企业通过数字化的行动或过程获得一个满意的数字化的状态或结果；"数字化"作为一个动词，是指企业开展数字化建设/转型的行动或过程，这个过程的结果是达到或形成用名词"数字化"表述的状态或结果。这里的过程既包括建设过程（从0到1），也包括维护过程（从1到N）。

---

① 源自"盖世汽车"整理的数据资料。

不管是讲数字化建设、数字化转型还是讲数字化企业或其他，其中"数字化"是定语不是主语，是配角不是主角，是工具和过程而不是本体，主语、主角、主体是"建设""转型"和"企业"，任何时候数字化都需要回归和扎根业务、商业本质和企业的可持续发展。

关于数字的定义非常多，但主流的定义基本趋于一致。这里仅引用团体标准 T/AIITRE 10001-2020[①]、VeriSM^{TM}[②]及华为的定义。

团体标准 T/AIITRE 10001-2020 中对数字化的定义：顺应新一轮科技革命和产业变革趋势，不断深化应用新一代信息技术，激发数据要素创新驱动潜能，打造提升信息时代生存和发展能力，加速业务优化升级和创新转型，改造提升传统动能，培育发展新动能，创造、传递并获取新价值，实现转型升级和创新发展的过程。

VeriSM^{TM} 对数字化的定义：数字化技术的应用给整个组织各方面带来的变革，包括从销售到市场、产品、服务乃至全新商业模式。

华为在《华为数字化转型之道》中对数字化的定义：企业利用先进技术来优化或创建新的业务模式，以客户为中心，以数据为驱动，打破传统的组织效能边界和行业边界，提升企业竞争力，为企业创造新价值的过程。

数字化可以带来固化规则、突破时空限制、记录交易、信息对称、数据挖掘、自动化、个性化、智能化、控制风险、驱动商业升级、全面价值提升等好处，具体如下：

- 固化规则：拒绝业务的线下操作，强行固化、巩固规则，并便于审计；
- 突破时空限制：全连接、业务在线、随时随地处理业务和沟通信息；
- 记录交易：将交易过程如实记录下来，为数据挖掘等做准备；
- 信息对称：主体、配置、交易等信息跨单位、跨流程、跨领域、跨层级共享；
- 数据挖掘：可以基于业务沉淀的真实数据进行挖掘；
- 自动化：对规则确定的业务做自动化处理，减少人工、简化管理；
- 个性化：敏捷应对业务场景变化；
- 智能化：对规则不确定的业务通过智能化进行补充；

---

① 团体标准 T/AIITRE 10001—2020《数字化转型新型能力体系建设指南》：由中关村信息技术和实体经济融合发展联盟牵头编制，被国资委推荐作为央企数字化建设的标准。

② VeriSM^{TM}：由国际数字化能力基金会-IFDC (International Foundation of Digital Competence) 发布的全球数字化转型与创新管理知识体系。为组织数字化转型提供理论框架、指导原则、管理模型、实践案例。

第1章 绪　论

- 控制风险：将风控重心放在事前、事中，强化业务开展过程中的监控、预警，以及事后取证与复盘；
- 驱动商业升级：业务创新、商业模式创新；
- 全面价值提升：体验价值、成本价值、平台价值、生态价值等。

这些好处不是在信息化时代那样简单配置几个系统或买几台服务器、云服务就能实现的，需要经历业务流程优化与在线、数据共享、智能辅助等阶段才能实现。

表 1-3 是信息化与数字化几个关键维度（方面）的对比。

表 1-3　信息化与数字化的对比

方　面	信　息　化	数　字　化
物理世界与数字世界的关系	业务过程主要在物理世界开展，数字世界作为辅助	物理世界孪生到数字世界，业务尽量在数字世界开展，物理世界为数字世界提供输入，并从虚拟世界拿指令或计算结果
建设重点	流程在线。 专注于改进流程，加强管控。 以内部协同为焦点，以系统建设为导向，开展渐进式改善	数据跨流程共享，智能化辅助。 专注于提升体验、提高响应速度；以客户为焦点；以提升体验为导向；用敏捷方式，开展实验性改善。重点在于提升公司效益，发现和创造新的商业机会
涉及范围	涉及范围主要在企业内部。 单个单元的应用，缺少整体业务模式、流程、数据的整合与集成，体现单点效率	包括信息化全部内容，包括企业相关的生态。 涉及企业价值链、产业链、生态链的各个方面，赋能企业、产业、平台的业务及管理决策
参与单位	信息部门主导，其他部门配合	在决策层一致认可的整体方案下，战略、企发、运营或专门数字化机构主导，其他部门深度参与
保障体系	纳入 IT 治理	纳入公司治理； 用机制保障数字化转型持续优化

从上述表述可以看出，数字化与传统的信息化强调的技术应用不太一样，数字化更加强调企业的生存与发展能力，据此来应用信息技术。数字化的重点是能力建设，包括信息化的所有工作，不是对信息化工作的否定和替代，而是升级和更深层次的应用。数字化的目标是提升组织效能，通过新一代信息技术开展能力建设，满足业务需要，强化企业的核心竞争力。

数字化的极简逻辑与方法

数字化不只是有关软硬件的技术性问题。技术性问题通常有最优解，技术团队花时间就能找到方案，或参考最佳实践就能"抄作业"；而挑战性难题，只能选择适用的方案而无最优解，需要一定程度的变革方能解决问题。很明显，企业数字化面临的问题涉及环境、战略、商业模式、流程体系、组织调整、激励机制、数据、信息技术等方方面面，属于挑战性难题，而不宜用简单的解决技术性问题的方式方法来应对。有关软硬件解决方案的前提是需要弄清楚企业的战略举措、关键价值流、主要痛点，以及核心能力构建等。数字化解决问题的过程是通过数字化建设解决方案，厘清软硬件解决方案的前提，用好软硬件投资，不断迭代维护和改进企业的数字资产。这不仅是一个挑战性难题，更是一个系统性课题，需要用到系统的顶层方法，根据环境来统筹资源、新一代信息技术等，帮助企业找到合适的数字化建设解决方案。

数字化工作的重点不在于炫酷技术的使用，其重点包括但不限于：关注端到端业务价值的提升，以及持续的管理改善；利用适当的技术，快速增强企业的核心能力和竞争力，让企业更好地持续健康发展；服务于业务价值链的重塑和管理变革，主要包括价值链重构、端到端流程打通、数据共享、平台化共享等方面。

请注意，新一代信息技术和数字化并没有改变商业和管理的本质，在数字化时代，所有期望做大做强、向规模化发展的企业，都需要拥抱数字化。数字化不仅是长期战略，也是企业管理进化和形成差异化竞争优势的手段，更是企业迎接未来挑战的重要抓手。不管是互联网数字原生企业，还是传统的非数字原生企业，数字化都是强化企业管理能力和竞争力的有力帮手。数字化的底层逻辑从来没有发生变化，那就是促进企业可持续地有效增长，提升效益、降低成本、构筑长期竞争优势。

请直接告诉我做什么

不管是公司的技术负责人，还是业务负责人，都很喜欢这样的问题："请告诉我做什么""请给我开发一个数字化营销平台""请把××公司的解决方案复制过来"……大家习惯性喜欢直接"抄作业"，而不是花力气思考究竟哪里需要改进、到底哪里需要数字化，因为"抄作业"这个方案从决策者个人角度来看是能

第1章 绪　　论

耗最低的。

相应地，众多供应商积极响应这个需求，直接为客户提供"适配的数字化解决方案"，通过"云平台""区块链""数据挖掘""直达消费端"等技术产品，以期为客户进行数字化改造或数字化升级。客户不是要"抄作业"吗？那就直接给一份现成的答案吧！而且还把方案包装为"行业最佳实践""行业数字化解决方案"。

为了更加清晰地说明这个场景，补充一个写入笔者第一本书中的一个例子：

> 有些企业想通过数字化手段来改善管理，直接邀请IT厂商实施项目。
>
> 厂商人员一驻场，就问企业："你们的需求是什么？"
>
> 企业一听"需求"就迷惑了，说："我们想请你们帮忙改善管理。"
>
> 厂商："请告诉我们具体要做什么，比如流程怎么调整，我们才能在系统中做设置，才可以开始项目工作。"
>
> 企业："你们是专业人员，应该知道流程该怎么调整，这也是请你们来的初衷。"
>
> 厂商："好吧，我们来调整流程。"
>
> ……
>
> 厂商很难主动放弃到手的项目，也很难主动点醒客户问题所在，或者根本不知道问题所在，而只是尽量尝试去满足客户的要求。这样，IT厂商在超出预算和能力的情况下，被迫开展不擅长的工作，并尽量使解决方案朝着现有的产品功能或方案上靠，结果可想而知。从战略到IT之间，有一个"业务"环节，想直接从战略到IT，单靠IT厂商肯定很难做到。**这是战略与IT之间的鸿沟。**
>
> 有些企业比较聪明，知道不能让IT厂商直接解决战略和运营的问题。他们请咨询公司做战略咨询、业务咨询和流程咨询等各种管理咨询工作，发现差距、提出改进建议、调整企业的业务流程，着手增强某些薄弱方面的能力，企业终于可以回答IT厂商的"需求是什么"的提问了。于是，企业再次找来IT厂商。
>
> 企业："请你们按照我们的业务流程调整要求来配置软件！"
>
> 厂商："不好意思，我们真的很难做到。你们请管理咨询团队做工作的时候，根本没有考虑到IT的因素，这些需求落不了地。这个项目不是我们不想

做，而是确实做不了。"

……

通常厂商不到没有办法不会这样表态，于是企业又迷惑了。并不是梳理清楚业务，就一定可以进行数字化方案的落地，其间将受到企业IT现状、技术现状、投入等多方面条件的约束。**这是业务与IT之间的鸿沟。**同时，战略与业务之间也存在鸿沟。这是因为环境、战略、业务等相关因素，很难在短短几个月的管理咨询工作中融为一个整体。

有的企业汲取经验，在一开始做管理咨询的时候就把各类专家（特别是IT领域专家）组建成一个团队，同时要求职能部门积极配合，并在IT建设时团队也不解散。但是，很快又发现各领域的人很难真正协同起来工作，沟通极其困难，项目进展缓慢。鸿沟依然在那儿。

以上问题是层层递进的，是企业发现问题后作出思考，并付诸行动的结果。当企业面临最后一个问题的时候，其认识就上升到需要系统方法指导数字化的层面了。从上文叙述不难看出，数字化不是简单回答"请告诉我做什么"就能轻易做好的。

数字化工作需要先从企业的核心业务逻辑着手，然后才是具体的技术方案。直接给结果（What），而忽略过程（How）及背后的逻辑（Why），会带来非常糟糕的后果。实际上，所有的数字化都要回归业务价值和商业本质。

为了简要说明数字化需要考虑的几个方面，笔者特别绘制了图1-2。由图1-2可见，"道法术器势"是一个整体，各司其职，其中无论哪一部分缺乏考虑或者发生逻辑冲突都会导致问题。

【现象】
人们习惯关注当下看得见的问题，想赶紧找到"做什么"的解决方案，所以，喜欢能解决看得见的问题的具体"技/术"和"器"。
但是，后面却总是发现"不解渴"。

层次	内容（以组织/企业视角）	关注面
势	大环境（国势、产业政策等，即PEST）、小环境（利益相关方）	为什么？
道	全局观、系统视野、企业文化、战略等	如何做？
法	战术（部分）、策略、原则、机制、规则体系（含：流程体系）等	规范如何做？
技/术	战术（部分）、方法、经验、技能、技术等	做什么？
器	工具、资源、信息系统等	

图1-2 数字化必须关注整体关系

从道家的角度来说，做复杂的事情不仅需要"道法术器"4个层次皆备，还需要充分考虑"势"（即时机、氛围、环境等），才可以把事情办好。从数字化的角度来看，"道"是指系统思想，即需要有系统视野，从全局和整体上统筹考虑；"法"是数字化的战略、方针、思路和方法论等；"术"是开展数字化的战术、手段和技巧等；"器"也就是"工欲善其事，必先利其器"中的"器"，是指实施数字化落地使用的具体工具。4个层次各有各的用处，只有相互配合、协调一致，才能将数字化落到实处，对于复杂的组织更是如此。

现实中的一个极端是：领导者热爱学习"道"，但是光停留在学习和宣讲这个层面，而不能真正应用到具体的工作场景中，越学越迷茫，甚至会被"道"所束缚。另一个极端是：领导者执着于能赶紧解决问题的"术"，这样又难以解决组织发展的深层次问题。怎么办呢？答案是："道"为体，"术"为用，其间贯穿"法"和"器"。同时，领导者一定要时刻关注"势"，不仅要研究大环境，同时做好利益相关方的工作，评估风险，把握时机。

"好事多磨，急事宜缓办。"数字化是长期的事情，不要一时冲动，也不要等到万事俱备。企业可根据实际情况，从现实角度出发，找出适当的切入点。只要能适合目前的需要，并着眼于长远，不畏惧当前的困难，以实事求是的态度坚持下去，就一定会有收获。

这个数字化项目的 ROI 是多少

ROI（投资回报率，ROI=税前年利润/投资总额×100%）是指通过投资而应返回的价值，即企业从一项投资活动中得到的经济回报，数字化就是一种投资活动。

"这个项目的 ROI 是多少"是企业经理人最喜欢问的一个问题，由于任期有限、股东或者董事会给的 KPI 压力比较大、对数字化的认知不太全面等原因，ROI 这个指标在其判断和决策中占据重要地位。

有效的数字化工作可以全面提升企业的核心能力，有些工作可以快速见效，有些工作则需要长久地投入而后才能源源不断地产生价值，甚至有些是在此处投资而在别处产生效益。而且，这里面的一些指标很难量化，需要定性与定量综合考虑。

如果没有请 IBM 花费十年左右时间再造流程管理打下的基础，以及后面十来年持续的数字化投入，华为的数字化转型就很难有今天的成就，估计当年也没人能说清楚投资流程管理再造项目的 ROI 是多少。

"华为发展的潜力一定是在管理上，而管理的最重要手段是 IT。"

——任正非

"华为发展的潜力一定是在管理上，而管理的最重要手段就是数字化。坚持以流程优化为主导的管理体系建设，不断优化非增值流程和增值流程，不断改良、不断优化、无穷逼近合理，是华为长期坚持的战略方针。"

——《华为数字化转型之道》

这里借用华为的变革价值度量模型（TAM）来回答本节提出的问题，如图 1-3 所示。

结果（财务、客户）			
现金流	规模增长	盈利	客户满意

能力（竞争力）			
质量	速度/柔性	成本/效率	风险

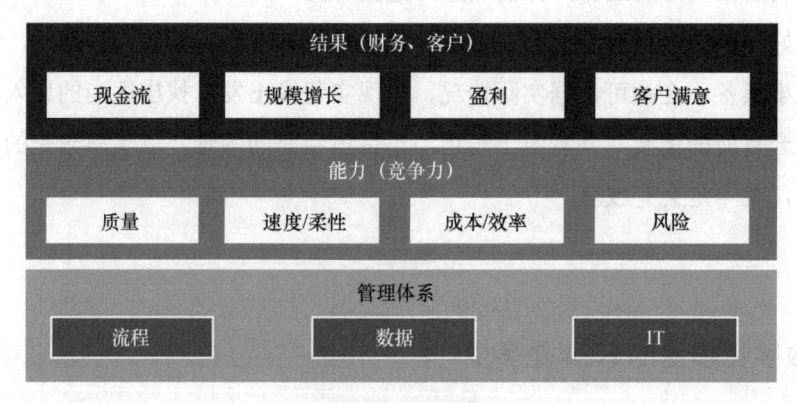

管理体系		
流程	数据	IT

图 1-3 华为的变革价值度量模型（TAM）[①]

TAM 从结果、能力和管理体系 3 个方面来对数字化等变革项目进行价值度量，指导数字化项目的价值管理工作。TAM 对数字化项目的度量不仅包含财务、客户层面的结果类指标，还包括支撑结果达成的能力（竞争力）类指标，以及支撑能力提升的流程、数据和 IT 的管理体系类指标。从结果、能力、管理体系 3 个

---

① 源自《华为数字化转型之道》。

方面综合开展对数字化项目价值的评估和管理。

BSC 模型（平衡计分卡模型）是常见的绩效考核方式之一，从财务、客户、内部运营、"学习与成长" 4 个维度，将组织的战略落实为可操作的衡量指标和目标值。笔者认为，TAM 与 BSC 模型有很好的对应关系。其中：

TAM 中的"结果（财务、客户）"对应 BSC 模型中的"客户、财务"；

TAM 中的"能力（竞争力）"对应 BSC 模型中的"内部运营"，核心能力有效地支撑内部运营；

TAM 中的"管理体系"对应 BSC 模型中的"学习与成长"，管理体系需要不断地学习，迭代成长。

TAM 用于度量数字化等变革项目，而 BSC 模型用于评估更高维度的战略实施工作，两者可以配合使用。

同样是调整核心流程，数字化与信息化有何不同

简单来说，有成效的变革或工作改善，均会涉及核心流程再造或升级的工作。在这个过程中，信息化更多是做流程的 O2O（线下到线上）；而数字化在此基础上，更关注数据驱动的流程效率，以及相关权责利等的调整。

业务场景示例：某工厂对一台关键设备进行大修理，修理费用总计 100 万元，修理工程项目验收完毕，需要将修理费用及时更新到该设备的资产账面价值中，以纳入该设备资产未来的折旧会计处理。在正常情况下，需要发起该修理项目的资产管理部门，在验收通过的当期，及时发起资产账面价值变更流程，财务管理部门依照流程提供协助，正确地将该设备对应的资产账面价值增加 100 万元。在这个会计业务处理过程中，信息化与数字化的区别如图 1-4 所示。

在图 1-4 中，部门内原有流程用点状箭头表示；流程信息化后的流程用分段箭头表示；流程数字化后的流程用实线箭头表示。

数字化的极简逻辑与方法

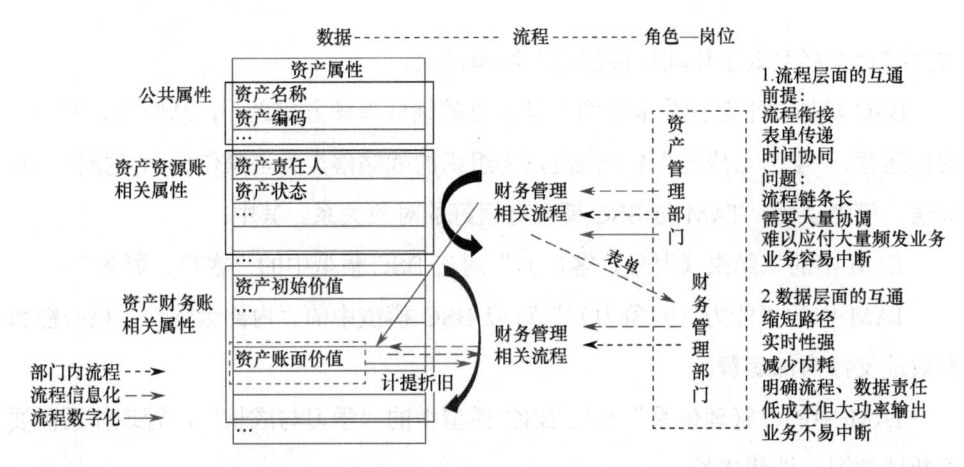

图1-4 设备大修业务场景中的信息化与数字化的区别

信息化的流程处理

信息化在本示例中的工作："实现流程在线"。

需要将两个部门原有的流程打通，从而实现整个端到端处理流程的在线：资产管理部门将设备大修后的结果"某关键设备维修工作验收通过，费用 100 万元"通过表单传递给财务管理部门；财务部管理部门审核表单中的资产编号、验收通过信息、发票信息和预算情况等；审核无误后，财务管理部门将该设备对应的资产账面价值更新到财务系统中；该系统自动在下一个会计期间开始按照更新后的资产账面价值进行折旧。

这就是一个典型的跨单位流程的O2O，可以固化流程、突破部门时空限制、记录业务处理过程等，从而为企业节省成本、创造价值。这样处理需要满足的前提是：

- 流程衔接：两个部门的相关流程都上线。
- 表单传递：资产编码在部门间是统一的（如果不统一需要进行编码转换）；在设计流程表单时，资产管理部门、财务管理部门都深度参与，既要保证表单信息可以满足上一部门业务处理的需要，也要保证上一部门的业务处理输出能够满足下一部门业务处理的输入需要。
- 时间协同：资产管理部门提交的流程一定要在当前会计期间结束前进行提交；财务管理部门一定要在该会计期间内，接收到资产管理部门传递过来

— 16 —

第1章 绪　　论

的电子表单，并要在当期处理完毕。

这样的流程信息化存在如下问题：

- 流程链条长：将线下业务流程搬到了线上，仅进行流程衔接与打通，并没有对流程进行优化，导致线上流程与原线下流程一样长甚至更长。
- 需要大量协调：若该项业务发生在月末（会计当期期末），资产管理部门在提交流程后，需要不停地提醒这时候也非常忙的财务管理部门在月底前处理该条流程；若财务管理部门发现表单中的问题，则会驳回处理。这样会导致大量的线上和线下沟通，甚至在当期期末结束前该项业务还未处理完毕，对接下来的折旧过程也产生不良影响，又会带来不必要的修正工作。
- 难以应对大量频发业务：若该类业务频发，特别是在月末财务管理部门非常忙的时候，往往会造成财务资源耗尽，形成业务拥塞（在集团企业的财务共享中心模式下，财务管理部门的能力将会成为瓶颈）。
- 业务容易中断：若两个部门对验收标准或认定标准理解不一致，容易出现僵持状态；若因财务资源耗尽，业务处理超过了当期，则会造成业务中断等问题。

数字化的流程处理

数字化在本示例中的工作："实现流程在线，数据共享"。

不管流程是否已做上线处理，数字化的工作都需要对流程进行大版本的升级优化，这个升级优化工作需要资产管理部门、财务管理部门及流程其他关键干系人一起完成。

这里可以对示例中的流程进行这样的优化：资产管理部门完成维修工程项目验收后，按照系统要求进行资料整理、上传，若提交的资料信息不符合程序要求或者资料要件不齐备，会被系统自动打回重新提交；流程提交后，系统自动更新该设备对应的资产账面价值；系统自动在下一个会计期间开始按照更新后的资产账面价值进行折旧。在这个过程中，财务管理部门不需要参与太多的工作，不过资产管理部门要把关键的信息通过系统知会财务管理部门，财务管理部门进行必要的审核即可。

数字化的流程充分利用了信息技术的优势，能够较好地提高效率，相较于信息化工作形成的流程具有如下优点：

- 缩短路径：优化后的流程简洁、高效得多。其中许多需要人工（特别是财务管理部门）做的事情，其业务规则是固定的，完全可以通过技术手段实现自动化处理。
- 实时性强：资产管理部门提交流程后，系统根据预置的业务规则自动检查，检查通过后则直接更新资产账面价值。
- 减少内耗：规则的自动化使得业务变得更清晰，减少了事中研判、驳回反复等情况。
- 明确流程、数据责任：在本示例中，业务的流程责任、数据责任基本上在资产管理部门，若程序（例如验收）不合规或数据有误，责任就在资产管理部门（业务部门），与财务管理部门无关；财务管理部门可以事后或事中审查或做分析，而这些本来就是财务管理部门业务范围内的工作；通过数字化升级流程，使得部门间的责任边界更清晰，可以减少或避免不必要的内耗。
- 低成本但大功率输出：财务管理部门不用参与业务处理过程；资产管理部门提交流程，系统检查通过即完成；不会因为财务资源不够而形成业务拥塞，可应对大量业务频发的场景。
- 业务不易中断：不会因为部门间扯皮而导致业务异常或中断，只要资产管理部门能够按期进行业务处理，就会极大减少业务中断。

由此可见，数字化工作比信息化工作在流程处理上有极大的提升，但是需要在做流程优化升级和在线化时，付出更多的努力，具体工作有：

- 优化流程：缩短流程路径，界定清楚业务、数据的责任，需要相关方进行大量的沟通，甚至需要高层出面定调。
- 更细的业务管理颗粒度：在本示例的资产业务中，流程、数据的责任属于资产管理部门，但在别的资产相关业务中也许责任需要重新界定，这需要企业有更细的管理颗粒度，这些工作可以随着流程管理体系的维护逐步细化。
- 数据管理能力：企业最好建设统一的数据管理平台，消除信息不对称带来的损耗。保障数据逻辑结构的一致性和数据源逻辑上的唯一性，以保证数据的完整、一致、准确、及时。进而实现数据透明、流程打通、业务协同、组织协作。

通过本示例可见，不仅要通过信息化的工作做到业务流程在线，还要通过数字化的工作做到流程优化、数据共享。跨单位的流程，需要做到数据层面，这样才能充分发挥数字技术的价值，真正打通部门墙、岗位墙。然后，可以提升决策质量、提升客户满意度、优化运营及主动应对风险等。

数字化的流程处理其实是基于数据的处理过程，提前做了流程的优化。企业做核心业务的改善不也是以流程为抓手吗？改善的结果不也需要通过数字化手段进行固化吗？所以，数字化也是企业升级和改善核心业务流程和业务规则的宝贵时机和重要手段，同时也要求企业有更强的变革决心。具体的业务升级分为以下3个阶段：

- 业务升级时，将相关的业务规则、管控规则等融入流程，方便实现升级业务自动化和基于数据管控风险。
- 业务执行时，自动执行、检查、控制，并进行记录；提高客户满意度，优化运行效率，提高运营效果；提升决策质量，主动应对风险。
- 业务执行后，进行审计，为下一轮迭代做准备。

在真实的业务场景中沉淀真实的数据，只要新的电子化流程跑起来，并有信息安全保障，后两个阶段的工作大部分可以通过自动化的方式完成。特别是将管控规则融入业务规则，基于数据管控风险，可以有效避免审计线索断裂，防止职务欺诈，更好对外解释业绩波动原因等。可见，数字化工作要深入业务流程升级及其数字化的过程中。

如何在现有IT基础上准备数字化

这时候尤其需要谨慎行事。

切忌饮鸩止渴，盲目上线新的项目，形成新的"烟囱"，增加系统间接口的复杂度；不要盲目、仓促采用新一代信息技术，应从业务本质着手解决问题；谨慎对待推倒重来的方案，尽量保护和利用现有 IT 资产；不要急于进行点对点的接口开发，而应着手主数据梳理，解决应用间信息互通的燃眉之急……

特别是不要迷信权威专家和所谓的"最佳实践"，鲜有供应商可以提供企业数字化的一揽子解决方案，专家是提供理论、方法、工具的能手，而"最佳实践"仅有参考价值，企业必须发现、培养、重用能提出正确的问题，抓住变革主逻辑，能够对内部单位、专家、合作方工作提出明确要求并进行质量控制的业务骨干。

企业找到合适的系统化的方法比依靠专家和供应商现实得多，建立体制比"运动式"的项目重要得多。没有自主团队的数字化风险很大，企业可通过数字化过程来识别和培养自己的数字化人才队伍。

简单来说，不经过系统化的数字化是折腾，没有标准化的数字化是胡闹，无自主团队的数字化是浪费钱，要做到"不唯书、不唯他、不唯洋、不唯上、只唯实"。

数字化行动之困

除了上文所述的诸多问题外，在数字化日益成为企业必修课、必答题的今天，大部分企业在开始行动时又会遭遇诸多困局。请读者注意，这里笔者是将接触和了解到的情况做了简要的概括，企业在实际数字化过程中所遇到的问题通常比下文提到的更多、更复杂，当然也不是每个企业都存在这些问题。

数字化培训不能学以致用

企业邀请数字化标杆企业的"大牛"、大学教授、行业专家、大 V 等讲课布道，以求快速学习相关知识和经验，却发现听得起劲、参观得也起劲，但如何与企业自身实际情况结合,如何体系化地布局和开展工作等问题似乎还是没有答案。这时候如果企业没有充分理解数字化的逻辑,信仰"相信才可以看见",蒙眼接受所谓的专家意见,是非常危险的。

不是说所有的学习都存在这样的问题,适配的数字化培训和 IT 技能训练对企业开展数字化工作是必需的,而且数字化团队的确需要持续接受培训。但是,一定要请到合适的老师,且培训体系是根据企业实际情况和数字化建设方案进行定制的,培训就是建设方案的组成部分。数字化团队接受培训后,可以将所学快速应用于具体工作中。

数字化项目效果不佳

企业请数字化实施厂商来做咨询或者勇敢往前走一步,借鉴行业"最佳实践"上线一个项目试试,却发现实施方的工作开展起来不如预期。

首先,实施方的销售团队和实施团队中的核心成员很难是一个量级的,实施方来企业做售前交流时讲得特别好、承诺得也到位,但开始实施工作时,实际安排到项目现场的人平均水平通常不高,甚至将项目外包出去了;其次,企业方面若没有对等的力量或角色来与实施方对话,容易被实施方钻空子,也没法控制项目质量;再次,还有一个重要的方面,就是数字化是要求有一定的管理基础的,基础不扎实,没有充分了解和考虑现状,仓促确定了不恰当的项目目标,项目周期却往往只有短短几个月,则只能在比较浅的层面做一些工作;最后,若企业在项目启动的时候起了高调,则在后期极易变成"皇帝的新衣",双方都不愿面对现实,而让项目验收通过,甚至对外宣称取得了成功,做成了"形象工程"。

不是说所有实施方的工作都存在上述问题,企业一定要想办法说清楚项目需求,注意控制项目实施的质量。而且,出于成本和核心能力等方面的考虑,最好只邀请实施方协助完成相关内容"从 0 到 1"的建设,后续运营与维护一定要依靠自己完成。因此,一定注意利用好项目实施过程中培养起来的自己的团队。

数字化的极简逻辑与方法

　　企业在数字化的开始阶段会面临诸多问题和困难，一定要实事求是、接受现状、下定决心、统一思想，团结一切可以团结的力量，要打攻坚战，更要打持久战。

请来的数字化"大牛"难以着床

　　如上文所述，当企业面临难题的时候，首先习惯性想到的一个办法就是"抄作业"。企业应对难题的另一个习惯性的做法是：用高薪从标杆企业或供应商挖"大牛"（通常为中高层管理人员、业务或技术能手）过来当部门负责人、事业部负责人、副总，甚至老总。但是在数字化这件事情上却往往事与愿违，这些请来的"大牛"能够顺利着床的非常少，为什么屡试不爽的办法不灵了呢？

　　原因其实不难找到：以前企业缺的是某个独立领域的专业人才，或善于攻城略地的"将才"；而数字化需要的是通才，或者能组织大家干活的"帅才"。类比图 1-5 中的桥梁，专业人才是悬索桥下一根根粗壮的、用于支撑的"柱子"，也就是某个领域的业务或技术"大牛"，通常花钱挖来就可以充当"柱子"；而数字化人才更多是连接出发点到终点之间所有柱子的"桥面"。

图 1-5　数字化与桥梁的类比：数字化必须关注整体关系

　　从企业外部请来的数字化"大牛"难以着床的原因，分析如下：
　　原因一：从大厂招募来的"大牛"往往是"柱子"，而不是"桥面"。
　　"大牛"在原企业的工作通常有一定边界，"手里拿着锤子，看到啥都是钉子"：做战略的认为只要战略工作做到位，其他的自然水到渠成；做流程的认为流程就是一切；做人力资源的认为通过人力资源的工作可以改变所有……数字化一定要考虑企业的全局和实际情况，这样的工作需要组织好各领域的人协同看清楚问题的关键，并从关键的局部着手，有序推进。现实中，真正有机会做"桥面"工作且做出成绩来的"大牛"会是所在企业的宝贝，通常很难挖到；就算挖到，他们在新企业的着床过程也需要一定的时间和努力。越是好企业，分工越细，有机会看到"桥面"的人本来就很少，做出成绩来的高手更是稀缺。

所以，企业往往以为从外部挖来了"桥面"，结果只不过是更粗的"柱子"而已。

对数字化人才的基本要求是：具备责任心，具备系统思维和系统观点，有良好的沟通和协调能力，掌握跨领域的知识，有"成人达己"之心，能"自省自查"等。这样的数字化人才能够"合"各方之力，让利益相关方在价值取向、思维思路、方案等层面达成一致，并组织相关方开展工作。这样的人才通常需要企业在实战中识别与培养起来。本书将在第 6 章详细阐述系统工作者的素质模型。

原因二："大牛"在原企业有特定的沟通环境及政治环境。

"大牛"过来了，只是他们的"脑袋"（这里更多的是指知识、技术等）过来了，但他们原来的"手脚"（以前的团队）过不来。他们原来习惯的沟通环境及政治环境更过不来，而环境对于企业开展数字化工作至关重要。

"大牛"原来所在的企业往往经历了多年持续的发展进化和数字化，具备相对成熟的沟通环境和相对稳定的政治环境（企业内部的权力、利益格局）。如果"大牛"以为数字化就是个技术活，就会出大问题。所有的变革（包括数字化）如果抛开人的因素，都会非常简单，技术从来都不是问题。如果"大牛"没有经历政治历练而在好的平台收获知名度，那么去到新的企业环境后，这个功课迟早要补上。

原因三：越是"大牛"越有个性。

越是在大企业工作多年的"大牛"越有个性，容易非此即彼、非对即错，习惯用经历的案例来佐证自己的观点，习惯做技术方面的硬逻辑交流，难以收敛锋芒，放下身段和一线的战友一起"玩泥巴"，结果可想而知。和项目管理等领域的要求一样，数字化的第一要务仍然是沟通。而且，数字化工作就是在做企业变革的工作，组织者注定要"成人达己"，必先成人之"美"，而后方能成己之"美"，没有这样的厚度和承载力是难以胜任工作的。

原因四：企业自身的准备程度不足。

通常对数字化感到既困惑又着急的企业，才会不惜重金去挖"大牛"。这时候企业本身的准备程度往往是不足的，内部也许在对数字化的共识上还未达成一致，也不知道该怎么给"大牛"授权和创造一个好的工作环境。当"大牛"提出数字化方案时，所必需的前提条件和环境，企业往往准备得还不充分，这是最致命的。就算把"大牛"连同他们之前的团队一起请过来也没用，而环境的准备恰恰不是一日之功。另外，董事会或经理班子不一定能够看懂或理解"大牛"的"宏伟蓝图"，在面对大额度的项目投资预算和复杂的技术方案时，可能对"大牛"产生信任危机，甚至发展到企业原有团队与"大牛"产生激烈对抗的程度，两败俱伤。

当企业准备程度不足时，需要"大牛"能够主动与重要关系人沟通，让环境变得适合逐步开展数字化工作，且真正支持到一线人员的工作。直白点说，"大牛"要懂政治，主动利用各种资源营造数字化的环境，尽快帮助自己着床；同时，企业也要给"大牛"一定的空间和时间。这对双方主动沟通的要求是非常高的。

由于上述常见原因的存在，导致高薪聘请的"大牛"难以着床，发现不合适的时候又"请神容易送神难"，加之双方磨合期间发生的沉没成本和机会成本，最终对双方造成的损失都是巨大的。

所以，在聘请"大牛"时一定注意识别对方是"桥面"还是"柱子"，而且双方要积极沟通，营造一个好的环境，以便快速有效地开展工作。另外，企业不要只从同行中去挖"大牛"，"大牛"更重要的是具备系统思维和跨领域沟通的能力，而所需要的行业知识可以通过学习很快补上，不会成为大问题。

第1章 绪　　论

数字化行动之策

　　数字化需要企业自身作为第一人称执行相关工作，而不能完全依仗乙方的力量进行。尽管业界有成功实践，有方便可用的方法，有相关的顾问资源，有软硬件供应商，可是由于惯性的原因，许多企业并不愿意改变现状，也不愿意"下地干活""断奶"，还是习惯于依赖外部力量。这导致数字化的口号非常响亮，而实际上数字化的能力仍在原地踏步。

　　数字化不是简单的IT问题，数字化是企业面临的挑战性难题，需要决策层具备领导力，并运用系统方法，结合环境、资源、多种管理实践、新一代信息技术等来寻求相对满意的解决方案。

需要将数字化看成变革工作

　　从形式上看，数字化工作是将优化后的核心流程上线，进一步做到数据的跨流程共享，规则清晰的作业尽量自动化，规则不清晰的作业通过智能化进行辅助。核心流程的优化、数据跨流程共享，光这两项就需要涉及跨领域的协作和一些必要的权利结构的调整，这会触及企业元老们原有的利益及习惯。往大了说就是要动到企业内部的"生产关系"。所以，数字化不是简单的技术问题，而是一项持续变革的工作。

　　变革会触及企业原有的权利结构、习惯，以及企业内部的"生产关系"。只有这些内部环境的前提条件满足了，才谈得上如何优化核心流程、如何进行数据的共享、如何选择相应的软硬件解决方案等。

　　笔者在实践中收集了两个有趣的观点，一个观点是"领导力是数字化的前提基础"，另一个观点是"执行力是数字化的前提基础"，笔者更喜欢第一个观点。《领导力：解决挑战性难题》一书对领导力进行了定义："带领跟随者解决难题达到目标。"变革通常是难题，需要领导力；而管理解决的是效率的问题。执行力更多属于管理的范畴，需要领导力打好基础，定好方向和基调，执行力才有发挥的机会与空间。

没有"数字化就是变革工作"这样的意识和专门的变革管理机构，即便有再好的方案、再好的软硬件设备，也做不好数字化工作。

成立跨部门的数字化团队来负责数字化工作

千万不能将数字化工作的具体执行交由原有的一个职能部门来负责，特别是不能交由纯 IT 部门来负责，除非对这个部门进行升级。职能部门有原来的分工和职责，很难跨部门驱动端到端的主价值流的打通，也没有足够的意愿、理由和动力"革自己的命"。特别是不能让纯 IT 部门来负责数字化工作，在数字化中，IT 仅是其中一小部分工作，不能天真地以为这个部门有 IT 背景就能做好数字化的工作。纯 IT 部门在许多企业中属于后台部门，就算该部门有足够的觉悟、意愿和专业能力做数字化工作，也没有足够的权力协调相关方参与相关工作。另外，如果让一个职能部门来牵头负责数字化工作，很可能数字化的资源被挪用于强化部门建设。乙方供应商就算有好的、有利于企业整体的数字化思路和方案，也过不了职能部门负责人这一关，好的思路和方案就不能到达更广泛的必要相关者，更到达不了公司决策层，这是非常严重的问题。所以，如果一定需要由某个职能部门牵头数字化工作，那么一定要对该部门进行升级。

数字化是变革工作，瞄准的是企业整体效能的提升，涉及的一定是跨领域的难题，这时候需要有专门的变革组织（例如，管理变革委员会、数字化委员会等）来推动和管理这个过程，且变革组织的负责人一定是董事长或总裁。如果企业规模较大，可以在变革管理委员下面设立一个专门的数字化执行部门来负责数字化具体工作的执行。本书第 13 章将具体介绍数字化的组织变革。

设立专门的 DTO、CDO 或 CIO 并对其充分授权来抓数字化的执行

许多企业将数字化工作交由某位副总来负责，责成多长时间实现什么样的效果，这样的安排很难达成目的，原因同上节所述。

最直接的影响就是：副总身下有位置，头上有 KPI，而数字化往往需要的是"让车慢下来甚至停下来检修或者换轮子甚至发动机"，副总也没有足够的权力和影响力来主导变革。这会让该副总两头为难，既做不好原来分管的业务，也做不好数字化工作。

所以，变革工作必须由一把手负责，成立了变革委员会的企业，其变革委员会的负责人也一定是一把手；但可以充分授权某位副总负责执行工作（同时兼顾其 KPI 考核指标的调整），也可以设立专门的 DTO、CDO 或 CIO 并对其充分授权负责具体执行工作，主要负责：统筹具体数字化工作的执行落地，组织落实数字化领导小组的决定；组织制定数字化整体愿景、蓝图、节奏和预算；组织执行重大数字化项目的立项和结项；协调跨领域沟通问题等。这样就不需要一把手参与所有的数字化过程，而在关键变革点和关键工作上不脱岗。

根本解决方案：打造自身数字化团队

数字化建设很难用此前"交钥匙工程"的方式完全委托给乙方来进行了，企业需要强化数字化能力、沉淀数字化资产、培养数字化队伍，主导和控制数字化工作的核心内容。无论如何，企业都必须关注数字化组织建设，锻炼和培养一支自己的数字化人才团队。企业内部相关力量只有相互配合到位，方能减少博弈，奔着既定的目标一起努力，实现共赢。企业自身的数字化团队越强大，数字化风险就越低，数字化工作就越扎实。同时，在数字化过程中，企业就更能用好专家和外部厂商资源，所需要的专家服务、外部厂商的服务级别就会越高，范围也更广。本书主要讲解数字的逻辑及系统化方法，在帮助读者及所在数字化团队提升能力的过程中出一份力。

应急辅助方案：伴随式辅导服务

在数字化初始阶段，可以选择一个应急的、辅助的但有效的解决方案来弥补数字化力量的不足。这个方案便是聘请有经验的数字化实战专家，伴随式辅导企业的数字化工作，粗活细活一起干。该解决方案有如下好处：

- 专家（组）充当"桥面"角色，合适则长期合作，不合适随时更换，这样可以规避外聘高管的高成本及高风险。但是，一定要找具备跨领域知识的、能够跨领域沟通的、能"成人达己"的、因为方案原因在现场"挨过打"的实战型专家。
- 专家同企业的业务骨干一起开展工作，梳理企业的核心价值点，协助利用外部各种供应商资源，深度参与数字化全过程，至少可以一定程度上规避被供应商忽悠而交智商税、认知税的风险。
- 专家（组）既没有职位，也没有 KPI，只有建议权而没有表决权，这样做的好处是方便呈现事实与逻辑，并引导设计出或者给出可行的备选解决方案，解决方案要尽量保持对具体产品或服务的中立。企业自身则需要认真参考专家建议或方案，按照适当的节奏进行能力的提升。

应急辅助方案与外聘数字化高管、启动数字化实施项目等工作不冲突。提供伴随式辅导服务的专家可以帮助企业在数字化方面应急和打攻坚战；若需要，也可以持续参与企业数字化的持久战。

关于伴随式辅导服务的详细介绍请见附录 1，有需要的读者可以参考使用。

第 2 章

数字化的极简逻辑

极简数字化转型模型

本节将介绍本书最重要的模型——极简数字化转型模型，全名"凌遥－极简数字化转型模型"（简称"LY-DTM"），如图 2-1 所示。这个模型是笔者 2015 年研究创建出来的，写进了笔者之前出版的第二本数字化著作里[①]，历经了许多实践场景与挑战，不断进行微调迭代，现在基本稳定下来。该模型多年来被多位业界的老师、从业者以及数字化团队等引用。

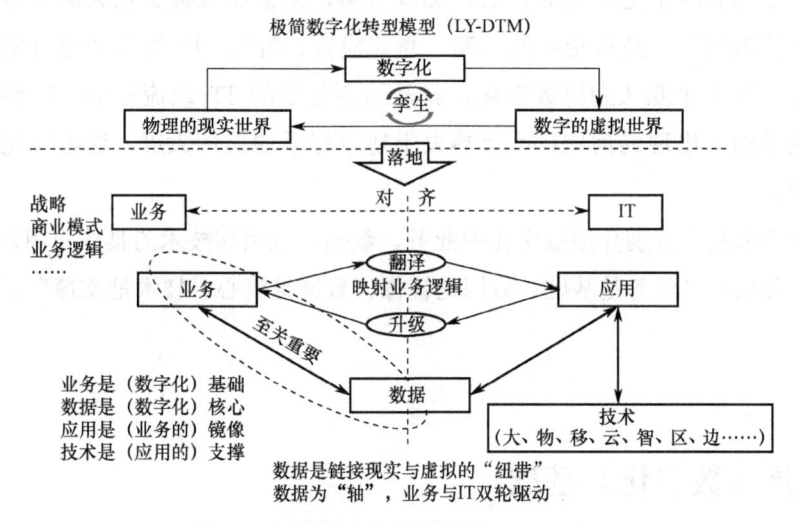

图 2-1 极简数字化转型模型（LY-DTM）

LY-DTM 是笔者数字化认知体系的核心逻辑，非常简单、易用且实用，可以

[①] 《企业架构的数字化转型》（2019 年），数次印刷，被多家企业选为数字化学习材料。

快速在企业内部统一数字化思维。在笔者的辅导实践中，每次进入新的企业或新的团队开展具体工作或培训，都会第一时间用尽量简洁的方式介绍这个模型。本书也是基于这个模型来阐述数字化的极简逻辑的，建议读者细细研究这个模型，这样有助于建立有关数字化的底层思考逻辑，帮助分析问题，看懂方案，设计适合自身企业的数字化路径。

数字化是在数字世界为现实世界提供一个"数字孪生"，通过信息技术固化规则，突破时空限制，记录交易，实现信息对称、数据挖掘、自动化、个性化、智能化，驱动商业升级等，保障现实世界的业务与数字世界的IT"对齐"，更好地支持业务开展。数字化工作就是实现业务逻辑从现实世界到数字世界的"翻译"，即映射业务逻辑，将这个过程抽象后，用简洁的形式和语言表达出来就是数字化的极简逻辑。简单来说，数字化是通过系统方法，利用信息技术（IT）和IT基础设施，实现企业运营自动化、智能化的过程。

数字化是一项系统工程，至少涉及业务、数据、应用、技术4个方面及其相互运行关系、治理等，这4个方面分别对应第三篇"数字化系统方法篇"中的数字化系统方法TOGAF®的4个子架构（业务架构、应用架构、数据架构和技术架构）。

数字化着眼于提升企业核心产品及服务，使企业具备更强大的竞争力和更深的"护城河"，是从企业的战略、商业模式、组织、IT等方面进行的全方位的改善。许多企业认为搞数字化，就是追逐先进的IT或流行的应用软件，直接解决表面上出现的问题，或者热衷于建设好看的展厅大屏，这绝对是本末倒置的做法。

接下来我们分别介绍数字化中业务、数据、应用和技术的具体作用以及它们之间的关系："业务是基础、应用是镜像、数据是核心、技术是支撑"。

业务是（数字化）基础

业务是数字化工作的基础，相关工作都从这里开始。

战略、商业模式等决定了业务：战略是数字化工作的输入，企业有什么样的战略选择和商业模式设计,就决定了企业有什么样的业务及运营方式,业务包括价值流、业务能力、业务流程、组织、资源、绩效、属地、治理等方面。

业务流程是业务的表达和承载:有什么样的业务就决定应有什么样的业务流程,组织是执行业务流程的主体,资源是业务流程运用的对象,业务流程的执行需要纳入绩效考核。鉴于业务和业务流程的关系,在上述模型中为了表述方便,"业务"一词不仅指代业务,也指代业务流程。这里举个例子来说明业务,例如,"我们生产调味品"中的"生产"表示"我们"可能是家制造企业,如果把"生产"改成"使用",那就表示"我们"可能属于服务业的餐厅。而且,如何"生产"每个主体都会有所不同;"我们"可以是公司、车间或具体的操作者;"调味品"是"我们"提供的产品,是用来满足客户、消费者需求的。业务通常可以解析为"主、谓、宾",不同业务场景会有不同的"主、谓、宾"。

业务决定了相关数据的结构和内容:要把"我们生产调味品"这个业务全部记录下来,也就是把相关业务流程所涉及的"主、谓、宾"全部记录在案。业务决定了登记对应的"主、谓、宾"的表格的样式,以及表格里的内容。例如,A车间12月生产了5吨开心型调味品。所以,业务决定了数据的结构和内容,梳理业务是做好数据工作的前提条件。

业务决定了映射、翻译到应用中的业务逻辑:应用系统通常是把线下流程做一定程度的优化后进行线上化,把"我们生产调味品"这个业务中能够让计算机做的事情搬入数字世界自动执行。

综上所述,业务是数字化工作的基础,也是 LY-DTM 的基础,数字化工作需要梳理业务,搞清楚业务痛点、价值增值点等。

数据是(数字化)核心

数据是数字化工作的核心。

数据已经成为生产要素,其重要性越来越凸显。

现实世界的业务与数字世界的应用都会访问数据，并通过数据进行交互。由LY-DTM可见，数据是链接现实与虚拟的"纽带"，是现实世界与数字世界进行互动的"桥梁"。上文提到业务与应用的闭环，可以从现实的业务开始驱动数字化，也可以从虚拟的应用（包括相关IT体系）开始驱动数字化，而驱动业务与IT双轮的"轴"就是数据。

如上文所述，业务是什么样，就决定了存放流程相关的数据结构是什么样，也决定了业务流程运行时所需要记录的数据内容是什么，简单说就是业务决定了数据的结构和数据的内容。

"业务+数据"是数字化工作中至关重要的部分，这个组合在每个企业中是唯一的，就算是同质化很高的行业中，每个企业的"业务+数据"也是有一定差异度的。而"业务+数据"是任何应用上线的前提，因此在上线应用时，要梳理清楚必要的流程与数据，谨慎照搬"最佳实践"。另外，要上线什么样的应用就决定需要选用什么样的信息技术，所以"业务+数据"也可以说是上线IT解决方案（含应用、信息技术）的前提和基础。

真实的业务场景沉淀真实的数据，待数据累积到一定的量级，数据潜在价值便逐渐显现，称之为"大数据"，此时可基于数据推动价值链、产业链、生态链的建设与升级，这是更进一步的创新与转型。

数据无处不在，数据是对真实业务的表达、记录，在此基础上进行统计、分析、挖掘等，会创造意想不到的价值和财富。

数据是大数据、物联网、5G、AI、区块链、云计算、移动计算、边缘计算等技术的原材料……

数据跨领域流通势不可挡，使得业务跨越企业、行业、产业等的传统意义上的边界，通过数据的流动与共享，推动着商业跨越企业、行业、产业边界。

应用是（业务的）镜像

应用是业务的全部或部分的镜像，应用主要是指应用系统。

应用将现实世界的流程变成数字世界的流程，实现流程线上化，也就是对业务逻辑进行翻译，使之能在数字世界以"数字孪生"的形式发挥作用。

应用对业务逻辑"翻译"得越好，"数字孪生"的程度就越高，应用对业务的支持就越强；随着场景的丰富，应用将为业务模式提供新的实现可能，并反过来驱动业务"升级"发展，对业务带来本质影响，即在原有业务之上或之外进行"创新/转型"。

业务与应用之间的迭代闭环，并不一定只从现实世界开始，也可以先从数字世界开始。例如，美团首先通过构建了一个团购网站，改变了大众的订餐习惯，然后在大众使用美团线上订餐服务的同时不断改进和完善网站系统。美团与订餐业务之间的闭环是先从数字世界开始的。不管从哪里开始，美团都对准了消费者的实际需求，这是此闭环迭代的原动力。

特别需要注意的是，应用上线的前提条件是需要仔细厘清相关的业务流程，以及对应的数据（业务处理对象、输入、输出等），而后应用上线就是简单的系统安装、配置、运行等工作。如果这个前提条件没有准备好，"数字孪生"的质量就难以保障，上线后的应用就很难用起来。实践中，应用建设的工作有 2/3 甚至更多的时间是在梳理相关的流程及数据。无数的经验教训告诉我们，不能在业务流程和数据没有准备好的情况下直接上线应用，否则本末倒置，将付出大代价。

技术是（应用的）支撑

技术是应用系统的支撑，为应用提供软硬件设施相关的运行环境。

从 LY-DTM 的架构可以看出，业务、应用、数据 3 个方面之间在逻辑上是直接紧密相关的，而具体的信息技术与业务、数据并不直接相关，信息技术主要是为应用系统的运行提供支撑环境，主要关注应用系统的现在和未来的运行方式、部署方式、计算能力、安全需求和运维需求等。

业务、数据、应用、技术的对比

表 2-1 给出了 LY-DTM 中业务、数据、应用、技术在 4 个方面的对比。

表 2-1　LY-DTM 中业务、数据、应用、技术的对比

	业　务	数　据	应　用	技　术
通用性	独特性强，通用性低	一般	通用性强，独特性低	
影响程度	极高	高	一般	低（不直接相关）
实施策略	各相关方紧密配合，统一行动，持续开展	直接采购，适度开发，正确配置	直接采购，正确配置	
所需主要资源	领导重视，资金投入，人才投入	资金投入，人才投入	资金投入	

综上所述，可以得出以下结论：
- 不是引进了先进技术，就能实现数字化（转型）；
- 不同的是技术进步，业务还是那个业务，逻辑还是那个逻辑；
- 数字化促进业务升级与创新。

企业核心能力的构建要牢牢抓住"业务+数据"，核心竞争力的构建必须自己把握，且持续迭代改进。

数字化的重点是提升企业的核心能力，通过信息技术的恰当运用，构建一个高度感知、高度连接、多场景、智能化的"数字孪生"世界，进而升级现实世界的业务，促进企业管理模式、业务模式、工作方式与文化理念的升级，实现企业业务的持续升级与良性运营。

第3章

数字化的"不得不"

在这个数字化时代,大环境使企业或主动或被动地处在数字化"风口"上或"旋涡"中,难有企业能置身其外。这对于企业是"危险"还是"机遇",完全取决于企业对待时机的态度和相应的策略。同一事物对于不同企业带来的影响不同,可能对甲企业是威胁,而对乙企业是机遇;而应对同一事物,企业采取的策略不同,也会产生完全不同的效果。不管企业规模大小,若企业能对环境变化作出积极正确的反应,外部因素即便存在危险也能转换成机遇;反之亦然。

根据有关研究报告,各传统行业的头部企业已经受到"数字化颠覆效应"的影响,逐步失去领导地位,而新兴的科技公司越来越强势,近20年来世界前十公司的排名变化情况见表3-1。

表3-1 近20年来世界前十公司的排名变化情况[①](依照市值排序)

2000年	2005年	2010年	2015年	2020年
微软	通用电气	中石油	苹果	沙特阿美
通用电气	埃克森美孚	埃克森美孚	埃克森美孚	苹果
NTT DOCOMO	微软	微软	微软	微软
思科	花旗集团	工商银行	伯克希尔	Alphabet
沃尔玛	沃尔玛	沃尔玛	谷歌	亚马逊
英特尔	BP	建设银行	Alphabet	Facebook
日本电信	辉瑞	BHP-PLC	中石油	阿里巴巴
诺基亚(美国)	美国银行	BHP-LTD	强生	伯克希尔
诺基亚	强生	汇丰	富国银行	腾讯
辉瑞	汇丰	巴西石油	沃尔玛	摩根大通

① 数据源自网络,整理成表。

数字化的极简逻辑与方法

　　数字化转型是我国从工业经济迈向数字经济的必由之路，是以数据为核心驱动要素，通过新一代信息技术应用推动资源配置方式、生产组织模式、商业运行逻辑、价值创造机制深刻变革，形成新的数字经济体系[①]。所有企业都是国民经济中的一个实体，数字化转型是大家都绕不过去的"必修课"。

　　驱动企业面对数字化浪潮的因素有许多，大致可以分成外部因素和内部因素。外部因素包括但不限于：竞争对手正在着手搞数字化，跨界打劫者在行动，技术进步，合作伙伴、供应商、客户以及政府的要求，经济环境因素等。内部因素包括但不限于：实施发展战略、增加收益、提高效率、创新转型等。关于外部因素市面上有许多相关资料，读者应该读到或听到不少，本书不再赘述。

　　本章从企业内部视角来讲一讲数字化的"不得不"。

从净资产收益率看数字化

　　不熟悉财务的读者也请仔细读一下本节，并不复杂，但很有用。

净资产收益率

　　净资产收益率（Return on Equity，ROE）是评价企业盈利能力的重要指标。

　　净资产收益率又称股东权益报酬率、净值报酬率、权益报酬率或权益利润率，该指标越高，说明投资带来的收益越高。

　　净资产收益率 ＝ 净利润 / 股东权益
　　　　　　　　＝ 销售净利率 × 总资产周转率 × 权益乘数

　　净资产收益率是净利润与会计期间内平均股东权益的比值。影响该指标的 3 个计算因子分别是：销售净利率、总资产周转率和权益乘数。

销售净利率

　　　　　　销售净利率 ＝ 净利润 / 销售额

[①] 源自赛迪顾问。

这个计算因子对应效益，反映企业的产品或服务的"赚钱"程度。

总资产周转率

$$总资产周转率 = 销售额 / 总资产$$

这个计算因子对应效率，反映企业运转的快慢，好比餐厅的"翻台率"。

总资产收益率

$$总资产收益率 = 净利润 / 总资产 = （净利润/销售额）×（销售额/总资产）$$
$$= 销售净利率 × 总资产周转率$$

总资产收益率是前述两个计算因子的乘积，体现了效益与效率的组合与平衡。这个指标反映的是企业每1元资产能挣到的净利润，不管这个资产是不是自己的。

权益乘数

$$净资产收益率 =（销售净利率 × 总资产周转率）× 权益乘数$$
$$= 总资产收益率 × 权益乘数$$

企业用于运营的总资产中有一部分是借来的负债，那么要计算企业用股东自己的1元钱（即净资产、股东权益）能挣到的利润（也就是计算净资产收益率）的时候，就需要进行换算，这个换算系数就是权益乘数。

$$权益乘数 = 总资产 / 股东权益$$
$$= 总资产 / 净资产$$

然而，总资产 = 股东权益（或净资产）+ 负债，通常情况下总资产大于股东权益。所以，权益乘数这个计算因子对应杠杆，体现为企业使用杠杆的程度。

在企业的经营实践中，杠杆的本质就是利用所有权属非己的资源来加速自身商业模式的运转及战略目标的实现。这时候杠杆不仅仅指公式中表达的狭义财务杠杆，更多的是指包括财务杠杆在内的更广义的资源杠杆，泛指不属于自己的资金、资源、能力等，不局限于哪些资源为我所有，而关键看哪些资源能为我所用。

从净资产收益率指标不难看出，企业的发展是通过效益与效率的平衡，再加以适当杠杆的运用来进行的。

　　数字化可以紧密贴合净资产收益率指标的需要来进行，其实也就是紧密贴合企业的战略和具体业务的需要来开展。企业可以通过数字化帮助改善 3 个计算因子指标，最终改善净资产收益率指标，即通过数字化改善效益、提高效率和利用杠杆，最终实现企业的持续盈利。有关这 3 个指标与数字化目标之间的更详细叙述可参见第 4 章"数字化的目标分类"部分的内容。

从企业发展战略的视角看数字化

　　从战略的视角来看，企业的发展是通过其发展战略[①]来实现的，而发展战略通常通过"内生增长"与"外延扩张"两方面来实现，当然创新也蕴含在其中。企业发展战略与数字化的关系如图 3-1 所示。

内生增长

通过产品/服务运营，关注产品/服务价值，即企业的产品价值，提高效益。

外延扩张

通过并购、联盟（含构建生态平台）等方式进行，关注企业的市场价值，利用杠杆。运用与企业发展相关的资金、资本、资源、能力等，付出使用杠杆的代价换取发展的时间和空间，从而实现增速发展。

协同

外延扩张、内生增长两者都需要通过协同的方式提高整体效率，这里的协同最终主要表现为能力上的协同，如现在说得比较多的产业生态就是产业链上相关企业的能力协同。协同包括但不限于：部门内岗位间协同，公司内部门间协同，集团内事业部间协同，产业内上下游间协同，生态内产业间协同等。所以，企业的发展战略是通过提高内部、外部相关方的能力协同水平来落地的。即便企业

[①] 战略通常包括发展战略、稳定战略和收缩战略。

落实的是非相关多元化的发展战略，其间至少也会有资本、资金、品牌等方面的协同。

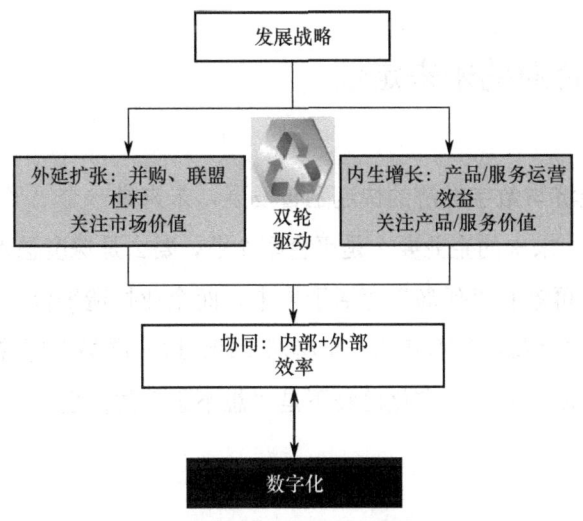

图 3-1 企业发展战略与数字化的关系

数字化

规模企业内部、外部的能力协同离不开数字化这个必选项。正如图 3-2 所示，协同能给企业带来价值，而规模企业的协同需要数字化手段来落地和提高效率；数字化的需求来自企业发展战略的需要，数字化可以进一步提高协同的能力。

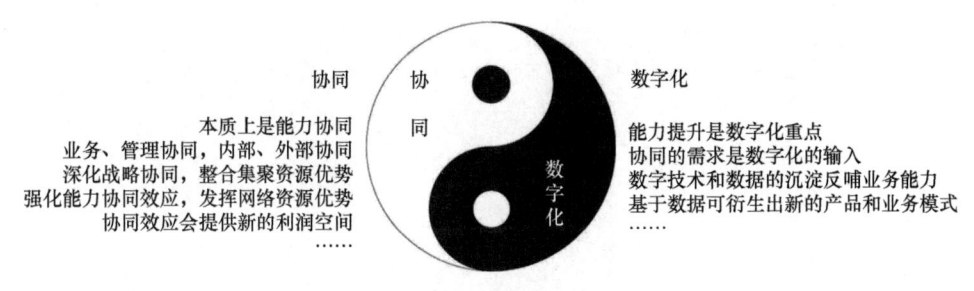

图 3-2 协同与数字化的关系

协同与数字化相互促进，其中通畅的数据流是核心。这与上文"以数据为轴，业务与 IT 双轮驱动的数字化"的观点是一致的。

数字化时代企业的未来定位

随着实体经济与数字经济的快速融合发展，未来是一个"平台为王"或"生态为王"的时代，未来的企业要么是平台型企业，要么是深度融入平台中的企业，或者两者兼具，再难有"孤岛"存活于未来。而企业打造平台、生态，抑或融入平台、生态，数字化都是离不开的一个必然手段，这一趋势倒逼着企业作出选择。

上述结论足以证明，数字化已经不是"想不想"的问题了，而是"不得不"的必答题了。

第 4 章
数字化的目标和路径

数字化的目标分类

根据净资产收益率进行分类

第 3 章讲了，净资产收益率（ROE）= 销售净利率 × 总资产周转率 × 权益乘数，其中 3 个计算因子分别对应效益、效率和杠杆。

华为推出的《华为数字化转型必修课》讲到数字化有 3 个目标，分别是：体验提升（瞄准客户，增加收入）、效率提升（对准业务，构建竞争优势）和模式创新（升级运营结构，打造平台与生态），正是分别对应了由 ROE 识别的 3 个改进目标：改善效益、提高效率和利用杠杆。任正非说："华为发展的潜力一定是在管理上，而管理的最重要手段是 IT"，其实讲的就是要通过数字化来改善管理、提高效率和利用杠杆，从而实现数字化的 3 个目标。

除了参考华为以外，笔者还研究整理了团体标准 T/AIITRE 10001-2020、埃森哲、IBM、VeriSM^{TM} 的数字化目标分类，并结合 ROE 的 3 个计算因子进行"格式化"，发现匹配程度非常高，可谓殊途同归，具体见表 4-1。

表 4-1　从净资产收益率"格式化"数字化目标

净资产收益率		销售净利率		总资产周转率		权 益 乘 数
业务视角		效益(产品是否挣钱)		效率(运转快慢)		杠杆
		产品竞争力		管理效率		资本运作
关注点		注重提高用户体验、增加收入		注重运营效率、决策效率提升,降低成本		注重数字化服务、平台或生态建设
华为观点	=	(用户)体验提升	×	效率提升	×	模式创新
T/AIITRE 10001-2020		产品/服务创新		生产运营优化		业态转变
埃森哲观点		主营业务增长		效率提升		商业创新
VeriSM™ 观点		聚焦客户(效率创新)		聚焦运营(持续创新)		聚焦未来(颠覆性创新)
"格式化"数字化目标		数字化营销		数字化管理		数字化创新

华为认为数字化目标是用户体验提升、效率提升、模式创新；T/AIITRE 10001—2020认为数字化在于产品/服务创新、生产运营优化、业务转变；埃森哲认为数字化应关注主营业务增长、效率提升、商业创新；VeriSM™认为数字化目标分为聚焦客户、聚焦运营、聚焦未来。这些均可对应为改善效益、提高效率和利用杠杆。

为了叙述得方便，参考 ROE 指标，本书将数字化目标归纳为3类，分别是数字化营销、数字化管理和数字化创新。

数字化营销：注重提高用户体验、增加收入。通过营销、服务、渠道的数字化增强销售能力，提升用户体验，关注业务增长。理解客户，丰富、简化、优化客户接触点及接触过程，具体包括营销、渠道、物流、服务的数字化，以及产品创新（产品数字化及智能化）。

数字化管理：注重运营效率、决策效率提升，降低成本。通过数字化升级运营体系，提高运营效率、决策效率，由此带来新的价值，缩短产品上市周期；随时随地工作与沟通；数据驱动决策等。具体包括智能制造、数字化供应链、数字化智能能力等。

数字化创新：注重数字化服务、平台或生态建设。基于数字化能力，通过战略和商业模式创新,开辟新蓝海。通过数字化调整战略方向和部署,升级商业模式,实现价值;基于数字化技术和数字资产,提供新的产品与服务;打造平台与生态,对内、对外赋能。创新又分为两类:业务创新(基于数字化的原业务创新)和数字化创新(基于数字技术、数据的新业务创新,如产业互联网)。

数字化目标的比较

如上文所述,数字化目标在大多数业务场景下可以概括为数字化营销、数字化管理和数字化创新。这里以2C端制造业为例,对这3个目标开展数字化工作的难易程度、优缺点等展开对比,具体见表4-2。

表4-2 数字化目标的各方面对比

数字化目标	工作重点	战略	商业模式	组织/流程	周期	成本	风险	优点	缺点
数字化营销	通过营销、服务、渠道的数字化,提升用户体验,关注业务增长	不影响	不太影响	不太影响	短	低	低	在现有模式下进行收入方向挖潜;风险低,可进可退	空间有限,竞争力有限
数字化管理	通过数字化升级运营体系,提高运营效率、决策效率	不影响	不太影响	影响	中	中	中	在现有模式下进行成本方向挖潜;风险可控,可进可退	仅挖潜,可能错过机会
数字化创新	基于数字化能力,通过战略和商业模式创新,开辟新蓝海	影响	影响	影响	长	高	高	做业务、行业创新者、颠覆者、打劫者	见效慢;风险高

数字化营销通常不改变现有战略,不太影响商业模式、核心流程及相关的组织、授权等,主要做营销端业务流程的线上化,在现有模式下进行收入方向挖潜,可进可退,实施周期相对短、见效快、成本低,风险也比较低。

数字化管理不改变现有战略,不太影响商业模式,会对核心流程及相关的组织、授权等进行改进,实施周期中等,成本、风险也中等。

数字化创新改变战略、商业模式、核心流程及相关的组织、授权等，进行颠覆式的创新，实施周期较长，见效慢，成本、风险较高。

请注意，表 4-2 主要是基于 2C 端制造业来进行分析的，不同类型的企业，目标对比会有所不同，但这个分析结构和过程可供参考。

企业内部的数字化与企业外部的数字化

若从企业出发，以企业的控制边界为限，数字化可以分成内外"两翼"，包括企业内部的数字化与企业外部的数字化，具体见表 4-3。

表 4-3　企业数字化的"两翼"

净资产收益率		销售净利润		总资产周转率		权益乘数
业务视角		效益（产品是否挣钱）	×	效率（运转快慢）	×	杠杆
		产品竞争力		管理效率		资本运作
关注点	=	注重提高用户体验、增加收入		注重运营效率、决策效率提升，降低成本		注重数字化服务、生态建设
归纳分类		数字化营销		数字化管理		数字化创新
数字化的"两翼"		企业外部的数字化：数字化营销 企业内部的数字化：数字化管理				企业内部的数字化：业务创新（基于数字化技术的业务创新，属于企业内部的数字化）； 企业外部的数字化：产业链数字化，基于数字技术、数据的，提供产业链服务的新业务创新；平台化转型、产业级整合等

企业内部的数字化：企业内部价值链的数字化。通过在企业内部实施数字化和应用新技术，达到优化流程、提升效率、降低成本的目的。包括上文所述的数字化营销、数字化管理和部分数字化创新（指利用数字技术实现业务的线上化、自动化、智能化处理，即基于数字化技术的业务创新）。

企业外部的数字化：产业链数字化。突破企业边界，从企业内部的端到端流程打通到整个产业链的整合优化。从整个产业链的视角和格局思考产业链的痛点，进行产业价值链的优化和资源的整合，打造产业级共享服务平台，为产业链上下游提供集成共享服务，推动整个产业链的优化升级。产业互联网是产业链数字化的主要形式、内容和结果。

产业互联网

产业互联网[①]是指面向 B 端的互联网，是数字时代各垂直产业的新型基础设施，由产业中的骨干企业牵头建设，以共享经济的方式提供给产业生态中广大的从业者使用。产业互联网通过从整个产业链角度进行资源整合和价值链优化，降低整个产业的运营成本，提高整个产业的运营质量与效率，并通过新的产业生态为客户创造更好的体验和社会价值。产业互联网是专门为生产服务提供第三方服务的平台，即产业级新型基础设施、新基建的一部分。

产业互联网帮助企业打破自身边界、聚合内外部资源、协同内外部的能力，日益成为企业现在和未来的核心竞争力；产业互联网是未来数字化的重要发展方向，也是企业打造或融入产业平台、产业生态的重要载体。许多头部的传统企业、互联网企业，正积极布局产业互联网，以期成为平台型企业；产业互联网是传统企业获取数字化和平台能力以及互联网企业获取产业能力的一个"竞合"的领域，不管是传统企业还是互联网企业都需要通过数字化转型的成功来赢得这场竞争，竞相把对手融入自己的生态平台中。

面向 C 端的消费互联网容易形成商业闭环，互联网原生企业正是由此创造了神话。而面向 B 端的产业互联网则不容易形成商业闭环，其业务逻辑的复杂程度非常高，前期投入较大，建设周期漫长，这也是目前在产业互联网领域难以快速实现"跨界打劫"的原因。

通常情况下，产业里的头部企业在自身数字化水平达到一定程度后，开始

---

① 整理自浙江清华长三角研究院产业互联网研究中心《2021 产业互联网白皮书》。

"能力溢出"，服务上下游行业，自然形成产业互联网。未来的企业，要么是平台型企业，要么是平台中的企业，或者两者兼具，难以成为"孤岛"，该如何选择呢？

产业互联网很难通过一己之力快速建成，可供参考的做法是"合"各方资源一起打造。发起者、主导者可以选择对行业非常熟悉的伙伴、有成熟技术解决方案的伙伴、有一定生态赋能能力的伙伴等，以及高维度生态中的伙伴，甚至不排除低维度生意中的竞争对手，一起来建设产业互联网，需要设计和主导产业商业模式，使得自己与伙伴都可以从平台经济中获取相应的价值。所以，做产业互联网需要更高的格局，而且还急不得。

每一个做数字化建设的企业不会忽略其所在产业、生态等环境因素，大都有一颗搭建生态或平台的雄心，但自行搭建一个生态体系不是一蹴而就的事情。企业要么创造生态，要么融入生态；生态优势不再是零和博弈，它强调的是共赢、共生、共融；生态优势不再追求"为我所有"，而是"为我所用"……

这里将浙江清华长三角研究院产业互联网研究中心《2021 产业互联网白皮书》中的内容进行了整理，借此对产业互联网做一个简单介绍，由于本书的重点在于企业自身的数字化，有兴趣的读者可以去研读这本白皮书或者寻找其他资料。

> **定义解析**
>
> - 覆盖范围：垂直产业及其关联组织；
> - 定位：为产业服务的新型基础设施；
> - 行动与措施：产业规则变革重构；
> - 发起者：有流量资源的产业服务者；
> - 参与者：产业生态内的全部角色；
> - 创造的价值：效益倍增；
> - 参与约束条件：数字化；
> - 互联网化：结合互联网。

产业条件 →
- 产业规模大，成长性高；
- 产业参与者多，集中度低；
- 产业链效率低，运营成本改善空间大。

所需能力 →
- 产业洞察能力；
- 资源整合能力；
- 平台赋能能力；
- 技术实现能力；
- 运营管理能力；
- 创新与风险把控能力。

发起者身份 →
- 产业的龙头企业；
- 产业集群的属地政府；
- 核心贸易企业；
- 核心服务提供者。

数字化的路径识别

　　数字化目标中的数字化营销、数字化管理、数字化创新，哪个先做哪个后做呢？这个要根据企业所在行业的特征和具体情况而定，没有统一的路径和模式。本节不给出具体行业的数字化规划和路径，仅根据企业的客户类型给出数字化路径的参考建议（见图4-1），期待读者能"理一分殊"，看清所在企业的数字化路径，以

数字化的极简逻辑与方法

不变应万变。需要注意的是，图 4-1 仅是大致概括，不代表其中的路径建议对所有的企业均适用。

```
┌─────────────────────┐  ┌─────────────────────┐  ┌─────────────────────┐
│ 2C端、2b端企业：      │  │ 2B端企业：           │  │ 互联网企业：         │
│   数字化营销----→    │  │   数字化管理----→    │  │   数字化创新----→    │
│     数字化管理----→  │  │     数字化营销----→  │  │     数字化营销----→  │
│       数字化创新----→│  │       数字化创新----→│  │       数字化管理----→│
└─────────────────────┘  └─────────────────────┘  └─────────────────────┘
```

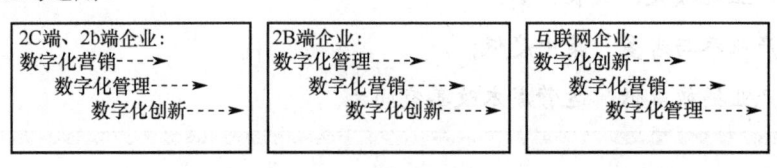

图 4-1　数字化路径建议

在图 4-1 中，"2b 端企业""2B 端企业"分别是指客户群为规模较小和规模较大机构的企业，区别在于客户规模；"2C 端企业"是指客户群为个人用户的企业。

对于 2C 端和 2b 端企业来说，如家电企业等，可以先做数字化营销，快速见效，拉开和同行差距，抢占市场份额；然后适时开始数字化管理；最后进行数字化创新。

对于 2B 端企业来说，如医药企业、传统车企等，与客户交易次数少、量大、金额大，通常会签订渠道战略合作协议，营销端关系较为稳定和长久，企业主要需要提升产品力、降本增效。可以先做数字化管理；之后再适时开始数字化营销，帮助经销商提升业绩，有些传统车企甚至推出了面向 C 端用户的 App（如直接获取用户反馈以及给 B 端渠道方直接引流）等；最后适时开始数字化创新。

对于互联网企业或其他数字化原生企业，创新就是竞争力。优先做数字化创新（提升竞争力，吸引资本投资），然后适时启动数字化营销（对外抢占市场），最后才是数字化管理（内部降本增效）。

请注意，这 3 类工作虽要注意先后顺序，但并不是做完了一类才开始做下一类的，可以根据企业的具体情况来设计适当的综合解决方案，并制定恰当的节奏和计划，有序开展数字化工作。

在这个过程中，有 3 点需要读者注意：
- 数字化建设以支持一线做好业务为主，让使用者有获得感，仅做必要的管控，不建议"高举高打、强推强压"。
- 必须通过系统方法做好顶层规划，即便是非常粗略的但经过讨论的规划，也比没有规划的情况好太多。通过规划厘清勾稽关系、制定标准，进而确定举措、识别项目、规划路径、编制计划，有序开展工作。

- "强管控"不宜作为前期工作的重点。若一开始就以管控为主，则很难获得内部关系人的支持，增加项目失败的风险。"体验提升、效率提升、模式创新"是数字化工作的重点，随着数字化转型的逐步展开与深入，可以逐步强化与管控相关的内容。

第 5 章
数字化与内部审计

内部审计与外部审计

内部审计的定义[①]：审查和评价组织的业务活动、内部控制和风险管理的适当性和有效性，以促进组织完善治理、增加价值和实现目标。内部审计由企业董事会、监事会、经理层和全体员工实施，合理保证企业经营管理合法合规、资产安全、财务报告及相关信息真实完整，提高经营效率和效果，促进企业实现发展战略。

不同的公司将内部审计的职能安排给了不同的部门承担：如审计部、风险合规部、内部控制部等。所以请读者注意，有些企业的审计部不一定承担所有的内部审计职能。本书提到的需要内部审计参与数字化建设过程，是指内部审计相关部门均需要参与数字化建设过程，而不仅是审计部。

外部审计的定义：由审计机关派去的审计人员或社会审计机构对被审计单位的经济业务活动的合理性、合法性、准确性、真实性和效益性所进行的审查，并对审查结果作出客观公正的评价。外部审计实质上是对企业内部存在的虚假、欺骗行为的重要而系统的检查工作，由于外部审计与被审计单位不存在依附关系，因此外部审计可以确保发挥审计工作的独立性和公正性。外部审计的类型主要包括国家审计和社会审计，其中国家审计指由国家审计机关所实施的审计工作，社

---

① 源自中国内部审计协会《第 1101 号：内部审计基本准则》。

会审计指由经政府有关部门审核批准的社会中介机构所进行的审计工作。

内部审计、外部审计与风险的关系见表 5-1。

表 5-1 内部审计、外部审计与风险的关系

审计风险（AR）		重大错报风险 （MR，来自被审计单位）		检查风险 （DR，来自注册会计师）
外部审计	=	对结果进行审计，被动接受 MR 的状态	×	DR=AR/MR，降低 DR，以保障 AR；主要对检查结果负责，对会计报表所反映信息的合法性和公允性发表审计意见；事后审计
内部审计		降低 MR；对董事会和高管负责，检查内部业务活动、内部控制和风险管理，并提出咨询建议，帮助改善；事前筹划、事中控制、事后审计		支持外部审计，降低 DR
内外审计结合：整体上降低 AR		降低 MR		降低 DR

内部审计和外部审计都是审计监督体系的组成部分，它们相互制约、相互监督、互为补充。两者的主要目标是一致的，都是对被审计单位的财政、财务收支活动和经营管理活动的正确性、合法性、合理性和有效性进行审查和监督。内外部审计结合的目的包括：保证充分、适当的审计范围；减少重复审计，提高审计效率；共享审计成果，降低审计成本；持续改进内部审计机构工作[①]。

本书主要讲解企业内部的数字化，所以下文仅涉及数字化内部审计的内容。

数字化内部审计

数字化时代下的数字化内部审计是对业务活动、内部控制和风险管理的内部审计？是对数字化过程的内部审计？还是用数字化手段开展内部审计工作？

---

① 源自中国内部审计协会《第 2303 号：内部审计具体准则—内部审计与外部审计的协调》。

数字化时代下的内部审计具体工作内容包括如下 3 个方面。

（1）在业务活动、内部控制和风险管理等方面开展内部审计活动。

在企业开展了一定的数字化工作的情况下，内部审计的目的和内容没有变化，在方式上和手段上需要依照数字化情况进行调整。例如，对于已经线上化的业务，可以直接在系统里对相关流程的业务规则、流程执行情况开展审计，而不需要像以前一样主要依靠询问当事人。

（2）对数字化过程进行内部审计。

数字化也是企业内部开展的业务，需要被纳入内部审计工作范围。

内部审计关注数字化过程的主要内容包括：是否较好地支撑了战略；是否较好地对齐了业务，让业务流程顺畅运行；是否可靠、稳定、安全地保障了数据的完整性和准确性等方面。

（3）内部审计工作的数字化。

将数字化手段应用到内部审计活动中，提升内部审计质量（包括审计机构质量控制和审计项目质量控制），即"审计的数字化"。

简单来说，数字化内部审计就是用数字化的内部审计方式开展内部审计活动，并对数字化过程开展审计。

数字化与内部审计的关系

本书第 6 章会讲道：企业管理是通过数据的反馈，实施相应的控制活动。企业的内部审计工作实际上是通过对内部业务活动、内部控制和风险管理的适当性和有效性做一个"信息反馈"，以促进完善治理、增加价值和实现目标。内部审计对保持企业有序运行至关重要，而数字化内部审计是内部审计在数字化时代下的升级。

内部审计发现的问题和意见是非常好的数字化需求，应纳入数字化的迭代中，更好地为业务的迭代升级、风控、合规提供支持和保障；内部审计力量应被纳入数字化队伍，通过深度参与数字化过程，逐步实现内部审计的事前筹划、事中控制、事后审计，内部审计工作会随之上一个台阶。所以，数字化与内部审计工作相互支撑，相互促进。

数字化和内部审计在许多方面是相同的，两者的比较具体见表5-2。

表 5-2 数字化和内部审计的比较

	数 字 化	内 部 审 计
目标	实现战略目标	实现战略目标
主要工作对象	核心业务规则	核心业务规则
路径	客户体验、效率提升、转型创新	内部控制、风险管理
涉及范围	跨领域、跨单位、跨层级	跨领域、跨单位、跨层级
视角	全局视野	合规、风控
手段	改善规则，进行固化	出具行政整改意见，参与监督改进
优势	固化规则、突破时空限制、信息对称、自动化、个性化、智能化、驱动商业升级	可以强势介入核心业务规则，且为常规例行工作
风格	逐步改善，支持者、赋能者	强制执行，逐步改善，监督者、支持者、赋能者
关系	数字化组织中有必要纳入内部审计力量	审计意见是重要的数字化需求来源
……	……	……

数字化与内部审计的目标都是战略目标的实现，主要工作对象都是核心业务规则等。数字化工作需要设计跨领域、跨单位、跨层级的沟通，而内部审计是被授权可以强行介入跨领域、跨单位、跨层级的沟通，而且企业各部门已经习惯内部审计的工作，不会有强烈的抗拒心理。所以，

（1）数字化组织有必要纳入内部审计力量，内部审计力量天然应成为数字化力量的一部分；

（2）审计意见是重要的数字化需求来源，数字化工作可以让内部审计工作有效进入到事前、事中，可以在重要业务规则制定或升级的时候就纳入审计意见，收获事半功倍的效果。

- 在业务升级时：事前筹划，将升级后的业务规则、管控规则融入流程并固化，方便基于数据管控风险。

第 5 章　数字化与内部审计

- 在业务执行时：事中审计，自动检查、自动控制，并自动记录；提高客户满意度，优化运行效率，提高运营效果；提升决策质量，主动应对风险。
- 在业务执行后：事后审计，可尽量自动化。

数字化是持续的重大投资，内部审计应介入数字化工作，有利于做好数字化过程的审计。有利于审计工作本身的数字化，可以帮助提升内部审计质量。

第二篇

数字化业务运营系统篇

第 6 章
业务运营系统概述

关于系统

系统的定义

系统无处不在，所有事物总是处于这样或那样的系统之中。

关于系统的定义非常丰富：

"系统是由相互作用、相互依赖的若干部分组合而成的，具有特定功能的有机整体，而这个有机整体又是它从属的更大系统的组成部分。"

——钱学森

"系统由许多要素组成；各要素之间、要素与整体之间以及整体与外部环境之间存在着有机联系；整个系统具有整体功能。"

——《系统工程引论》

"系统是由相互联系、相互作用的许多要素组成的具有特定功能的复合体。"

——《系统工程引论（第4版）》

"系统是相同或相类的事物按一定的秩序和内部联系组合而成的整体。"

——《辞海》

"系统是由相互制约、相互作用的一些部分组成的具有某些功能的有机整体。"

——《中国大百科全书》

数字化的极简逻辑与方法

"系统是有组织的或被组织化的整体、相联系的整体所形成的各种概念和原理的综合,由有规则的相互作用、相互依存的形式组成的诸要素的集合。"

——美国韦伯斯特大辞典

"系统是相互作用的多要素的复合体。"

——一般系统论的创始人、奥地利生物学家冯·贝塔朗菲

"系统并不仅仅是一些事物的简单集合,而是一个由一组相互连接的要素构成的、能够实现某个目标的整体。从这一定义可见,任何一个系统都包括三种构成要件:要素、连接、功能或目标。"

——《系统之美》

本书选用《系统工程引论(第4版)》中的定义,为了与数字化相关术语一致,对系统的定义稍作变更,将"要素"改为"组件":

系统是由相互联系、相互作用的许多组件组成的具有特定功能的复合体。

功能就是系统将一定的物质、能量、信息输入变换为一定的输出的能力。好的系统一定是开放的系统、自适应的系统[1]:

- **开放系统**:系统可以与外界持续交换物质、能量、信息等,绝对的封闭系统是不存在的。
- **自适应系统**:自适应系统是开放系统。而且,系统能够不断地学习或积累经验,能够利用学到的知识经验改造系统的功能,以适应环境的变化,并促进整个系统的发展、演化或进化。很明显,企业的管理体系一定要是自适应系统。简单来说,自适应系统会"治理"内部的组件间关系,使之迭代进化。

本书主要关注自适应系统,结合上文的叙述及相关理论,将自适应系统的构成整理成如下公式:

自适应系统 = 组件 + 组件间关系 + 治理

---

[1] 源于美国圣菲研究所(Santa Fe Institute,SFI)计算机科学家霍兰(J. H. Holland)提出的复杂适应系统理论(Complex Adaptive System)。

第6章 业务运营系统概述

系统中"关系"的重要性

系统(不限 IT 系统)是通过数据的传递与反馈实现正常运作,数据流使各部分整合在一起;系统中的大多数错误或效率低下,是由于数据流不畅通、数据不对称所导致的;系统内必须保持数据的一致性、完整性和及时性,同时考虑安全性。

对于好的系统,组件并不那么重要,组件间的"关系"才是最为关键的。只要不触动系统的内在关系和总体目标(保障系统朝着目标演进),即使替换掉所有的组件,系统的功能也会保持不变,或者只是发生小的变化。可以说,关系是一切得以发生的关键,关系是系统功能的必要条件。例如,治理得当的企业,有很好的机制作为保障,即使替换掉某个部门负责人甚至 CEO,企业也不会因此"关门"或出现大的问题;好的战斗连队,由于指挥规则的保障,连长牺牲班长立即继续指挥战斗,士兵不会溃散逃跑。

关系是动词、是谓语、是连接、是规则、是能力、是交易、是融合……几乎可以说:关系就是一切得以发生的关键。

在企业中,规则就是关系的重要表达形式和组成部分,企业的管理系统主要呈现为各类规则的集合。好的企业具备卓越的管理系统,从而可以不依赖特定的人和资源。

华为在《数字化转型必修课》中讲了"3个数字化":

- 业务对象数字化(含主数据相关工作等);
- 业务规则数字化(含规则数字化,主要体现为流程及流程中的政策);
- 业务过程数字化(含交易过程记录、规则执行的日志及各种报表等)。

其中,最重要的是业务规则数字化。关于这"3个数字化"间的关系详见下文"业务规则数字化是关键"一节的内容。

系统的综合集成

综合集成方法[①]是在充分了解组件、组件间关系的基础上,将组件重组成系

[①] 钱学森院士 1990 年提出了综合集成方法。

数字化的极简逻辑与方法

统，新组装的系统整体会涌现出之前没有的功能。

为了比较形象地介绍综合集成方法，通过图 6-1 进行说明：

建筑材料（可对应成"点"）之间通过其间关系可以拼接组装成结构件（可对应成"线"），结构件通过其间关系进行拼接组装成更大的设施（可对应成"面"），而设施通过其间关系拼接组装成建筑物（可对应成"体"），而建筑物、设施和结构件又可以依次分别拆散成设施、结构件和建筑材料。当然，这种拼接组装、拆散的工作也可以不依照这个次序进行，可以越级进行拼接组装或拆散。

这里的建筑材料、结构件、设施、建筑物都是组件，都可以被用来拼接组装成更大的组件。上述工作可以不断循环迭代，不断地有小的组件重组成大的组件，也不断地有大的组件拆散成小的组件。

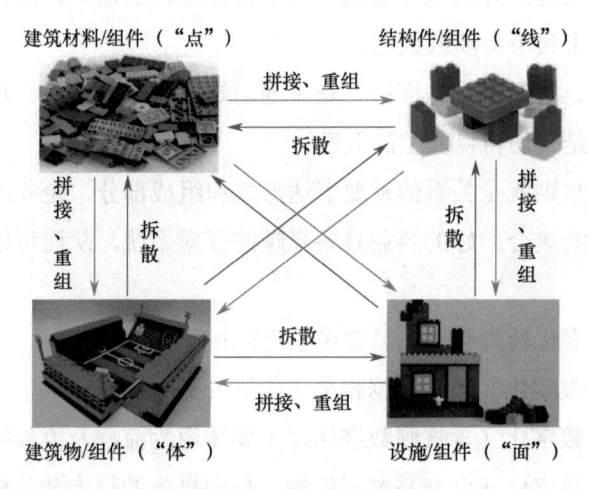

图 6-1 系统的综合集成

小组件重组成大组件的时候，会出现之前没有的功能。比如结构件重组成更衣室，则更衣室有了结构件没有的一些功能；再比如同样的结构件重组成颁奖台，颁奖台和更衣室的功能很不一样。这种在拼接、拆散、重组循环中进行的创新，被称作集成创新[①]。

集成创新是综合集成方法的运用，把已有的组件、技术、知识等创造性地有序集成起来，创造出新产品、新生产方式或新的服务方式、新的管理模式，以满

---
① 源自《大力发展系统集成创新加速自主创新的步伐》（王众托，《管理工程学报》，2010（24）增刊）。

足不断发展的新需求。正如美国"阿波罗计划"的总指挥韦伯所说的:"阿波罗计划中没有一项新发明的自然科学理论和技术,而是现成技术的应用,关键在于综合。"

可见,综合集成方法的价值巨大。在企业开展数字化工作的时候,可以更多地利用综合集成,事实上在已经开展的大部分的数字化案例中,几乎都运用了综合集成方法,不论是有意还是无意。数字中台就是综合集成方法的运用的一个很好的例子,本书在第 12 章会详细阐述。

数字化与生产关系

在"数字化建设/转型"中,"数字化"是定语、是生产力,"建设/转型"是核心、是指改变生产关系。这与"如果数字化不触碰到核心流程就是耍流氓"是一个意思,这是数字化与信息化最大的一个差异,也是数字化工作的难点所在。若要动到核心流程,就会涉及与之紧密相关的权责、组织结构、考核激励等的重新调整与分配,会面临许多阻力。在数字化过程中,生产关系的调整是必须被重点关注的方面。

正如大家所熟知的,

$$\text{生产方式} = \text{生产力} \times \text{生产关系}$$

而其中,生产力 = 劳动者 × 劳动资料 × 劳动对象。劳动过程就是劳动者运用劳动资料(如 IT)把劳动对象中的原材料变成产品的过程,体现为生产力;劳动过程对应生产力公式中的乘号,是生产关系的组成部分。生产关系中除了劳动过程,还包括劳动者、劳动资料、劳动对象之间的所属、互动等其他关系。

数字化的关键是生产关系的改善与升级,即利益相关方的权利再分配,是企业责权利的重大改变。生产关系的调整要着眼企业的价值观,提升运营的效能,同时重视长期持续增长。

任何改革都绕不开权利再分配的问题,数字化也是如此,实际上这是最关键的、最需要注意的问题。企业中存在的惯性可以起到保持稳定的积极作用,但也有负面作用：任何变化都会带来不适应性和不确定性，使得变化遭遇变革阻力。企业在数字化过程中，需要处理好生产关系中的利益冲突，把负面影响降到最低，保障改善或变革的成功。

数据对于系统的重要作用

信息是反映现实世界的运动、发展和变化状态及规律的信号。系统中有物质流、能量流与信息流，物质流与能量流是通过信息流反映出来的。系统根据得到的信息反馈做出主动调整，通过系统内的关系发挥控制作用，使得物质流、能量流能够更好地服务和满足于系统的功能和目的。系统的要素与要素之间、要素与系统之间、系统与环境之间的相互联系和作用，都要通过交换、加工和利用信息来实现。

可以说：系统功能的维持、系统间要素通过关系发生作用，都要通过信息反馈。

数据是信息的载体，数据客观上是无处不在的。数据只有经过加工处理以后，才成为可以被企业运转和决策利用的信息。现在可以通过技术手段更好地获取、加工、交换、利用数据，使之更快更好地转化为信息、知识，甚至智慧（如 AI）。本书为了简单，会把数据与信息这两个概念混用。

IT 系统存在的价值不在于先进的技术和强大的软硬件，而在于能够存储和处理数据。数据是对客观事物的真实表现，业务过程中的所有对象的状况及交互过程都可以用数据记录下来。所以，在考虑数字化规划的时候，首先要考虑需要使用什么数据和需要存储什么数据。

举个简单的例子：当我们在驾驶汽车时，是通过汽车的控制系统将车速控制在安全范围内的。车辆的行进速度是通过车速表将"速度值"这个数据传递给我们的，或者我们通过眼睛的反馈进行人脑判断来估算"速度值"，如果速度过快，我们就会收油或踩刹车，这时候发动机获得的燃料就会减少，车速减慢。如果没有"速度值"这个数据反馈给我们，我们就难以做出正确的控制操作。正是因为有了"速度值"这个数据的反馈（信息流动），我们才更方便控制油量的供给（物质流动），以及控制汽车的动力（能量流动），从而将汽车保持在安全的速度范

第6章 业务运营系统概述

围内（车辆控制系统的目的或功能）。

企业运营管理的过程，本质上就是数据处理与流动的过程。例如，通过数据分析和建立模型进行市场预测、开展计划活动，通过下达命令（也是数据）进行生产活动的组织，通过数据反馈对前序活动进行调整等。企业是一个自适应系统，若要管理有序，蓬勃发展，就需要利用好数据。在数字化时代，也就不难理解为什么数据会上升为生产要素了。

综上所述，数据对于系统是至关重要的，企业中业务对象的数据、业务规则的数据、业务过程的数据都是非常重要的数据。

业务运营系统是企业的"操作系统"

业务运营系统

业务运营系统是运用系统方法，将企业或项目的各方面、各层次、各要素等进行统筹规划，以有效利用资源，高效快捷地实现目标的业务操作系统，也叫工作系统、管理系统。打个比方，如果把企业看成一台电脑，那么它需要构建良好的、可升级的操作系统，即业务运营系统。业务运营系统的作用示例如图6-2[①]所示。

报时：项目有期限、产品有周期、英雄有暮年……（类比：产品）
时钟：唯有好的系统，可持续激发人和资源的力量，长久不衰……（类比：模具）

报时VS.时钟

打造一台好的"时钟"就是打造一个好的业务运营系统

图6-2 业务运营系统的作用示例

---

① 根据《基业长青》的思想整理的图片。

数字化的极简逻辑与方法

建设和维护一个卓越的业务运营系统，可以让工作变得有序，让流程变得可预期，从而沉淀组织智慧，"让平凡的人做不平凡的事"。可是，许多企业没有"系统守夜人"，即没有系统管理员。业务运营系统"佛系"生长，问题出现总是只能在面上解决，而管理者就是"救火"队长，企业越大、业务越好反而越来越"人制"，越来越离不开"能人/英雄"，跑冒滴漏越发成为常态，自然越混乱。

企业需要卓越的业务运营系统，更需要可落地的、简单的建设业务运营系统的系统方法。

业务运营系统的构成

本书基于现有系统理论，参考多位学者的观点和相关资料，结合与数字化相关的系统方法，对业务运营系统的构成进行了整理。这里并没有对系统理论进行任何创新，仅供读者参考。

业务运营系统由3部分构成：

- **组件（或要素）**：组件和要素是一个意思。系统由两个以上的组件组成，组件是构成系统的物质基础。组件是实体、子系统等，例如，企业中的部门等。组件是名词，可用于表达和描述"主语""宾语"。
- **关系（或联系）**：关系与联系是一个意思。要素/组件之间存在着一定的有机关系。关系是形成系统功能的关键，由于组件、组件间关系的互动，使得系统表现出某些功能。由同样的组件构成的系统，由于组件间关系的差异，也可能具备完全不同的功能。例如，营利机构与非营利机构；金刚石与石墨；资本主义社会与社会主义社会等。关系是连接、规则、能力、交易和融合等，例如，部门间的协作规则。关系是动词，可用于表达和描述"谓语"。
- **治理**：业务运营系统是自适应系统，可以主动管理系统中的关系，从而维持和管理着系统的功能及目的，类比于企业治理。上文讲过业务通常可以解析为"主、谓、宾"，不同业务场景会有不同的"主、谓、宾"。组件可以理解为业务中的"主、宾"的描述，而组件间关系可以理解为"谓语"的描述，业务的差异主要表现在"谓语"上。如"我们生产调味品"与"我们使用调味品"，其中"我们"和"调味品"分别是主语和宾语，都是组件；而"生产""使用"就是组件间的关系，决定着该业务运营系统是一个工厂的生产系统还是一个餐厅服务系统。这个关系需要被管理，以维持和改进业务，这就是治理（解决"如何更好地服务或生产"等问题）。

业务运营系统的构成如图6-3所示。

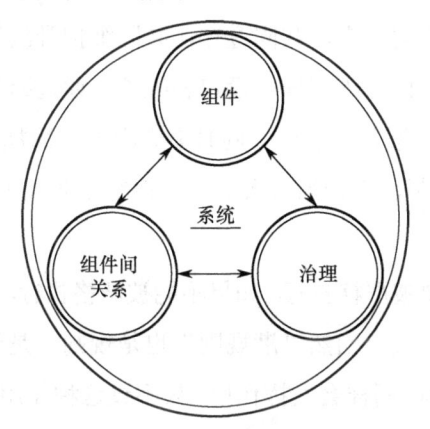

图6-3 业务运营系统的构成

业务运营系统构成 = 组件（要素、实体、子系统等，表达为名词）+
　　　　　　　　　组件间关系（规则、交易、连接等，表达为动词）+
　　　　　　　　　治理

规则的重要作用

什么是规则

上文介绍了系统中关系的重要性。规则是关系的一种，就如关系对系统非常重要，规则对企业的业务运营系统也非常重要。

组织效能的提升有赖于强健卓越的业务运营系统，业务运营系统的重要组成部分是各项规则的集合。规则表现为流程、职责、授权、制度、协议、标准等，其中最主要、最重要的是流程。因为流程是企业价值流的细化，而价值流是企业实现价值增值的保障和过程，企业的其他方面几乎与流程紧密相关。

本书对规则的定义如下：

规则是利益相关方的契约，是保障组织效率、最大化相关方利益的行事准则，是当前整体最优的解决方案。

规则绝不是简单意义上的粗暴约束，更不是野蛮束缚。

规则由各相关方共同制定，共同遵守，共同维护升级等。规则不是一个人说了算的规矩，因而必须依照既定程序设定和维护：通过跨领域沟通的方式进行规则的制定与升级（初步建设与迭代），同时最大程度保障规则的维护工作（日常运行）。不依照民主集中制、不让当事人讲话、拒绝专业人士参与而发布重要规则，就是独裁、瞎搞。

规则一经发布就要被严格执行，如果不能被严格执行，该规则就会很快失效，并即刻被"潜规则"替代。当然"潜规则"也是规则，是没有通过民主集中的方式在台面上确定的规则，同样会发挥作用，只不过这种作用通常不是全局最优的，甚至会伤害团队。

"文化－规则"模型

笔者根据对系统理论的理解及多年数字化辅导实践，设计出了适合企业的"文化－规则"模型，如图6-4所示。

"文化－规则"模型的工作原理：既有"文化孕育规则，规则决定行为，行为导致事件"的正向主逻辑，也有"事件调整行为，行为运用规则，规则强化文化"的反馈逻辑。

行为导致事件：如果没有外力干预，员工有什么样的行为，就会有什么样的工作结果或事件发生。**事件调整行为**：已经发生事件的相关影响作用会调整当事人日常的行为。例如，某个不当的事件未被恰当地处理，会让当事人觉得导致这类事件的行为是组织默许、容忍或忽视的，从而使得未来的行为逐渐脱离正轨。

规则决定行为：在通常的企业背景下，既定的规则直接决定了员工会采取什么样的行为。比方说常被人提到的观点："好的制度让坏人变好，坏的制度让好人变坏"。**行为运用规则**：当事人在决定实施行为时，会运用相关的规则（无论是公开的明规则，还是未被公开的潜规则），在组织中应尽量将规则公开化，避免潜规则的负面影响。

文化孕育规则：文化中的价值观既是企业做事的准则，又是判断是非对错的准则，孕育了企业特定的环境。而规则是在环境中被制定出来并得到执行的，所以是文化孕育了规则。**规则强化文化**：好的规则会巩固和强化文化，增强文化的公信力和生命力。例如，"不让雷锋吃亏"这个文化，就一定要有相应的激励利他行为的规则，让利他之人能够及时被肯定和鼓励而不是被漠视或嘲讽，让更多人相信和习惯"利他、做好事不吃亏"，从而巩固这个文化。

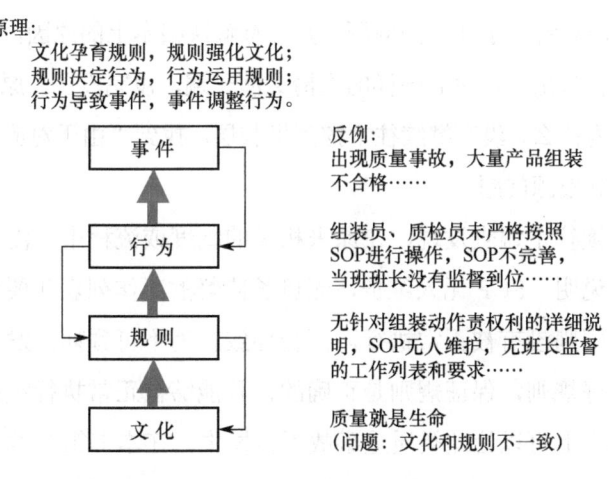

原理：
文化孕育规则，规则强化文化；
规则决定行为，行为运用规则；
行为导致事件，事件调整行为。

反例：
出现质量事故，大量产品组装不合格……

组装员、质检员未严格按照SOP进行操作，SOP不完善，当班班长没有监督到位……

无针对组装动作责权利的详细说明，SOP无人维护，无班长监督的工作列表和要求……

质量就是生命
（问题：文化和规则不一致）

图6-4 "文化—规则"模型

其中，文化与规则之间的关系是模型中最基础、最核心的关系。文化是"阴、虚、无"方面的内容，表现为使命、愿景、价值观的表述，以及标语、口号等形式；规则是"阳、实、有"方面的内容，体现为具体的流程、标准、制度等。文化与规则应时刻保持一致，做好"阴阳互动、虚实结合、有无相生"的循环迭代：文化孕育规则，决定规则成长的方向，而规则可以进一步夯实和巩固文化，增强文化的权威和公信力。

在"文化—规则"模型中，"文化孕育规则、规则决定行为、行为导致事件"

是主逻辑，而"规则强化文化、行为运用规则、事件调整行为"对应主逻辑形成反馈回路。一定要注意：时刻保障文化、规则、行为、事件的一致性，特别是文化与规则的一致性。

据图 6-4 中所示模型，下面通过一个反例，来更清晰地阐述"文化－规则"模型的工作原理：

事件：出现质量事故，大量产品组装不合格。这时候企业开始调查工作，以防事故再次发生。

行为：调查发现组装员、质检员未严格按照标准作业程序（Standard Operating Procedure，SOP）进行操作，SOP 不完善，当班班长没有监督到位……

许多企业调查到这里，对当事人进行责罚，就结束了，这是非常可惜和不负责任的。这样做只解决了面上的问题，并没有解决根本上的原因，用不了多久同样的质量事故又会冒出来，然后同样的剧情又演一遍，没完没了。原因很简单，就是没有继续追问为什么，没有继续往下挖到机制层，找到"由于对应规则缺失或不当导致的漏洞"等根源问题。

规则：继续往下调查发现，在原来相关的制度或流程中，没有针对组装动作责权利的详细说明，SOP 无人维护，无班长监督的工作列表和要求……规则本身有问题，或者规则没有被正常执行，都会导致行为不可预期。发现规则出了问题以后，要修订好规则，保证规则是正确的，且能够被正常执行和被维护。工作做到这一步，基本上可以让此类质量事故不再发生。在本书第 7 章"敏捷迭代"部分，会讲解根据事件来修订规则的详细过程。

这时候问题来了，依照什么来修订规则？是文化。

文化：案例中的文化为"质量就是生命"，但是这里有一个很明显的问题——文化和规则不一致。所以，要依照文化来修订规则，并保障文化与规则的一致性。如此才可以让"文化－规则"模型发挥作用，使得好的文化孕育好的规则，好的规则决定正确的行为，正确的行为导致可预期的好事件。

当企业出现各种不良事件的时候，管理者应该反思：究竟哪里出了问题？是谁的问题？应该重点关注什么？借助"文化－规则"模型可以帮助管理者透过现象看到本质，突破局限，更好地解决问题。

第6章 业务运营系统概述

在"文化—规则"模型中，文化是基础，而规则是关键，通过规则的相关工作，用确定性应对不确定性，尽量减少不良的干扰与影响。

补充一下，"文化—规则"模型与产业经济学的SCP范式[①]中"产业结构决定了企业的行为，而企业行为决定了企业的绩效"的逻辑，以及哲学家培根的"思维决定行为，行为决定结果"这个观点，都非常契合，感兴趣的读者可以深入研究。

业务规则数字化是关键

2021年，华为在"得到"App上推出了《华为数字化转型必修课》课程，内容框架见表6-1。

表6-1 《华为数字化转型必修课》的内容框架

3个转型目标	体验提升，效率提升，模式创新
核心挑战	数据采集：做好全量、全要素连接和实时反馈。 数据保护：在安全和效率之间找到平衡。 业务决策：让数字化真正指导行动
5个方向	转意识：数字化转型是一把手工程。 转组织：业务部门和IT部门应紧密结合。 转方法： 　　业务对象数字化； 　　业务规则数字化； 　　业务过程数字化。 转文化：强调平台与共享。 转模式：双模IT、敏捷开发
3个转型要点	瞄准用户：做到真正的"以用户为中心"。 对准业务：确保数字化为业务所用。 打造平台：沉淀企业能力

其中，重点讲了数字化的方法：业务对象数字化、业务规则数字化、业务过程数字化。

2020年，华为出版了《华为数据之道》，书中给出了华为数据工作建设的整体思路（见图6-5），书中讲到数字化的关键要素之一是：在现实世界的基础上构建一个跨越孤立系统、承载业务的"数字孪生"的数字世界。其解决方案也是"对象数字化、规则数字化、过程数字化"。

[①] 现代产业经济学的"结构—行为—绩效"（Structure Conduct Performance）分析范式，简称SCP范式，这一范式认为"产业结构决定了企业的行为，而企业行为决定了企业的绩效"。

数字化的极简逻辑与方法

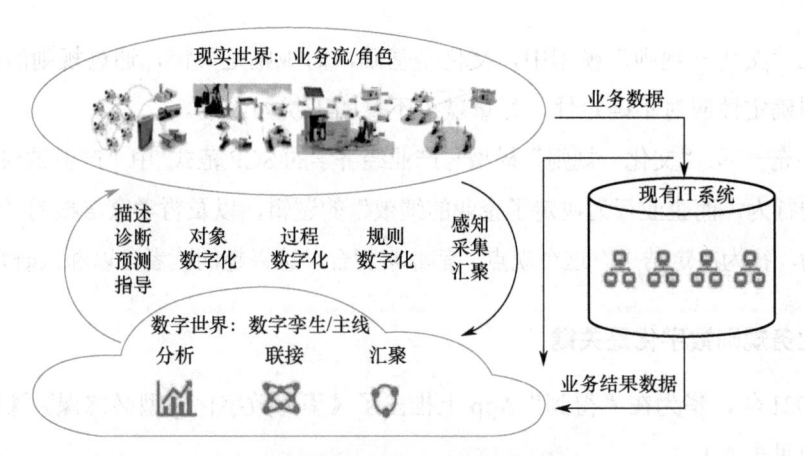

图 6-5　华为数据工作建设的整体思路

业务对象数字化：建立对象本体在数字世界的映射。可以理解为业务"主谓宾"中的"主语"和"宾语"的数字化，主要涉及企业内关键主数据的相关工作，这是开展数字化工作的基础工作。

业务规则数字化：把复杂场景下的业务规则用数字化手段进行管理。良好的规则数字化管理，应能实现业务规则与 IT 应用解耦，所有关键业务规则数据要实现可配置，能够根据业务的变化灵活调整。可以理解为业务"主谓宾"中的"谓语"的数字化，主要涉及业务规则体系的数字化，例如，流程中业务逻辑、风控要求、业务政策等。根据系统的观点，"谓语""关系"是业务中最为重要的数据，是数字化工作的关键。

业务过程数字化：把作业过程记录下来，了解过程进度或者反过来改进结果。这种记录是不干预业务活动的，并且能自动进行记录。前提是要实现业务规则数字化/线上化，并记录业务活动的执行或操作轨迹。可以理解为对业务过程和结果进行记录，即"主谓宾"发生一次关系的记录，以及基于真实的业务数据开发各种管理分析报表。例如，交易过程记录、规则执行的日志、管理分析报表等。

在业务运营系统数字化的内容中，最重要的是业务规则的数字化，数字化工作的重点自然也应放在这个方面。

整个的数字化方法简单总结就是：

- 业务对象数字化是基础；
- 业务规则数字化是关键；
- 业务过程数字化是结果。

钻石模型

为了更进一步说明规则的重要性，这里继续介绍一个模型：华为数字化转型钻石模型，《华为数字化转型》一书中重点介绍了这个模型，如图6-6所示。

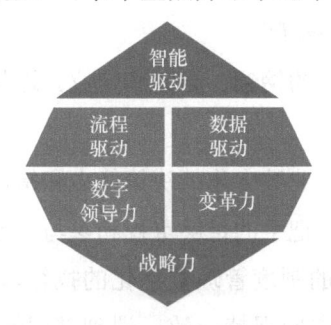

图6-6 华为数字化转型钻石模型

书中提道："建立钻石模型的初心是以规则的确定性应对结果的不确定。"这与《规则：用规则的确定性应对结果的不确定性》中的观点是师出同门，完全一致的。

在该模型中虽然没有出现"规则"二字，但细品这个模型后容易发现，整个模型是围绕"规则"来运行的。笔者这里从"规则"角度来解读钻石模型：

可以将钻石模型上半部分的流程驱动、数据驱动、智能驱动归纳为"术"。

- 流程驱动：流程是企业中规则的重要组成部分和主要表达形式，通过业务流程化和流程数字化，将确定的流程/规则自动化，聚焦"流程在线"。
- 数据驱动：在流程驱动的基础上，实现数据的跨流程共享、共性业务的服务化及平台化、业务的可视化及数据的资产化，聚焦"数据共享"。
- 智能驱动：真实的业务场景沉淀真实的数据，在数据驱动的基础上，通过AI辅助实现智能决策，将不确定的规则"智能化"，聚焦"智能化"。

综上，"术"的作用是实现流程"在线"，数据"共享"，流程场景、管理决策、人际协作"智能"。其中，流程驱动、数据驱动、智能驱动在逻辑上为递进关

数字化的极简逻辑与方法

系，这些工作的基础是业务流程的升级。整个逻辑过程就是：规则升级→规则在线→数据共享→智能化（"→"表示逻辑递进）。

钻石模型的上半部分其实是上文提到的规则数字化的具体工作：

规则数字化 = 业务升级 × 业务在线 × 数据共享 × 智能化

规则的梳理和升级是数字化的基础。而要从规则开始切入工作之前，需要把准备工作做好，那就是该模型的"道"。

可以将钻石模型下半部分的战略力、数字领导力、变革力归纳为"道"，是"术"的相关工作的前提和基础。

- 战略力：明确数字化的纲领、方向和定位。这是企业数字化的出发点，也是整个模型的基础。
- 数字领导力：推动企业数字化的决策能力和指挥能力，这是数字化成功的关键，没有各单位一把手的足够重视和参与，数字化很难真正落地。
- 变革力：用规范化的制度管理数字化的执行落地过程。任何数字化项目都应该与企业变革方向保持一致，遇到部门墙、权责利益重新分配等问题，可以依靠机制的力量予以解决，而不是回避。这是保障数字化不走样的关键所在。

综合来看，钻石模型中的"道"是指，当企业有了正确的方向和定位（战略力），有了领导者的领导力（数字领导力），有了变革管理机制的有效运作（变革力），就把握了数字化的基础。

钻石模型的下半部分其实是为规则数字化准备好组织环境和工作条件。

尽量将工作规则化

上文提到规则清晰可以极大减少内耗、事中商量等情况，还可以将内部控制、风险管理等要求纳入业务规则之中，极大提高工作效率。

企业应尽量将工作规则化，以尽可能提高工作效率。有学者将企业面临的问题分成 3 类：日常性问题、技术性问题、挑战性难题[1]。本书对应地将企业的工作

---

[1] 源自《领导力：解决挑战性难题》。

也分成 3 类：日常例行性工作、异常处理工作、创新工作。

日常例行性工作：指维持企业运转的日常性、例行性工作。这类工作已经被明确分工，有成熟的流程及对应的制度，规则化程度非常高；执行起来简单，不需要涉及太复杂的协调沟通事项，效率较高。所以，应尽量通过规则化将工作变成日常性、例行性工作。同时，这些工作因为重复性高，会耗费企业比较多的资源，应尽量通过数字化手段进行固化、自动化。

异常处理工作：指日常例行性工作出现异常或可能有异常，而需要对相关规则进行的修复或升级工作。这可能是由于环境变化导致新的业务场景的出现，或之前的日常性、例行性工作对应的规则覆盖场景不充分，或新标准推行、新技术手段导入等，使得相应规则需要改进、升级迭代。异常处理工作可以近似等同于规则升级工作。

创新工作：因为战略、商业模式的转变，需要重新定义规则体系。不是对原有规则的简单升级迭代，而是对原有规则进行重新定义或设置新规则。

异常处理工作、创新工作都需要用到第 7 章"业务运营系统的持续迭代"的方法。

规则体系不断地迭代生长，需要不断地把创新工作、异常处理工作变成日常例行性工作，而又不断地发现新的异常处理工作和创新工作。这里需要特别注意：应在治理层面将异常处理工作、创新工作本身也规则化，通过机制驱动组织的规则体系不断成长。

数字化是固化规则的好手段

数字化是非常好的固化规则的手段，且可以最大程度实现规则相关业务的自动化。

规则一经发布上线以后，当事人可以直接拒绝所有线下业务操作，强制性地、立即将优化后的规则固化下来，这样既能让最新规则立即发挥作用，又能保护建设和运行规则时的投资，还能极大方便内部审计。

规则上线以后，其相应的业务规则也数字化了。在业务中能够讲清楚规则的，要尽量通过 IT 手段实现自动化；讲不清楚规则的，通过智能化进行补充。

业务运营系统的运行原理

把"文化－规则"模型中的"文化"和"规则"部分放大，就得到业务运营系统的运行原理模型，如图 6-7 所示。

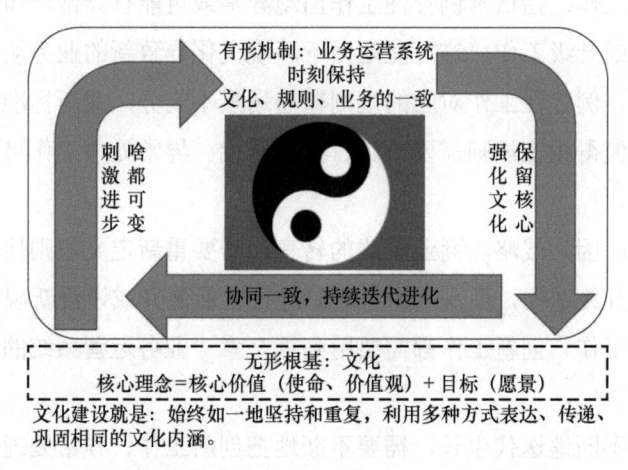

图 6-7 业务运营系统的运行原理模型

2 个组件：有形机制与无形根基

有形机制：由一系列规则及相关内容组成的业务运营系统，会根据外部环境的需要不断地变化，迭代升级。

无形根基：文化和核心理念，企业文化包括愿景、使命、价值观等。文化建设就是始终如一地坚持和重复，利用多种方式表达、传递、巩固相同的文化内涵。其中，愿景是对未来的展望，是整体发展方向和目的的理想状态，即"未来成为什么样子？"；使命是企业存在的根本理由和价值，是在社会分工中的功能定位，即"能为社会做什么？"；价值观是制定规则、制度的依据和判断对错的准则，既是组织行为的基本原则，也是组织所崇尚文化的核心，即"什么是可以做的，什么是不能做的"。

第 6 章 业务运营系统概述

1 个重要关系：无形根基与有形机制的循环

这个循环关系也是本模型的运行原理，该循环也是文化与业务运营系统的循环：无形根基（文化）决定有形机制（业务运营系统），而有形机制（业务运营系统）进一步保留和强化无形根基（文化）。

文化孕育了规则，也孕育了业务运营系统。企业是基于其文化，通过规则体系来建立有形的业务运营系统的，而业务运营系统的成功运转将进一步夯实和强化其文化。只要不违背文化，业务运营系统应积极寻求变化，企业有时候要通过对业务运营系统进行适当的刺激（如变革）让其进步，但不管业务运营系统如何改进，都必须强化文化和保留核心理念。应时刻保持文化与业务运营系统的一致性，让企业整体协同一致。"有无相生、虚实结合、阴阳互动"循环的目的是持续迭代改善，企业的活力也在于此。

本模型与精益制造的 14 项管理原则的对比

《丰田模式：精益制造的 14 项管理原则》中总结的精益制造的 14 项管理原则见表 6-2。

表 6-2 精益制造的 14 项管理原则

【第一类】长期理念	原则 1：管理决策以长期理念为基础，即使因此牺牲短期财务目标也在所不惜
【第二类】正确的流程方能产生正确的结果	原则 2：建立连续的作业流程以使问题浮现。 原则 3：使用拉动式生产方式以避免生产过剩。 原则 4：使工作负荷平均（生产均衡化），工作应该像龟兔赛跑中的乌龟一样。 原则 5：建立立即暂停以解决问题、从一开始就重视质量控制的文化。 原则 6：工作的标准化是持续改善与授权员工的基础。 原则 7：通过可视化管理使问题无所隐藏。 原则 8：使用可靠且已经充分测试的技术以协助员工及生产流程
【第三类】借助员工与合作伙伴的发展，为组织创造价值	原则 9：培养深谙公司理念的领袖，使他能教导其他员工。 原则 10：培养与发展信奉公司理念的杰出人才与团队。 原则 11：重视合作伙伴与供货商，激励并助其改善
【第四类】持续解决根本问题是学习型组织的驱动力	原则 12：亲临现场，彻底了解情况（现地现物）。 原则 13：制定决策时要稳健，穷尽所有的选择，并征得一致意见；实施决策时要迅速。 原则 14：通过不断省思与持续改善以成为一个学习型组织

结合业务运营系统的运行原理模型与表 6-2 的内容进行对比，对比如下：

- "无形根基：文化"可以对应"长期理念"。
- "有形机制：业务运营系统"可以对应"正确的流程方能产生正确的结果"。
- "无形根基与有形机制的循环"可以对应"持续解决根本问题是学习型组织的驱动力"。"无形根基"与"有形机制"互动的驱动力是循环迭代，这与精益制造管理原则中的不断省思与持续改善是一致的。
- "借助员工与合作伙伴的发展，为组织创造价值"注重人的价值，在业务运营系统的建设和维护过程中，也需要关注人的价值，本书将在第 13 章中详细阐述。

业务运营系统完整程度影响对比

业务运营系统完整程度不同，对企业的影响不同，具体的对比见表 6-3。

表 6-3 业务运营系统完整程度影响对比

运营系统完整度	影响范围	改善时机	关注点	系统层级	组织进步	着眼点
无	局部	无	事件或结果	事件	无	做什么？（What）
不完整	相邻局部	偶尔	行为或原因	流程规则	成长	如何做好？（How）
完整	全局	时刻	规则或模型	业务运营系统	教育+成长	为什么要做？（Why）

可见，业务运营系统的完整程度越高，企业越能主动发现问题，时刻进行必要的改善活动，更多考虑事情背后根本动因，通过持续不断的教育迭代成长。

业务运营系统的组件

业务运营系统的组件如图 6-8 所示，大致可分为 3 类。
- 核心部分：这是整个业务运营系统的基础，包括但不限于战略定位、平台

第 6 章 业务运营系统概述

机制（如合伙人机制）、心智模式（解决"我愿意"的问题）、文化建设等。这部分需要持续强化。

- 内部部分：这是有关"效益+效率"的组合，包括但不限于商业模式、流程体系、独立核算体系、绩效激励体系、人力资源体系等。这部分需要持续改善。
- 外部部分：这是有关"杠杆+效率"的组合，包括但不限于产融互动、产业链协同、跨产业生态融合等。这部分需要持续增长。

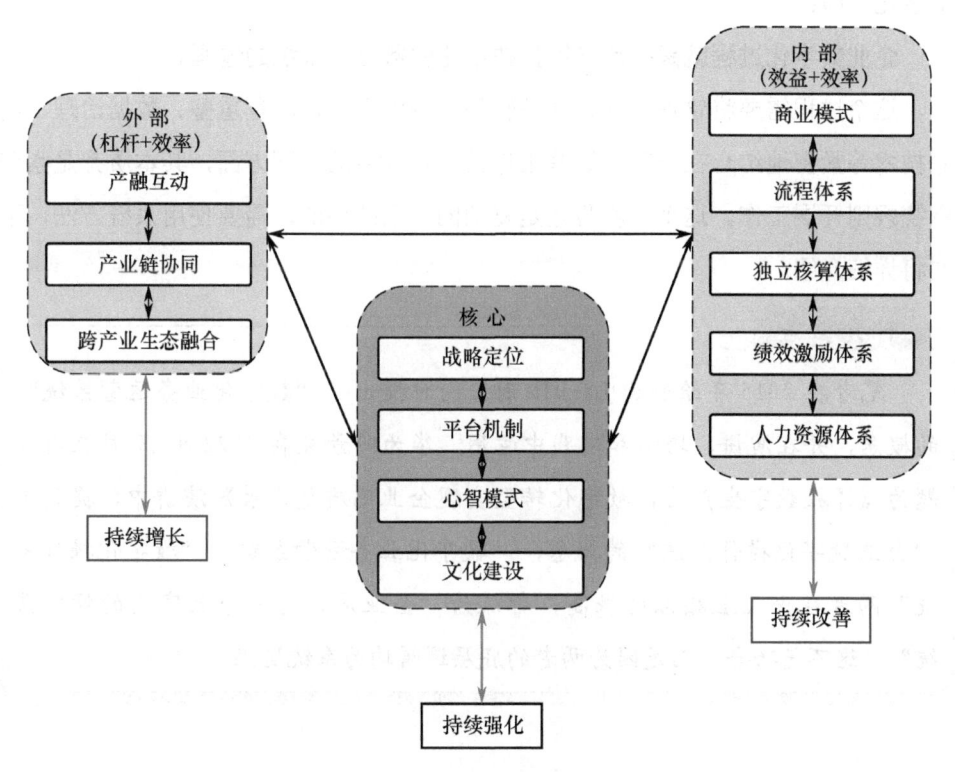

图 6-8 业务运营系统的组件

需要注意的是，这些组件本身就是子系统，而这些子系统是由子系统中的组件、规则体系构成的。由于图 6-8 中组件间的具体关系涉及的领域太多了，且不是本书的重点，在此不做叙述。另外，图 6-8 中肯定存在组件不完整、组件划分不恰当等问题，更不是唯一解，只是从笔者视角呈现出来的结果，故仅供读者参考，希望起到抛砖引玉的作用。

数字化业务运营系统

上文提到数字化是非常好的固化、优化规则的方法，而业务运营系统主要由各类规则组成，对整个业务运营系统通过数字化进行固化、优化的工作就是企业数字化，即：

企业数字化过程就是打造和维护数字化业务运营系统的过程。

这个过程需要将管理变革、业务转型、规则升级、流程重整、数据治理、信息技术等紧密地结合在一起，这些工作其实是变革的不同方面，其本质都是紧密围绕规则开展工作。这个过程肯定是复杂的、系统性的，需要使用系统方法，下文将详细介绍。

> **补充参考**
>
> 笔者在2015年绘制出LY-DTM时，同时提出了"数字化业务运营系统"的概念，并在演讲、培训和实践中运用。华为陶景文在2022年12月在内部题为《释放数字生产力，数字化转型实现企业高质量发展》演讲中，提到了"企业数字化操作系统"的概念，"数字化业务运营系统""数字化操作系统"两者在含义上相似度很高，都认为"企业应该有一个数字化的操作系统"。这不是巧合，而是因为两者的底层逻辑均为系统思维。

业务运营系统的案例

业务运营系统在历史上帮助成就了许多卓越的企业，并且现在仍然是许多卓越企业的法宝。下面介绍一下业务运营系统的部分案例，见表6-4。

表 6-4 业务运营系统的部分案例

公司	业务运营系统案例	简称	时间
丰田	丰田生产体系（Toyota Production System）	TPS	1945 年
丹纳赫	丹纳赫商业系统（Danaher Business System）	DBS	1987 年
3G 资本	以零基预算为代表的系列方法	3G Way	1989 年
联合技术	联合技术精益系统（Achieving Comp Excel）	ACE	1991 年
日产	日产生产方式（Nissan Production Way）	NPW	1994 年
奥特里夫	奥特里夫生产系统（Autoliv Production System）	APS	1997 年
美国铝业	美国铝业业务系统（Alcoa Business System）	ABS	1998 年
霍尼韦尔	霍尼韦尔运营系统（Honeywell Operating System）	HOS	2005 年
卡特彼勒	卡特彼勒系统（Caterpillar Production System）	CPS	2005 年
飞利浦	飞利浦运营系统（Simply Philips Operating System）	SPOS	2008 年

这些优秀的企业开发了各自的业务运营系统，并通过相关工作实现了企业自身的卓越。至于这些耳熟能详的企业取得了哪些具体成就，大家感兴趣可以自行查阅相关资料。有一点是确定和肯定的，那就是业务运营系统有着巨大的价值，帮助了许多企业实现了卓越运营。

复杂企业需要卓越的业务运营系统

复杂企业面临的系统性问题

"熵"[1]原本是热力学第二定律中的概念，却被任正非用于研究企业的发展之道，是贯穿任正非管理思想的精华[2]。在华为的管理概念中，"熵"表示系统内混乱的程度。系统越无序、越混乱，则"熵"越高。系统往混乱发展就是"熵

---

[1] 熵是鲁道夫·克劳修斯发现的热力学第二定律中的概念。
[2] 源自《熵减：华为活力之源》中"华为之熵，光明之矢"，华为大学编著，中信出版集团出版。

增"，反之系统往有序发展就是"熵减"。当企业没有被有效管理时，将会进入逐步加速的、从有序到无序的"熵增"过程，会变得越来越混乱。企业这时候表现出来的就是组织散漫、内耗严重、沟通成本高，耳熟能详的"大企业病"说的就是"熵增"过程会遇到的其中一个系统性问题。所以，企业管理的一个重要目的就是实现"熵减"，让企业保持有序，远离混乱。企业的业务运营系统必须是自适应系统，自适应系统就是可以不断地通过自身的调整，向着更有序的、进步的方向变化，在过程中产生了负熵流，不断地降低系统的熵含量，持续保持和提高内部的有序程度。

在经济环境被多变的国际关系影响的情况下，VUCA[①]（易变性、不确定性、复杂性和模糊性）特征更加突出，频繁有大企业出现负债违约、违规、破产等爆雷消息，而有些大企业却愈加展示出强大的实力与能力，且灵活敏捷，看不到一丝病态。

这些足够让人们更加清醒地认识到，不管企业处于哪个行业，都要重视企业管理，越早重视管理则企业越早受益。其中的重要工作就是打造卓越的业务运营系统，企业数字化的主要工作就是为企业打造数字化的业务运营系统，让业务运营系统更加灵活地适应环境和高效运转。

通常，具备一定规模的企业（复杂企业）通常会面临图6-9中的"烦恼"。

当然，除了图中指出的浅层问题外，复杂企业还会面临更深层次的问题。例如，有限的贯彻标准的基础和能力，难以快速迭代成长；自身免疫力低下，容易被事件干扰；紧急上马的项目，其目标限于局部或短期，与企业的发展目标不一致；难以充分利用资本、核心竞争力等；难以与国家大势、行业趋势同频……这时候，企业很难通过请"空降兵"、上马项目、要求变革、大力投入数字化等手段来简单解决，因为上述都是系统性的问题。同样，导致复杂企业"熵增"的根本问题往往不是由单方面的、显而易见的原因引发的，而是由该问题背后相对复杂的多方面因素及其关系叠加而引发的。究其根本原因，就是企业缺乏完整的业务运营系统以及系统管理能力，导致应急救火事件频发，企业难以聚焦于核心业务的发展。

[①] VUCA 是 Volatility（易变性）、Uncertainty（不确定性）、Complexity（复杂性）、Ambiguity（模糊性）的缩写。VUCA 这个术语源于军事用语，并在 20 世纪 90 年代开始被普遍使用。随后被用于从营利性公司到教育事业的各种组织的战略思想中。

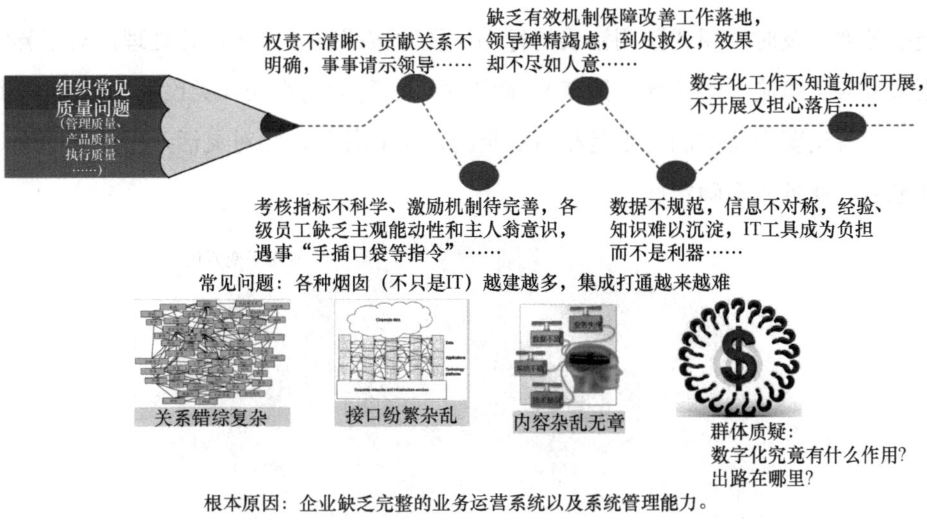

第 6 章 业务运营系统概述

组织常见质量问题
（管理质量、产品质量、执行质量……）

权责不清晰、贡献关系不明确，事事请示领导……

缺乏有效机制保障改善工作落地，领导殚精竭虑，到处救火，效果却不尽如人意……

数字化工作不知道如何开展，不开展又担心落后……

考核指标不科学、激励机制待完善，各级员工缺乏主观能动性和主人翁意识，遇事"手插口袋等指令"……

数据不规范，信息不对称，经验、知识难以沉淀，IT工具成为负担而不是利器……

常见问题：各种烟囱（不只是IT）越建越多，集成打通越来越难

关系错综复杂　　接口纷繁杂乱　　内容杂乱无章　　群体质疑：数字化究竟有什么作用？出路在哪里？

根本原因：企业缺乏完整的业务运营系统以及系统管理能力。

图 6-9 复杂企业的"烦恼"

要改变复杂企业"熵增"的过程，就如中医看病，需要使用系统方法从全局着眼，看清楚问题"辨症"后，再从关键局部着手开始"施治"。不仅要及时解决看得见的问题（表象），更要及时对引发问题的根源（本质）进行修正，防止同样的问题再出现。唯有如此，才可以阻断"熵增"的进程，让组织处于有序的健康成长状态。这个过程其实就是企业构建业务运营系统的方法和过程。

卓越的业务运营系统能有效解决问题

复杂企业面临的场景非常复杂，其相关的要素也非常多，例如，环境、战略、业务、流程、数据、应用、IT、风控、质量等，通过系统方法梳理出企业重要的组件、组件间关系、治理等，据此建成一套卓越的业务运营系统。

在图 6-10 中，业务运营系统可以实现有序计划、组织、指挥、协调、控制等，而规则是业务运营系统（类比操作系统）中的流程、职责、授权、制度等（类比系统内核）。有了业务运营系统，企业可以让各项资源（类比硬件）与系统进行很好的匹配与锚定，便于由系统调配给业务使用。业务运营系统使得各项业务（类比应用）有序运行或相互配合顺畅。此外，业务运营系统还可以保障正常业务开

— 83 —

数字化的极简逻辑与方法

展的效率，及时发现或预测错误的行为，及时按照既定方案进行处理，对于异常则采取应急措施（类比异常捕获），而不至于出现大的损失（类比系统崩溃）。其中，业务运营系统中的规则是相对稳定的，而业务可以相对灵活，用规则的确定性来应对业务的不确定性。

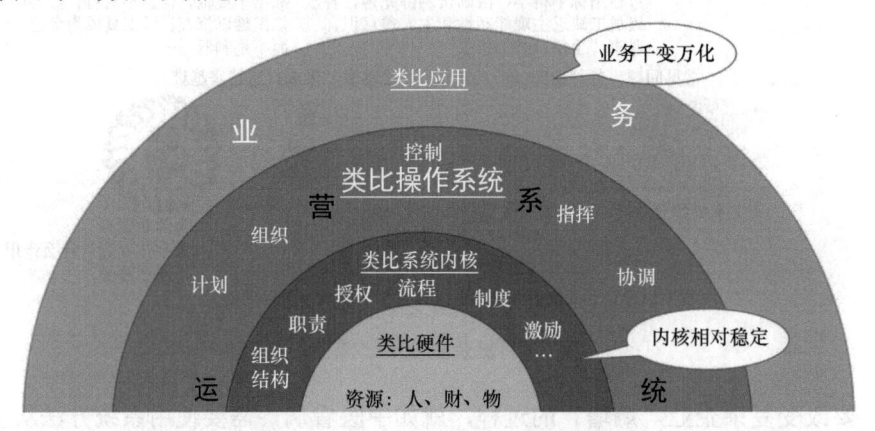

图 6-10 用操作系统类比业务运营系统

可见，业务运营系统可以让企业低成本但高效运行，给企业带来持续收益。

就如电脑的操作系统需要打补丁、升级一样，业务运营系统也需要具备升级的能力。当发现业务场景变更、规则不适用时，要及时识别、建设和修订规则，进行自我完善和升级，保障规则本身是与时俱进的、适用的、有效的。不能"升级"业务运营系统的企业，则不能根据环境变化，难以适应 VUCA 的当下，逐渐陷入"熵增"的困境。所以，业务运营系统只有具备升级的能力，才能更好支持企业的运营。

业务运营系统需要系统管理员

就如操作系统需要合格的系统管理员，企业的业务运营系统也是如此，需要合格的管理员组织建设系统、维护系统的正常运转，及时给系统打补丁、升级等。

业务运营系统的管理员很难是一个人，而应该是一个由"一把手"授权的可以跨单位协作的联合团队，可以通过事件找到背后的根本问题并予以解决，可以主动识别系统存在的风险并进行处理，可以进行横向的沟通，可以直接跟最高管理层汇报工作等。

可事实上，许多企业并没有真正的系统管理员，这是非常值得关注的问题。

钱学森提出的总体设计部

我国系统学科的开创者钱学森指出[①]：随着技术和组织管理变得日益复杂，所涉及的技术、经济、社会、环境因素很多，光靠一位总指挥或者总工程师来抓总将无法应对。这时，需要建立一个既能抓总体又能进行协调的部门：总体设计部。总体设计部由各专业技术人员组成，选派知识面比较宽广、经验比较丰富的专家来领导。总体设计部设计的是系统的总体方案，是实现整个系统的技术途径。总体设计部把整个工程当作一个系统来看待，一般不承担具体部分的设计，却是整个系统研制工作中必不可少的抓总单位。在工程的实施阶段，总体设计部还要负责从总体上进行协调。

总体设计部的实践体现了一种科学方法，这种方法着眼于系统整体，所承担的工程任务称为系统工程，承担这样任务的工程师称为系统工程师，他们不直接从事各专业的工程技术工作，而是作为各专业工程师之间的桥梁和联系人。

有必要建立数字化团队

上文的业务运营系统的系统管理员团队正是对应钱学森提出的总体设计部。在企业数字化工作中，业务运营系统的管理员团队需要升级为企业的数字化

[①] 本节文字主要摘自《系统工程引论（第4版）》，并进行了适当的编辑。

团队。本书第 13 章将详细阐述组织变革。

企业组建数字化团队不可回避的原因是随着企业规模的扩大、业务的复杂程度增加、技术的多样化及难度上升等，其数字化工作，仅靠 CEO 团队或"总工程师"是管不过来的，这时候需要建立一个有权力、有能力抓总体，进行跨单位、跨领域、跨层级沟通与协调的部门。例如，企业架构与变革管理部（华为）、运营管理部、企业数字化部等。数字化团队运用系统方法（如企业架构），主抓企业数字化业务运营系统的总体方案，负责总体协调，统筹各相关方开展具体的数字化工作。该部门由各业务骨干、专家力量等组成，经授权具备跨单位协调的权力与职责，直接对最高管理层汇报工作。

系统工作者的素质模型

数字化业务运营系统的系统管理员是企业非常珍贵的数字化人才，也是打造与维护数字化业务运营系统的系统工作者，对应上文提到的总体设计部中的系统工程师。本书在第 1 章"为什么从大厂请来的数字化'大牛'难以'着床'"中提到的数字化人才则是帅才、通才和"桥面型"人才。

笔者结合实践与参考相关资料，总结了数字化人才素质模型即系统工作者素质模型，该模型具体包括以下 6 个方面。

具备责任心

在咨询界流行一个潜规则："客户想要什么，就给他什么，这样方便项目顺利通过验收，顺利通过验收就是项目成功。"咨询方向客户提供客户听得懂的、愿意接受的方案固然很重要，而且从咨询方的商业角度来说能理解。但是，客户之所以请咨询公司来帮忙，就是想突破自身的局限，得到更好的建议及方案，如果咨询方一味迎合与讨好客户方的意志,则失去了咨询工作的真正价值,是非常不负责任的。

系统工作者其实是企业内部的能够从全局来看待企业发展的"系统管理员""内部协调人""内部咨询方",出发点和立场应和外部咨询方有本质区别,需要具备责任心,做到诚实公正,并保持高度的廉洁,对所承担的工作负起责任来。

责任心很难快速培养起来,而其他方面的素质则是可以通过体系化培训或引导等方式快速提高或加强的。责任心跟人的底层价值观紧密相关,而且需要一定的考核、激励、审计环境作为支撑。笔者的经验是,要慎重选拔系统工作者,并在考核激励等方面做好配套。

有系统思维和系统观点

系统工作者需要具备高层次的系统思考和解决问题的能力:能够用系统观点抓住复杂事物的共性,客观判断及正确评价问题,具备从整体、全局考察与驾驭工作的能力和习惯,善于统筹策划;需要了解数字化的基本逻辑,掌握系统方法,具备全局视野,能看到本质问题;可以主持管理变革、产品设计、项目管理工作。

有良好的沟通和协调能力

系统工作者能组织、安排、带领整个数字化变革团队一起工作,要与各相关方打好交道,就必须具有较强的沟通和协调能力:能组织跨单位、跨领域、跨层级沟通,团结不同专业、不同观点的相关方一道工作,化解矛盾,锁定目标,即具备横向领导力;有较好的人际关系和沟通技巧,具有处理人事关系的机敏性;有较好的表达能力和文字功底,能与相关方顺畅交流,一起寻找和决定合适的解决方案并促进方案实施落地。

掌握跨领域的知识

系统工作者要具备"T 型"知识结构，一横表示了解跨专业的知识，一竖表示在某一专业方面有较深的造诣。有人将"T 型"知识结构衍生为"Π型"知识结构，另外一竖表示需要了解系统科学与系统工程，或者项目管理等；也有人提倡需要具备"梳子型"知识结构，认为还需要具备必要的经验知识或精通多个领域的知识。不论哪种观点，其要求是一样的：掌握相关领域的知识，并能够进行跨领域沟通。

当系统工作者面对一个新领域，刚开始是"外行"，他们要能快速学习和熟悉这个新领域的基础知识（例如，关键术语、核心逻辑、核心原理、主要的利益相关方及当前基本情况等）。笔者的经验是，一个月的时间应该成为"半个内行"，能够和该领域的专家对话，并参与具体的系统建设工作。

另外，系统工作者需要具备必要的经验性知识，特别是使用系统方法和信息资源的经验。

通常来说，系统工作者不同于一般的技术工程师，其经验和沟通能力要比专业知识更为重要，而在专业知识方面，知识的广度又比知识的深度重要。

系统工作者通常应掌握以下 3 个方面的知识：
- 相关领域的基础知识，其中至少有一个领域需要做到精通；
- 系统科学方面的知识，帮助增强系统思维和系统思考能力；
- 必要的经验性知识。

有"成人达己"之心

正如上文所述，系统工作者就是充当"桥面"的人才，注定了必须先把"桥墩"一个个立起来，也就是必先成人之"美"，尔后方能成己之"美"，所以系工作者需要有"成人达己"之心,坦然站在聚光灯的阴影里,成就伙伴,然后才是成就自己,切不可争功夺利。

当决策者未能采纳自己推荐的建议或方案时,要保持正常的心态,设身处地换位思考,看看原因出在哪里,哪里考虑得还不够周全,路径上是否需要调整等,切不可急躁鲁莽。

能"自省自查"

系统工作者要做到快速成长,就必须能"自省自查"。保持对新事物的好奇和敏感,敢于并善于探索,富有想象力和创造性;保持空杯心态、思路开放、虚心学习,能够自我批判,积极迭代思维方式,保持精进等;面对新的理论、方法,甚至被当面挑战时,要冷静思考,认真了解对方的逻辑,评估合理性,汲取养分而摒弃糟粕。

请注意,系统工作者一定是管理者,而管理者在具备上述素质后才能是系统工作者。

第 7 章
业务运营系统的持续迭代

业务运营系统是一个自适应系统，其本身需要持续不断地迭代改进，以适应企业面临的不断变化的外部环境。

持续迭代

建议企业在数字化过程中慎用"革命""改革""革新"等带"革"字的词汇，因为这类词汇有颠覆、否定过去的意味，让人联想起"流血""牺牲"、会让部分当事人产生恐惧、厌恶、抗拒等情绪。而建议使用"改善""优化""改进"等词汇，这类词汇并不完全否定过去，是在现有基础上进行优化，这种方式更容易获取到资源和支持，也更加符合事物发展的规律。

精益的本质是消除浪费，主要手段是持续迭代，而持续迭代就是精益中的"改善"[1]，是指工作实践及效率等的持续改进和进化，通过鼓励小而持续的改变，不断地累积，进而达到精益的结果；持续迭代也是发动和培养员工成为其所负责问题解决者的有效方法。

持续迭代是业务运营系统管理的重要工作，没有规则的时候在现有条件下建立规则，有规则的时候在原有版本上持续迭代实现升级进化。

---

[1] 精益中的"改善"源自日本丰田，指一种生产、管理的方式，是通过对生产、运营过程中的各个环节进行全方位的分析，找到优化路径，实现降本增效，而且这个过程不断迭代进行。

持续迭代的逻辑：PDCA 与 SDCA

PDCA（建立规则的循环）：计划（P：识别改善主题、立项）↔ 执行（D：新增、改变规则）↔ 检查（C：检查规则的合理性和效率）↔ 调整（A：确定和发布规则）。

SDCA（运行和维护规则的循环）：维持（S：使用新规则）↔ 执行（D：按规则开展工作）↔ 检查（C：检查工作执行情况）↔ 行动（A：绩效考核，对规则进行小改动，或提出对规则进行大改动的需求）。

注：这里的"↔"表示两端彼此间存在相互影响、相互迭代促进的关系。

PDCA 与 SDCA 围绕规则循环迭代发展，其效率随着时间的演进而梯度上升，二者相互促进，如图 7-1 所示。

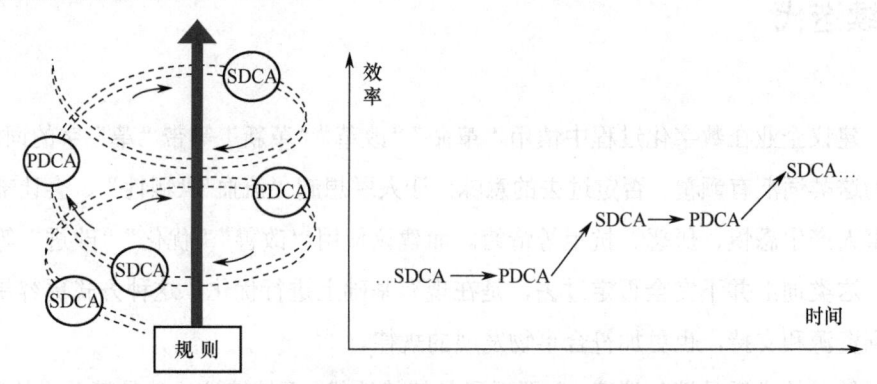

图 7-1 PDCA 与 SDCA 的相互促进

PDCA 与 SDCA 的循环迭代关系如图 7-2 所示。

- PDCA、SCDA 两者的纽带是规则，两者互动的核心是规则改善与执行，通过互动循环促进规则持续迭代进化。
- PDCA：输入是对规则的改进或新建需求，输出是规则；SDCA：输入是 PDCA 的输出，即规则，输出是对规则的执行及改进需求。
- PDCA：制定、修订和大版本升级规则；SDCA：执行、维持和小版本迭代规则。
- PDCA：没有规则的时候在现有条件下建立规则；SDCA：有规则的时候在当前版本上持续迭代。
- PDCA：建立好规则，"增强土地的肥力"；SDCA：执行好规则，"快速打粮食"。
- PDCA 强调的是改进，涉及规则的"从 0 到 1"建设或"从 1 到 N"的大版本升级，通常是跨领域的，需要通过改善/变革项目的方式来进行。项目是有期限的，而项目产出（即规则）可以持续通过 SCDA 发挥价值。SDCA 强调规则的维护与执行，也会涉及规则的修订，不过是"小改进""小范围"的，往往不需要立项。而一般涉及跨领域的改进时才启动 PDCA 相关优化项目，项目的终点恰是日常维护执行的起点，通过 SDCA 将项目的成果巩固落地。

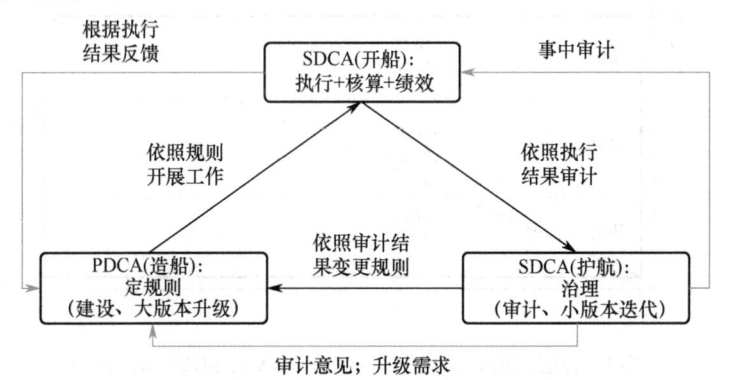

图 7-2　PDCA 与 SDCA 的循环迭代关系

在 PDCA 与 SDCA 组成的循环过程中，需要注意：
- 当业务运行不畅时，要条件反射地去思考：对应的规则有没有？若有规则，那规则是否有问题？若规则没有问题，那规则是否被严格执行和维护好？
- 持续迭代工作要做到位，不能"头痛医头、脚痛医脚"，一定要从问题的"根"上去找原因和解决办法。
- 随着规则改进的深入，会涉及文化、股权结构、治理结构、管理结构等方面。这不是一件容易的事情，不可能一蹴而就，需要根据具体情况分阶段、分步骤展开。

- 特别需要注意的是，在 PDCA 与 SDCA 的循环中，一定不要"重建设、轻维护"。只有当规则被建立起来并被遵守执行，且对应的业务运行达到稳定状态后，确定规则出现问题或需要升级才进入下一轮 PDCA 循环，切不可一上来就修订规则，或者规则还没有被组织接受或验证就被变更。

各层管理者的工作重点

PDCA、SDCA 都是管理者的重要工作内容，不同层级的管理者的工作重心有所不同。各层管理者的工作重心在 PDCA 与 SDCA 间的分配如图 7-3 所示。

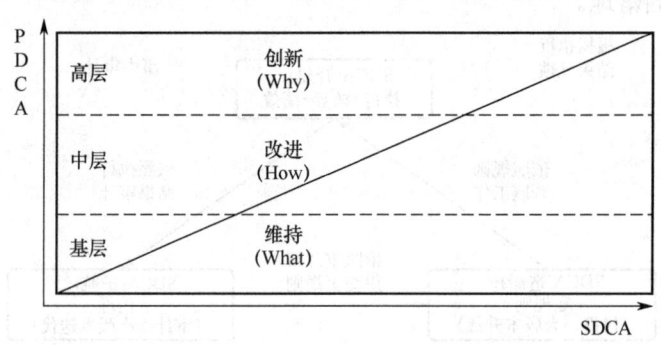

图 7-3　各层管理者的工作重心在 PDCA 与 SDCA 间的分配

创新：主要对应 PDCA，开始新的规则建设工作，其代价比较大，风险也较高。

改进：大版本改进对应 PDCA，小版本改进对应 SDCA，是以提升现行规则为目的的活动，是基于现状进行的相对温和的、尝试性的升级探索。这种方法风险可控、易于接受，只要坚持进行，"乌龟就能跑赢兔子"。

维持：主要对应 SDCA，是对规则的有效执行，是对优化的成果进行检验和巩固，给日常工作带来更好的效果，并为下一轮持续优化做准备。

各层管理者工作重心分配如下：

第 7 章 业务运营系统的持续迭代

> **高层管理者** →
>
> 在规则相关工作中主要关注创新，回答好为什么做（Why）。
>
> 工作时间大部分放在 PDCA 上，重点关心规则制定。
>
> 需要"砍掉手脚"：主要精力应放在业务运营系统建设（即规则体系建设）、方向把控等方面，尽量少"技痒"，不要代替或干扰下属干工作。

> **中层管理者** →
>
> 在规则相关工作中主要关注改进，回答好如何做（How）。
>
> 工作时间被 PDCA、SDCA 平分，既要关心规则改进、又要关心业务执行。
>
> 需要"砍掉屁股"：不要坐在办公室，多去现场看看走走，需要做好规则建设和业务目标实现两件事情，协调好两者的"矛盾"。中层管理者既要实现当前目标，解决当下出现的紧急业务问题，更应做好规则建设，思考如何让反复出现的问题不再出现。中层管理者是"一纵一横"（规则与业务）的关键落地力量，一定要把规则看成是完善管理和更好实现目标的工具，而不是任务。

> **基层管理者** →
>
> 在规则相关工作中主要关注执行，回答好做什么（What）。
>
> 工作时间大部分放在 SDCA 上，重点关心业务执行，最好"屁股对着领导"。
>
> 需要"砍掉脑袋"：重在执行，有好的建议可以通过既定渠道进行反馈，帮助完善规则，但是一定不能自作聪明，擅自改变做事规则，按照自己的理解去执行。因为运营系统之所以为系统，是考虑了全局最优，擅自行动导致犯错的可能性极大。

在本书第 1 章绪论部分，阐述了"道、法、术、器、势"之间的关系，结合图 7-3 的逻辑，落实到各层管理者具体的工作时间分配上，得到的结果如图 7-4 所示。

越是高层管理者，越是造钟师、设计师、协调员、赋能者、老师、教练、仆人……

越是高层管理者越不能当大头特种兵，而应扮演好团队的组织者！过于痴迷"术"（个人玩），漠视"道"（组织大家玩），就不能做管理者！不会表达、不会沟通协调、不会做培训宣导、不想贡献投入，就不能做高层管理者！

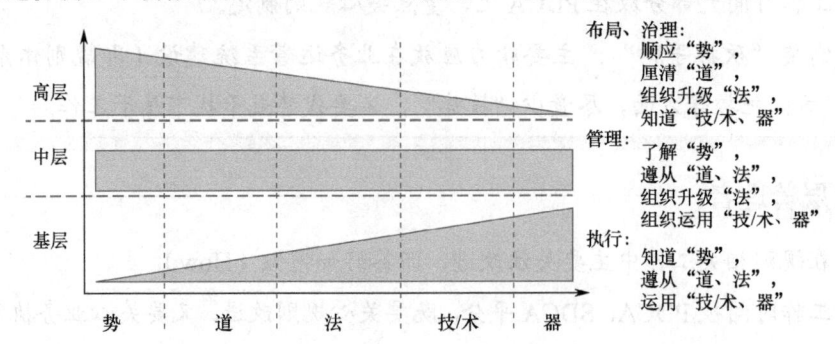

图 7-4　各层管理者在"道、法、术、器、势"方面的工作时间分配

3 类管理者之间的联系概述如下：

- 高层管理者：需要中层管理者展开更多、更细的横向和纵向工作；需要基层管理者把战略目标的概念变成执行力等。
- 中层管理者：需要基层管理者在实践中落地方案和进行实践；需要高层管理者把局部的洞悉变成组织更大范围的规则等。
- 基层管理者：需要高层管理者解决系统中更大的、阻碍改善的因素；需要中层管理者协调横向部门的沟通等。

数字化与精益的关系

精益简述

精益生产方式[①]：简称精益或精益方式，是指企业或个人以越来越少的投入获取越来越多的产出，其核心是避免浪费。

---

① 精益生产（Lean Production）是丰田实践和首先定义的，应用于管理客户关系、供应链、产品开发和生产运作等方面的一种先进方式。

第7章　业务运营系统的持续迭代

精益思想： 归纳了精益生产方式中所包含的思维，把精益生产方式既外延到企业活动的各个方面，也扩大到制造业以外的所有领域。促使管理者重新思考企业流程，消灭浪费，创造价值。

精益管理： 运用精益思想实施管理工作，本质是消除浪费，方式是持续迭代。《借鉴德国工业4.0推动中国制造业转型升级》[①]中提道："精益管理是工业4.0战略实现的基石。在工业2.0和3.0时代，中国制造业企业尚未完成精益管理，无论是供应链管理和企业资源管理，还是工作现场改进和库存管理等，都存在大量物料、资金、人力资源和时间等浪费现象。因此，对于现阶段大多数中国制造业企业而言，迈向工业4.0必须补上'精益管理'这一课，否则迈上工业4.0台阶就将成为无本之木、无源之水。"

关于精益的详细叙述不在本书展开，读者可按需自行查找资料。

数字化时代下精益的重要实现方式

数字化不是一个时髦而虚无的词汇，最终目的还是聚焦企业核心的业务和价值实现，在数字化过程中非常值得引入精益。

精益的重要实现方式是持续迭代，通过不断迭代的工作让企业的业务运营系统升级换代。上文讲过业务运营系统的主要构成是规则，系统进化实际上是规则体系的持续迭代进化，而数字化是固化规则的好手段。除此之外，数字化还可以帮助企业突破时空限制，记录交易，实现信息对称、数据挖掘、自动化、个性化和智能化，驱动商业升级等，所以数字化是精益在数字时代背景下的重要实现方式。

笔者根据多年的实践和思考，总结了以下等式，仅供读者参考：

---

① 国务院发展研究中心课题组编写，机械工业出版社于2017年出版。

数字化的极简逻辑与方法

数字化时代下的精益 = 精益思想（消除浪费，持续迭代）+
　　　　　　　　　　跨领域沟通（组织相关方参与沟通和问题解决）+
　　　　　　　　　　敏捷迭代（用敏捷的方式执行 PDCA+SDCA 循环）+
　　　　　　　　　　新一代信息技术的应用（按需选用适当的 IT 解决方案）

简单来说，数字化要笃定回归、扎根业务和商业的本质，需要引入精益思想，通过组织相关方的跨领域沟通，用敏捷迭代的方式，选用适当 IT 解决方案，来开展具体的数字化业务运营系统的打造和维护工作，从而实现数字化时代下的精益生产方式。

其中，跨领域沟通、敏捷迭代及新一代信息技术将分别在本章和第 12 章进行详细阐述。

跨领域沟通

在数字化过程中，请务必注意：鲜有某家供应商可以提供一揽子解决方案，并保障落地；数字化的核心人员是"自家兄弟"；找到合适的系统化的方法比依靠专家和供应商现实得多；建立体制比"运动式"的项目重要得多……

为什么需要跨领域沟通

跨领域沟通指的是，突破边界，实现跨专业领域（如跨学科）、跨管理领域（如跨单位）、跨权利领域（如跨层级）等的沟通过程。

从数字化的逻辑来看，数字化是对业务、数据、应用、技术全方位的配套建设。数字化需要从多个维度全方位配套进行，那么如何看清全貌，再从关键的局部用精益迭代的方式开展相关工作呢？

我们先根据 LY-DTM 分析一下跨领域沟通的必要性，如图 7-5 所示。

第 7 章 业务运营系统的持续迭代

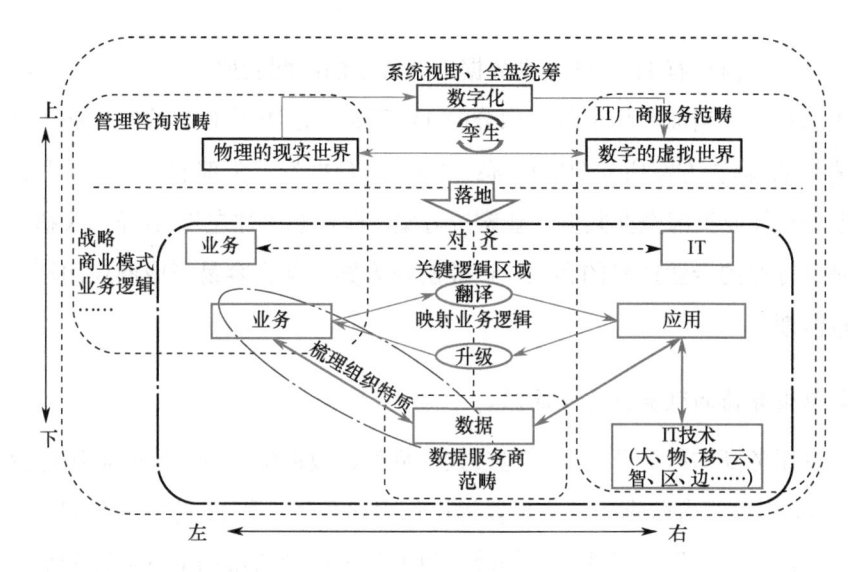

图 7-5 根据 LY-DTM 分析跨领域沟通的必要性

问题

管理咨询的服务范畴及局限。

管理咨询的服务范畴通常包括行业分析、资本运营、战略、商业模式、组织结构、流程等，最终落实到流程等规则体系及其配套内容中。服务工作通常梳理到业务流程中的表单结束，而不会继续梳理表单中的数据。

当前，鲜有管理咨询公司可以穿透表单，提供相关配套数据和 IT 解决方案的整套服务，即便有能力提供，从其自身成本及商业模式来看，也难以维持，而"业务+数据"的建设及维护工作不是一朝一夕之功，也不是上马几个项目就能做好的，数字化工作是一项持续性的工作。

也就是说，当前市场上的绝大部分管理咨询服务没办法从业务"往下"穿透到数据，更不能"往右"（见图 7-5）穿透到应用与 IT。头部的有远见的咨询公司，纷纷成立数字化合伙人团队，与 IT 大厂签订战略合作协议，努力"往下""往右"走，但由于专业壁垒，目前还在过渡期。

IT 厂商的服务范畴及局限。

IT 厂商通常提供 IT 解决方案，包括应用、信息技术等。

但是，当前鲜有 IT 厂商提供数据、业务方面的配套服务。

也就是说，当前市场上绝大部分的 IT 厂商没办法从 IT "往左"和"往下"梳理清楚 IT 解决方案所需要的前提："业务+数据"。头部的软件公司和云服务商，很想与行业头部企业共创产业解决方案，即便想"往左""往下"突破，可是由于垂直行业的专业壁垒的存在，产业解决方案不那么容易形成商业闭环，目前也在过渡期。

数据服务商的服务范畴及局限。

数据服务商的服务范畴通常包括数据治理、数据资产管理和数据源等业务。

但是，当前鲜有数据服务商可以提供包含业务咨询和 IT 解决方案的整套解决方案，不能"往左"与"往右"拓展。也就是说，当前市场上绝大部分数据服务商没办法既讲清楚满足其工作前提的业务，又同时提供应用及配套 IT 解决方案。

➡ **问题分析：外部供应商的解决方案之间存在关键裂缝（或叫鸿沟）**

图 7-5 中"线点交替"的区域是两大"关键裂缝"地带，包括：

- 业务与数据之间的裂缝。根据第 2 章介绍的 LY-DTM 可知，业务与数据紧密相关，两者要尽量保持一致。
- 业务、数据、应用、IT 之间的裂缝。这是一个范围更大的裂缝，包括了业务和数据之间的裂缝。这其实也是数字化总体落地方案的 4 个方面，这 4 个方面若不能保持一致，则很容易在数字化过程中带来混乱。

在企业数字化进程中，由于上文讲到的外部厂商的服务范畴及局限，即便外部厂商有能力做，从其战略定位及商业价值考虑，也很难帮助企业弥补裂缝。而这些工作对于企业数字化来说恰恰是非常核心的、有价值的工作。

既然不能只依靠外聘专家、外部厂商，那么企业就需要通过自己的业务运营系统的系统管理员团队（即系统工程师团队）及相应机制，通过跨领域沟通的方式，合理利用外脑（例如专家），以及其他外部厂商来开展这些至关重要的工作。

➡ **解决方案：跨领域沟通**

弥补"裂缝"的工作需要依赖企业自己的业务运营系统的系统管理员团队，

即系统工程师团队、数字化团队。系统管理员团队必须通过组织好跨领域沟通来定位"裂缝",商定解决方案,利用各种内外部力量和资源弥补"裂缝"。

请注意:系统管理员团队是需要进行跨单位、跨领域、跨层级沟通的,这样"反职能组织"式的组织形式及工作方式,在原有的企业结构下是难以持续开展工作的,有一些企业通过成立"运营管理部""数字化转型工作组""IT 与流程管理部""企业架构与变革管理部"等类似系统管理员的机构来承担系统维护与升级的工作,这些机构的负责人无一例外是各自单位的"一把手",唯有这样的设置才可以让工作落地,否则,业务运营系统的系统管理员团队要么难以看清楚数字化的本质逻辑,要么难以推动变革,只是"做做样子"。

数字化领导力的工具是跨领域沟通

最近"数字化领导力"这个词也特别火。在这里也讲一下数字化领导力到底是什么?

《韦氏词典》(Merriam-Webster)中给出了领导力的 4 个释义:领导者的职位、从事领导的能力、进行领导的行为、领导者群体。在这个定义中,领导力的含义比较广泛,其实是把领导力做了 4 个浅层分类,并没有把分类间的关系说清楚。

关于领导力的定义非常多,简单起见,本书结合《领导力:解决挑战性难题》[①]中的研究成果和观点,从关系的角度解读一下领导力。

领导力定义:本质是行动,是带领团队实现目标。

领导力的特性:领导力的本质是责任;领导力的本质同时也是行动,而非职位;领导力是过程;领导力是关系,核心关系是领导者和追随者的关系;职位和能力是领导力的资源。

从领导力的定义和特征来看,领导力更多关注行动、过程、关系,而职位、

---

① 刘澜.《领导力:解决挑战性难题》. 北京大学出版社.2019。

能力或其他都是资源。根据上文关于系统的介绍，可以把行动、过程、人际关系等都归结为关系。可见，领导力主要体现在关系上，要做好关系相关的工作，必定要做好跨领域沟通的工作。

如果把基于职权、行政安排的上下级关系称作纵向领导力的话，那么这里定义的领导力则是横向领导力，也叫非职权领导力、网络领导力、公共领导力、系统领导力等；通过跨领域沟通而处理好关系的领导力；采取行动解决根本问题，实现目标的领导力。注意，纵向领导力是横向领导力的资源和补充。

企业数字化工作天然涉及跨领域的沟通与协作，需要的正是横向领导力，这里尝试给出数字化领导力的定义：

数字化领导力是数字化工作过程中的横向领导力，带领团队打造和维护数字化业务运营系统。

数字化领导力的强有力工具或手段就是跨领域沟通。

跨领域沟通模型：民主集中制、统一表达、统一行动

要做到有效的跨领域沟通，应该有一套沟通机制，便于开展数字化工作。这里介绍一个跨领域沟通模型，如图7-6所示。

相关方组织上可松耦合，但工作上需紧密配合。

图7-6 跨领域沟通模型

数字化的难点不在于理论、方法、工具、模板等，而在于数字化的相关方能否各司其职、各担其任、各自发挥所长，减少误解、内耗，发挥团队合力，从而

第 7 章 业务运营系统的持续迭代

落实系统建设工作,沉淀和夯实成果。跨领域沟通模型可以帮助相关方实现良好沟通,模型等式如下:

跨领域沟通 = 民主集中制 + 统一表达 + 统一行动

民主集中制

目标:培养良性讨论的氛围、人人平等。

做法:每个人都要充分表达自己的意见,最终按照决策程序确定一个方案,执行一定期限后再回来继续讨论或修改。一定要做到"进门十个意见,出门一个意见"。

要点:既要避免一人一票制的绝对民主,也要避免一言堂的绝对集中;把职位留在门外;每个人都发表自己对问题的认知和看法;沟通不是辩论,不是为了"争论对错、归结人的责任"(必要审计的相关会议除外),而是大家一起站在同一个总体维度上(跳出"点""线""面"……),用同一思考逻辑(如LY-DTM),一起发现和定位问题,找到最适合当下问题的解决方案;杜绝非建设性意见,更不能不听他人观点乱发言;不盲目寻求意见一致,不刻意强调意见统一和立场协调一致,而是为了一起看清楚问题,基于团队对规律和规则的共同理解找出最合适的解决方案。

统一表达

目标:统一语言、统一术语、统一陈述方式。统一语言包括约定好沟通官方语言(如普通话)、建模语言(如流程图)、表单(如目录、矩阵)等;统一术语是指构建和维护共享的、方便访问的术语表,统一术语的使用,避免歧义,尽量优先使用术语表中的词汇,慎用术语表外容易引起歧义的词汇;统一陈述方式包括约定沟通方式、步骤、节奏等(如每个人陈述的前 5 分钟其他人禁止打断)。

做法:沟通时尽量使用统一的语言、术语、陈述方式来表达观点或解决方案,让其他人看懂,让其他人来改,同时积极参与发表观点或修改他人的解决方案;尽快写出解决方案的 V1.0 版本;让大家一起来面对问题,一起来作出贡献。

要点:相关方要共同认识到问题来源于企业的内部,而不是外部;要克服内心不想从更系统的观点客观看待重要问题的习惯；特别要注意到负责人的认知悖论，因为负责人通常"有主意怕挑战，无主意怕暴露"。这些习惯性防卫越是有效，越会掩藏深层问题，问题也就越来越严重。所以，每个人都要承认自己是系统的一部分，自己是问题的一部分，从而包容、倾听，并敢于呈现自己的认知，问题才是大家需要共同面对的敌人。这需要所有人站在全局角度看问题，并接受挑战，君子和而不同。做到睁大眼睛（看黑板/他人表达）、打开耳朵（听观点）、转动脑筋（想问题）、张开嘴巴（讲观点），勇敢写出解决方案或想法的 V1.0 版本，写出来的东西就是自己认知的"投射"，勇敢写出来是放下自我防卫的有效方法，唯有如此项目团队中的其他人才可以充分讨论问题。

统一行动

目标：意见统一后，按照既定步骤落实执行。

做法：制定一个共同的工作计划，这是统一行动的基础。

要点：计划是抓住工作的牛鼻子，计划本身也是项目的重要工作，甚至是项目中最重要的工作；计划主要用于团队沟通与协调，而不是约束；沟通又是制定、修改、执行计划的最基础的工作；一个周期内的计划需要尽量遵守，一个周期以上的计划实际上难以被严格执行，故只有靠团队定期或不定期根据实际情况，充分沟通后不断更新计划，才能继续发挥计划的协调作用。

数字化需要的"3 股力量"：业务骨干+专家力量+外部力量

数字化业务系统的系统管理员团队需要整合 3 股力量：业务骨干、专家力量和外包力量，如图 7-7 所示。

业务骨干

在绝大多数情况下，只有企业自己的业务骨干说得清楚当前企业、行业的情况，但是业务骨干往往只精通于某一领域范围内的内容，而对总体和相关领域间的逻辑等未必熟悉和掌握，这时候就需要专家的帮助。

第 7 章 业务运营系统的持续迭代

专家力量
"辅导协助"
"增强脑力"
- 跨领域沟通；
- 引进成熟方法；
- 介绍最佳实践；
- 推荐正确做法；
- …
- 不是保姆

业务骨干
"核心力量"
"厘清脉络"
- 落实改善工作的主导力量；
- 由"自家兄弟"的业务骨干组成；
- 利用专家力量，充分结合组织实际，厘清主逻辑，看清主路径，确定实施方案，识别项目及其需求，进而利用各种外部力量来落地；
- 流程体系及其他管理资产库的所有者、设计者、执行者、管理者

外部力量
"方案实施"
"增强体力"
- 发挥所在领域的经验能力专长，将组织具体需求高质量地落地；
- 降低实施成本；
- "贯标"施肥；
- …
- 不是交钥匙工程

图 7-7　数字化需要的 3 股力量

专家力量

这里包括企业内部外部的专家。有些专家短时间内对企业情况未必非常熟悉，但是可以提供专业的方法、工具和最佳实践方案等建议，用于增强企业的"脑力"，帮助企业看清楚、说清楚问题，协助找到解决方案。企业在专家力量的帮助下，依托业务骨干，充分结合组织实际，厘清数字化主逻辑，看清主路径，确定实施方案，识别项目及其需求，进而利用各种外部力量来落地。专家不替代业务骨干干活，而是帮助、协助业务骨干开展工作，是跨领域沟通的"黏合剂"和"桥面"，是解决问题的"催化剂""加速器"。

外部力量

外部力量往往是各类外部供应商，用来增强企业的"体力"，将解决方案实施落地。外部力量进场的前提条件是，业务骨干和专家一起梳理清楚了项目需求，并且可以控制供应商所实施项目的质量。许多企业一碰到问题，就把业务骨干扔一边，迷信"大师"或供应商的解决方案和"交钥匙工程"，得不偿失。

好的解决办法是将 3 股力量结合在一起，约定三方沟通的手段和方法，通过"民主集中制、统一表达、统一行动"的方式进行跨领域沟通，相关方各司其职，各尽其力，与企业治理层、管理层商定原则、策略、路径，拟定计划。统一思路、

统一行动，扎实推动工作顺利开展，将数字化建设工作落地。

敏捷迭代

敏捷思想

敏捷思想概述

本书归纳整理了敏捷思想的定义（见图7-8），大致如下：

- 迅速交付商业价值；
- 每次交付的是可用的产品或服务，而不是半成品；
- 以定期增量的方式持续交付价值，即持续迭代；
- 每次交付都是一个闭环、一次迭代、一次升级；
- 通常通过识别最小可行产品（MVP）来安排工作；
- ……

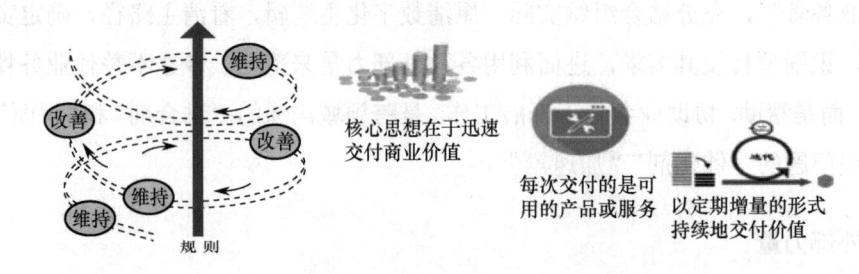

图7-8 敏捷思想的定义

敏捷工作的切入角度有3个：

- 正向设计，从上往下，梳理需求，识别MVP；
- 从已经出现的问题着手，从下往上，快速找到根本原因，快速解决问题；
- 参考标杆和最佳实践。

敏捷思想可以通过图7-9中的实例来直观说明。图7-9中，只有方案三是依照敏捷思想在交付产品。因为每次交付的是一个可用的产品或服务而不是半成品

第7章 业务运营系统的持续迭代

或别的产品,而且以后的每次迭代都是在原产品或服务的基础上进行的。这样可以让产品快速推向市场,且每次都能交付"正确的"产品,持续接收用户的建议和市场的反馈,逐步让产品完美。

图 7-9　敏捷交付实例[①]

敏捷与精益的结合

敏捷: 面临迅速变化的需求进行快速开发的能力。通过短周期的不断改进、提高和调整,来达到最终目的。

精益: 通过持续改善,不断消除浪费,不断积累小的改善成果,达到卓越状态。

敏捷+精益: 小步快跑、快速试错、不断改善。

在业务运营系统的建设过程中,要尽量运用敏捷思想,从全局着眼做好规划,从局部着手做好实施项目,每个项目都要交付可用的、有价值的业务能力。下文将要介绍的杠杆解是基于"敏捷+精益"思想的,可以有效地运用在业务运营系统持续迭代工作上。

杠杆解

杠杆解定义: 针对业务层面出现的问题,不仅要做应急处理,而且要深入挖掘在系统层面导致问题出现的根本原因,在系统层面弥补漏洞。

当企业日常运营遇到问题时,通常可以把问题分成两个层面来看待。一个层

---

① 源自嘉为教育。

数字化的极简逻辑与方法

面是业务层面的问题（例如因产品质量导致客户退货），需要"治标"（例如赔偿客户损失）；另一个层面是业务问题反映出来的背后的管理系统层面的问题（例如由于制造环节质量控制不到位导致的问题），需要"治本"（例如改进工艺流程、质检策略等），如图7-10所示。

图 7-10 治标与治本

"治标"着眼于"救火"，就是做应急处理，是要快速解决当下出现的业务层面的问题，所用方法是在现有管理体系下，通过现场协调资源解决问题，目的在于让业务不停摆。

"治本"着眼于"堵漏洞"，就是做好系统建设，全局地对待出现的问题，找到根本原因，所用方法是通过修改业务运营系统中的相关规则，目的是让已经出现的业务问题在更新后的系统中少出现或者不出现。"治本"是改进业务运营系统的重要治理工作，但是通常业务人员不能发现或者没有精力去处理发现的管理系统的问题，这需要由业务运营系统的系统管理员团队来执行这项工作。

在图7-10中，为什么大家明明知道轮子是方的，拉车人还要拒绝换轮子呢？要么是由于不合适的考核机制，要么是由于拉车人缺乏全局思维或格局。如果没有合适的考核激励引导大家关注全局利益，或者当事人没有解决问题的视野或意愿，则常会出现这种场景。

当企业在业务层面同样的问题重复出现时，基本上可以确定在系统层面存在相关漏洞（也叫缺陷、隐患、问题等），业务跑到这里就"掉"进去，导致类似问题重复发生。大部分业务运营系统的漏洞会在业务层面以问题的形式表现出来。解决问题通常有3种方案，分别是症状解、根本解和杠杆解，如图7-11所示。

第 7 章　业务运营系统的持续迭代

【根本解】
从上至下优化
关心"道"：针对规则
"什么问题可能会出现？"
"如何让问题不出现？"
从而实现"更加高效地打粮食"

【症状解】
应急处理
关心"术"：针对事件
"如何快速解决业务问题？"
"抢粮食入仓"

【杠杆解】
既"抢粮食入仓"，又实现"更加高效地打粮食"；既"治标"，也"治本"。

图 7-11　症状解、根本解与杠杆解

方案 1：实施症状解

问题发生后，针对事件做应急处理（例如，为客户更换产品或向客户退款并赔偿等），主要为了"救火"，赶紧想办法解决当下出现的问题，而不挖掘问题背后根本原因，不弥补漏洞。当问题解决后，万事大吉，经常没有时间、忘记或懒于去思考如何"堵漏洞"的事情，以后可能还要一次次地交学费。主要关注"如何快速解决业务问题？"，仅能治标，这是管理者们最喜欢的也是最习惯的方式。因为可以花比较小的单次代价让业务不停摆，实现快速"抢粮食入仓"。其实，"救火"与"堵漏洞"并不矛盾，都是必须做的事情。"救火"是拯救当下业务，着眼于"治标"，是在现有规则和条件下，快速协调资源解决当下出现的业务问题，是紧急的事情；而"堵漏洞"是为了"治本"，是非常重要但不紧急的事情。

方案 2：实施根本解

主动全面检查业务运营系统的缺陷，针对规则找到提前"堵漏洞"的解决方案。关注"什么问题可能会出现？""如何让问题不出现？"，重在"治本"。这种方式固然很好，但是成本比较高，或者企业还不具备寻找根本解的能力，没法实施方案。"堵漏洞"其实是在进行业务运营系统维护或升级，通过全局分析曾经出现的问题或预测可能出现的问题，找到根本原因，制定新规则或修改现有规则，对运营系统打补丁、升级，防止或者减少类似问题的再次出现，是至关重要的事情。

方案 3：实施杠杆解

针对事件先做应急处理，然后顺着问题找到根本原因，针对规则精准、快速地弥补漏洞。既"抢粮食入仓"，又实现"更加高效地打粮食"；既"治标"，也"治本"。主要关注的方面和根本解是一样的，不过时机和范围不一样，通常在业务层面出现问题时，我们可以顺着问题实施杠杆解。所以，杠杆解是用合适的成本，弥补当下发现的系统中的漏洞。

可见，杠杆解其实是一种"取巧"的、"自下而上"的办法，从出现问题的业务层面、相关方进行反思，挖掘其背后的根本原因并弥补漏洞。企业不能一直沉迷于寻求杠杆解，因为这个"取巧"的方法只有当问题出现时，才会被动地去发现系统中的漏洞，即至少要交一次学费。

笔者建议：企业日常应该持续进行"轻量级"的、但完整的、自上而下的业务运营系统的建设与维护工作，即实施"轻量级"的根本解，这样会逐渐降低杠杆解的成本和代价，更早地提前发现漏洞并进行弥补。其中，"贯彻标准"是一种具体做法，但是一定要认真有效完成，避免形成"多张皮"。

有关症状解、根本解、杠杆解的各方面的对比见表 7-1，供大家参考。

表 7-1 症状解、根本解、杠杆解的对比

	效果	长远影响	成本	难度	影响范围	改善方向	是否堵漏洞
症状解	快	无/坏	低	低	局部	治标	否
根本解	慢	好	高	高	全局	治本	是
杠杆解	适中	适中	适中	适中	适中	治标+治本	是

杠杆解工作模型

杠杆解工作模型如图 7-12 所示。

杠杆解工作思路

（1）当问题出现时，先提出以下系列问题：
- 是否有对应的规则？

- 规则本身是否合适？
- 规则的设计过程是否合适？
- 合适的规则有没有被合适地执行？
- 如果规则没有被合适地执行应该怎么办？

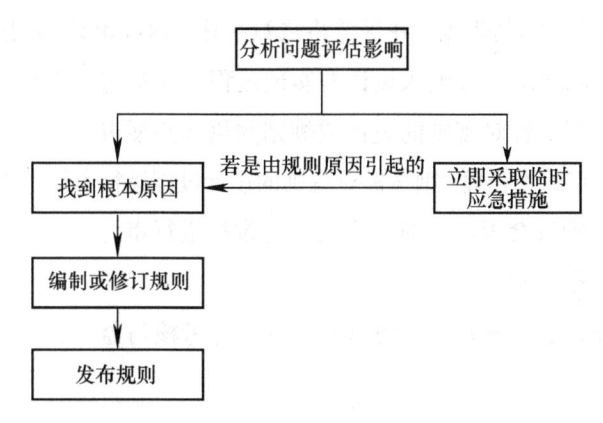

图 7-12 杠杆解工作模型

（2）对问题进行回答：

- 没有规则：编制规则，并尽量将其数字化。
- 已有规则：修订规则。

实施杠杆解的 3 个步骤

第 1 步：讨论分析问题。

对业务层面出现的问题，组织相关方进行跨领域沟通，仔细分析讨论问题，判断该问题是偶发的，还是由背后规则导致的（可依据上文"文化－规则"模型中"规则决定行为，行为导致事件"的逻辑）。

如果不是规则原因导致的，则应立即实施症状解做应急处理，处理过程结束。因为这个问题可能是"一次性"的，以后很少会再出现，或者即便再出现，处理成本也很低，再做应急处理即可。

如果是规则原因导致的，要判断是否值得去弥补系统层面的漏洞。如果不值得则实施症状解即可；如果值得，在立即实施症状解后，相关方需要一起在系统层面寻找导致问题出现的根本原因，然后进入第 2 步。

第 2 步：编制或修订规则。

找到了根本原因，就可以制定解决方案，而这个解决方案通常是针对事件背后具体规则的。具体有两个场景：

（1）没有规则。编制规则，并尽量将之数字化。内部审计部门应该参与其中，将风险管理和控制要求充分纳入设计与实现过程，并参与、监督其数字化过程。

（2）已有规则。针对规则的设计或规则的执行开展审计。

- 若规则错误或不合理，则按需对规则的设计过程进行审计，对规则进行修订；
- 若规则正确且合理，则对规则的执行过程进行审计。

第 3 步：发布规则。

正式发布修订后的规则，并对规则执行进行考核与监督。

第三篇

数字化系统方法篇

第8章

数字化业务运营系统需要系统方法

系统方法的定义

系统方法是一种满足整体、统筹全局、把整体与部分辩证统一起来的科学方法，是以对系统的基本认识为依据，应用系统科学、系统思维、系统理论、系统工程与系统分析等方法，用以研究和处理科学技术问题的一种科学方法。系统的观点，就是全面、综合、发展地看问题；工程的方法，就是按照一定的程序真抓实干，以实现预定的目标[1]。

系统工程是组织管理系统的规划、研究、设计、制造、试验和使用的科学方法，是一种对所有系统都具有普遍意义的方法。服务于特定目的的各项工作的总体称为工程，如果这个特定的目的是系统的组织建立或者是系统的经营管理，就可以统统看成是系统工程[2]。系统工程是研究复杂系统设计的科学，系统由许多密切联系的元素组成。在设计复杂系统时，应有明确的预定功能及目标，并协调各个元素之间及元素和整体之间的有机联系，以使系统能从总体上达到最优目标。在设计系统时，要同时考虑到参与系统活动的人的因素及其作用[3]。

---

[1] 摘自《系统工程引论（第4版）》。
[2] 摘自《论系统工程（增订本）》。
[3] 摘自美国科学技术辞典。

系统工程既是名字，又是动词。作为名词，系统工程是经过系统构建而获得的一个完整的系统产品；作为动词，就是一个由各专业组成的团队，运用系统工程技术，按照自上而下的顺序，通过反复迭代，解决问题、开发系统的过程[①]。

本书介绍的系统方法均从属于系统工程，主要是指用于完成一个既定目标的具体技术、工具或程序。

数字化相关的系统方法是企业架构方法（如 TOGAF®、FEA、DODAF），或其他系统方法（如华为数字化转型方法、VeriSM™、团体标准 T/AIITRE10001—2020 等）。

企业数字化是运用系统方法打造和维护数字化业务运营系统的系统工程。

打造和维护数字化业务运营系统需要系统方法

当企业规模较小的时候，企业对市场反应十分机敏，而当企业达到一定规模，战略方向、组织结构、流程、内部权利格局等将逐渐变得错综复杂，信息传递链条和管控链条也变得冗长脆弱，企业将陷入秩序危机，难以"使大象跳舞"。在经济全球化、信息技术高速发展的今天，环境瞬息万变，"大象也必须跳舞"。

其实，大企业不能"跳舞"的根本原因不是规模，而是难以将业务、应用、数据、技术等领域紧密关联和结合起来，对市场做出快速和正确的响应。所以当企业规模达到一定程度后，必须有数字化手段和工具的支持，否则难以运作，好的商业模式也难以实现。若企业有办法将业务、应用、数据、技术等领域紧密关联，使得各领域形成一个有机整体，企业内部形成一个神经网络，快速响应外部环境、技术进步、战略调整等带来的各种变化，精确控制和协调

[①] 摘自《系统工程引论（第4版）》。

各部分的协作，结果使得"大象可以跳舞"了。企业既能拥有大象般的体量和实力，又能具备猎豹般的机警和敏捷。这时候，可以说企业具备了一个卓越的业务运营系统。

系统方法就是"使大象跳舞"的方法，使企业的各领域形成一个有机整体，成为这些领域的"黏合剂"。当企业面临的内外部环境发生变化时，系统方法可以帮助企业分析影响，采取适当行动进行应对，帮助企业建立快速响应变化的能力。

上文多次提到企业数字化就是打造和维护数字化业务运营系统的过程，而这个过程是一项复杂的系统性工作，需要有科学的系统方法，并通过数字化团队采纳实用的、统一的过程来进行，相关工作方能顺利落地并可持续优化。借助系统方法，可从整体的角度厘清企业各个资源与要素间的关系，用可行的过程来搭建可升级的数字化业务运营系统。

本章将介绍常用的数字化系统方法。

企业架构的定义和构成

产业界习惯把数字化的系统方法与企业架构混用，本书将采用"企业架构"这个词来统称数字化相关的具体系统方法。

架构的定义

架构是一个系统在其环境中的基本概念或属性，体现在其元素、关系及其设计和演化的原则中[1]，如图 8-1 所示。

---

[1] 源自标准：ISO/IEC/IEEE 42010: 2011。

数字化的极简逻辑与方法

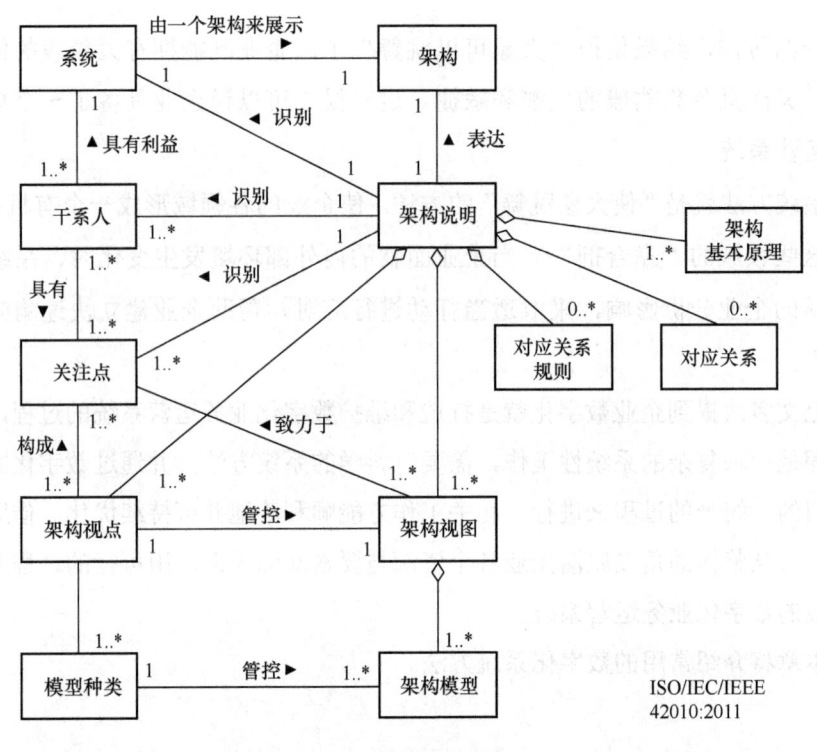

图 8-1 架构的定义

由图 8-1 可见，一个系统就有一个架构，用来描述其构成及运行。
再结合对比系统等式和架构等式：

系统 = 组件 + 组件之间的关系 + 治理

架构 = 要素 + 要素之间的关系 + 设计/演化原则

不难发现，这两个等式几乎是一样的。

企业架构的定义

企业架构（Enterprise Architecture，EA）是企业组件、组件之间的关系，以及制约组件设计和随时间演进的原则与指南[①]。即：

---

① 源自 The Open Group 协会对企业架构的定义。

第8章 数字化业务运营系统需要系统方法

企业架构 = 组件 + 组件之间的关系 + 原则与指南

这个企业架构等式和架构等式、系统等式如出一辙！是的，它们就是一个事物，用来表示系统和数字化业务运营系统的构成。

这个定义很能体现系统"演进"（Evolution）的思想。业务运营系统中最重要的是组件间的关系，随着场景变化和时间推移，这些关系依照既定原则和指南有序地演变进化，从而实现系统的治理。从定义来看，企业架构是个动态的事物，客观上系统也是动态变化的。

实际上，企业架构能够帮助复杂企业将数字化工作变得"简化、有序、高效、自行演进"。企业架构是经过检验的数字化系统方法，具体的数字化框架方法、企业架构、系统方法之间的关系，可以用如下公式来表示：

TOGAF®、FEA、DoDAF、Zachman ⊂ 企业架构 ⊂ 系统方法

华为数字化方法、VeriSM™、T/AIITRE 20001-2020、S-APAIP ⊂ 系统方法

其中，

- TOGAF®（The Open Group Architecture Framework）：由 The Open Group 协会开发，许多著名 IT 厂商参与其中，广泛应用于企业的数字化建设。
- FEA（Federal Enterprise Architecture）：用于指导美国政府的数字化建设。
- DoDAF（Department of Defense Architecture Framework）：由美国国防部开发，用于进行军队的架构和数字化建设，以提高部队指挥效能，被誉为"兵力倍增器"。
- Zachman（Zachman Enterprise Architecture Framework）：由 Zachman 提出的企业架构框架，是目前国际上最为权威的框架，是多个框架的源头。该框架本身不是一个完整的解决方案，不为企业架构工作提供具体步骤。
- 华为数字化方法：是华为在 TOGAF® 的基础上，发展演变而来的指导自身数字化建设的方法。
- VeriSM™：由国际数字化能力基金会（International Foundation of Digital Competence，IFDC）发布的全球数字化转型与创新管理知识体系。为组织数字化转型提供理论框架、指导原则、管理模型、实践案例。

- 团体标准 T/AIITRE 10001—2020：由中关村信息技术和实体经济融合发展联盟牵头编制，被国资委推荐作为央企数字化建设的标准。
- S-APAIP：笔者多年实践总结提炼的数字化方法，可以为组织在贯彻复杂标准之前打好基础。

企业架构的构成

本书第 2 章专门介绍了极简数字化转型模型（LY-DTM），如图 8-2 所示。

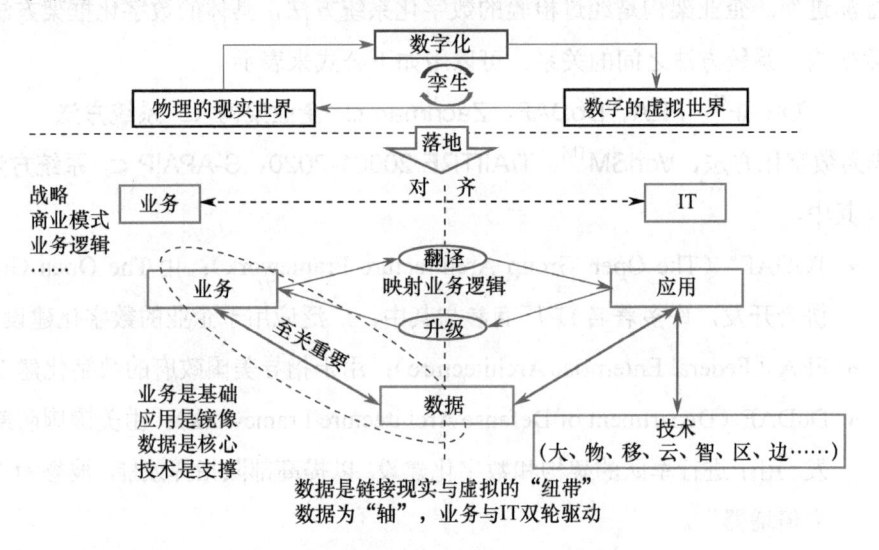

图 8-2 极简数字化转型模型（LY-DTM）

该模型强调"业务是基础，应用是镜像、数据是核心、技术是支撑"，相关工作需要关注业务、数据、应用、技术 4 个方面及其关系。而企业架构对应地包括 4 个子架构：业务架构、数据架构、应用架构和技术架构。

基于 LY-DTM，结合企业架构的 4 个子架构，得到更加具体化的极简数字化转型架构模型，即 LY-EA-DTM（见图 8-3）。LY-EA-DTM 属于 LY-DTM 的衍生模型，两个模型的运行逻辑及原理一致。

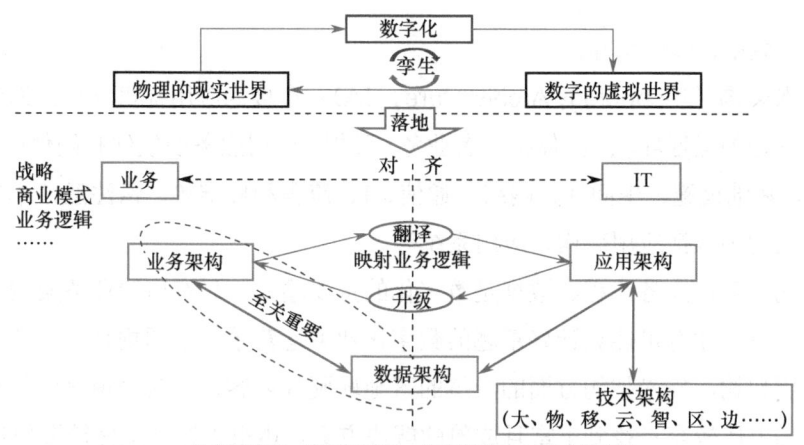

第8章 数字化业务运营系统需要系统方法

图8-3 极简数字化转型架构模型（LY-EA-DTM）

在 LY-EA-DTM 中，4个子架构分别如下：

业务架构（Business Architecture，BA）：企业架构的基础，是企业治理结构、商业能力与价值流的正式蓝图。定义业务架构就是定义企业的治理结构、业务能力、业务流程、业务数据等，以及它们的交互关系。业务架构进行跨系统规划、重视跨系统需求[1]。

应用架构（Application Architecture，AA）：业务架构的镜像，描述应用开发的蓝图、应用间的结构和交互关系，以及应用与核心业务流程间的关系。

数据架构（Data Architecture，DA）：企业架构的核心，通过对齐企业战略得到的数据资产管理蓝图，描述企业的主要数据类型及其来源、数据资产、数据管理资源等，以及它们的交互关系。数据模型是数据架构的核心，数据建模是业务驱动的[2]。如果采取"从上往下"的次序：先根据业务架构分析定义数据架构，然后在数据架构的基础上结合业务功能定义应用架构，最后根据数据架构和应用架构来设计技术架构。在实际工作中，每个项目的方法各不相同，而且很多工作可以多次迭代，但业务架构是其他设计的基础。数据架构的主要输出有：数据结构（数据模型）与分析指标体系，以及数据流、主数据、元数据、数据标准、数据质量、数

---

[1] 源自 OMG（Open Management Group）。

[2] 参考 DAMA 的 DMBOK2.0。

据安全、数据管理体系等。

技术架构（Technology Architecture，TA）：直接为应用提供支撑，为应用提供一个良好的运行环境。具体指部署业务、数据、应用服务的软件和硬件的能力，包括 IT 基础设施、中间件、网络、通信、IT 流程和标准等。请注意，本书所述的技术架构不包括应用架构、应用系统等。

补充说明：业务流程、数据是数字化的重要输入，只有厘清业务架构与数据架构的逻辑，才有可能设计好卓越的数字化业务运营系统蓝图规划。企业架构中有关应用架构、技术架构方面的具体的落地软硬件内容，相对来说比较具有通用性，市场上比较容易找到丰富且成熟的解决方案，本书仅在下文做简要叙述。

企业数字化是通过企业架构等系统方法，利用信息技术和 IT 基础设施，实现企业活动自动化及智能化的过程，也是打造和维护数字化业务运营系统的过程。数字化在虚拟的数字世界为物理的现实世界提供一个"数字孪生"，通过信息技术突破时间、空间、人工算力等局限，进而更好地支持现实世界的业务开展。

TOGAF®

TOGAF®标准是全球最具权威性与通用性的企业架构标准。作为全球领先组织机构首选的架构框架和开发方法，TOGAF®标准常被用来满足关键业务需求，广泛提升业务效率。企业架构开放标准全球组织负责定期维护并发布更新版本，目前已更新至 TOGAF®标准第 10 版。全球超过 12 万人已获得 TOGAF®认证。

TOGAF®的组成部分

这里将对 TOGAF®做一个简单但全面的介绍，帮助大家快速了解 TOGAF®。TOGAF®标准的结构如图 8-4 所示。

第 8 章　数字化业务运营系统需要系统方法

图 8-4 中左边的业务愿景和驱动力（Business Vision and Drivers）是 TOGAF®的输入部分，中间以架构开发方法为核心的区域是处理部分，右边业务能力是 TOGAF®的输出部分。企业可以基于业务愿景和驱动力，通过 TOGAF®进行企业架构的相关工作，然后获得相应的业务能力。同时，新的业务能力会产生新的业务需求，又会形成新的驱动力，促进业务愿景发展。其中，架构开发方法是 TOGAF®的核心，简称 ADM（Architecture Develop Method）。

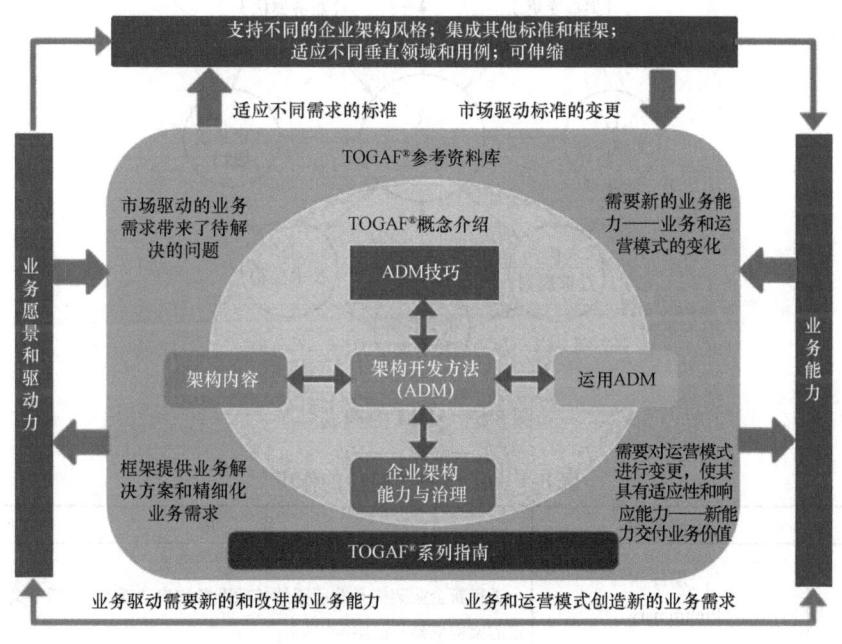

图 8-4　TOGAF®标准的结构[1]

ADM 的构成和使用

ADM 的构成如图 8-5 所示，它由 10 个阶段组成：预备阶段、架构愿景阶段、业务架构阶段、信息系统架构阶段、技术架构阶段、机会与解决方案阶段、迁移规划阶段、实施治理阶段、架构变更管理阶段、需求管理阶段。各个阶段

---

[1] 源自 TOGAF®标准第 10 版。

的作用见表 8-1。

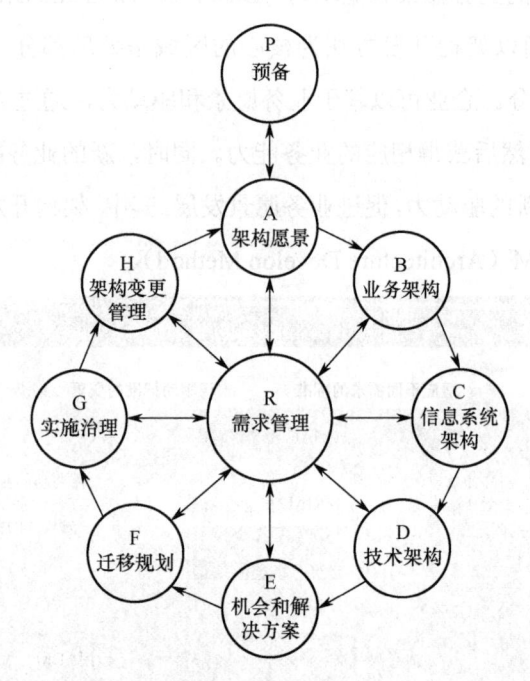

```
        P
       预备
        ↕
        A
      架构愿景
    ↗   ↕   ↘
   H         B
架构变更     业务架构
管理          
  ↑    R     ↓
  G   需求管理  C
实施治理       信息系统架构
  ↑          ↓
  F          D
迁移规划     技术架构
    ↖   ↕   ↗
        E
    机会和解决方案
```

图 8-5　ADM 的构成[①]

表 8-1　ADM 各个阶段的作用[②]

编　号	ADM 阶段	作　用
P	预备 （Preliminary）	使组织做好成功实施企业架构项目的准备。 进行新企业架构开发所需的各项准备和启动活动，包括定义组织特定的架构框架和原则等
A	架构愿景 （Architecture Vision）	启动企业架构项目，并初始化架构新的开发迭代，设定本次迭代的范围、约束、预期，识别干系人，验证业务背景，创建架构工作说明书，获得架构工作的批准等
B	业务架构 （Business Architecture）	创建业务架构以支持在 A（架构愿景）阶段达成共识的架构愿景
C	信息系统架构 （Information System Architecture）	描述一个组织的 IT 系统的基本组织结构及其内部关系，体现在各类主要信息类型和处理这些信息的 IT 系统上。这个阶段又分两个阶段：数据架构阶段、应用架构阶段。这两个阶段可以串行或并行进行

---

① 源自 TOGAF® 标准第 10 版。
② 整理自 TOGAF® 标准第 10 版。

(续表)

编号	ADM 阶段	作用
D	技术架构 （Technology Architecture）	描述 IT 系统的基本组织结构及其内部关系，体现在硬件、软件和通信技术上
E	机会和解决方案 （Opportunitiy & Solution）	聚焦实施。描述识别交付物（项目、项目群、项目组合）的过程，这些交付物将有效地交付前面阶段定义的目标架构
F	迁移规划 （Migration Planning）	聚焦迁移规划。即如何通过制定详细的实施与迁移规划，从基线架构过渡到目标架构
G	实施治理 （Implementation Governance）	定义架构如何约束项目实施，监控项目建设，以及生成一份需要签署的架构契约
H	架构变更管理 （Architecture Change Management）	确保架构变更在可控的方式下被管理
R	需求管理 （Requirements Management）	管理架构需求的流程适用于 ADM 周期所有阶段。需求管理流程是一个动态流程，聚焦于企业需求的识别、存储，以及将企业需求输入到相关 ADM 过程，并产生输出。这个流程是 ADM 过程的驱动中心

其中，每个阶段都有其目标、活动、输入、步骤、输出、技巧和交付物等。

需求管理是一个特殊的阶段，该阶段和其他任何阶段都有关系，是 ADM 过程的驱动中心。处理需求变化的能力在 ADM 中是至关重要的，因为架构就其本质而言就是处理不确定性和变化，在干系人期望和能交付的实际解决方案间搭建桥梁。

ADM 的核心阶段

ADM 是 TOGAF® 的核心组成部分，而 B、C、D 阶段是 ADM 的核心阶段。

B、C、D 阶段分别在业务领域、数据领域、应用领域和技术领域开展工作，分别构建业务架构、信息系统架构（包含数据架构和应用架构）、技术架构，这 3 个核心阶段的执行情况决定了企业架构工作的成败。

3 个阶段虽在不同的架构领域开展工作，但主要工作过程类似，每个阶段包含 9 个工作步骤，分别是：

（1）选择参考模型、视点和工具；

（2）描述基线架构；

（3）描述目标架构；

（4）进行差距分析；

(5) 定义候选路线图组件；

(6) 解决对架构蓝图的影响；

(7) 进行正式的关系人评审；

(8) 架构定稿；

(9) 创建架构定义文件。

ADM 阶段分组

根据 ADM 各阶段的作用将各阶段分成 4 个分组：使企业参与并组织架构工作的分组、保证架构正确性的分组、使架构落地的分组和使架构工作持续进行的分组，如图 8-6 所示。

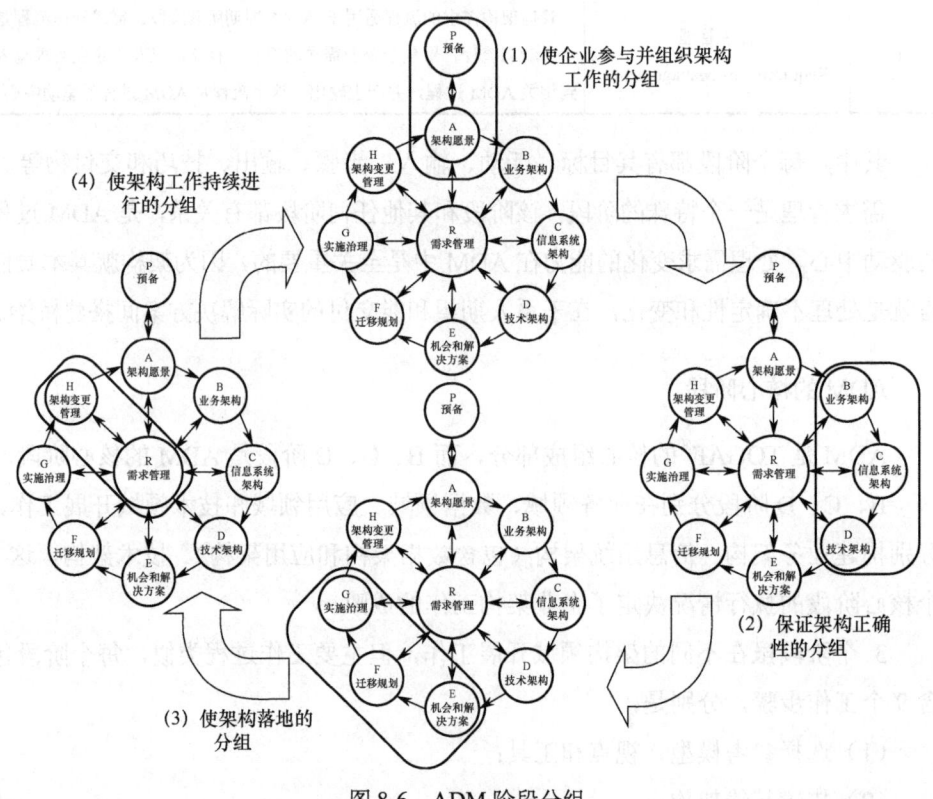

图 8-6 ADM 阶段分组

各分组的作用如下：

(1) 使企业参与并组织架构工作的分组。该分组包括 P 阶段和 A 阶段。使企业参与到架构工作中，并进行组织工作。P阶段使组织做好成功实施企业架构项目的准备；A阶段启动企业架构项目，初始化新的架构开发迭代，并获得架构工作的批准。

（2）保证架构正确性的分组。该分组包括B、C和D阶段，用于保证企业架构的正确性。B、C和D阶段是ADM的核心阶段，因此该分组也是ADM的核心分组。该分组用于描述各架构的基线版本、目标版本；进行差距分析、定义路线图、创建架构定义文件等。

（3）使架构落地的分组。该分组包括E、F和G阶段，使上一分组创建的架构能通过实施或迁移落地。E阶段聚焦实施；F阶段聚焦迁移规划；G阶段聚焦具体实施工作的治理。

（4）使架构工作持续进行的分组。该分组包括H阶段和R阶段。根据变更需求，对企业架构进行维护，使架构过程持续运行下去。H阶段管理架构变更；R阶段专门进行需求管理，与任何其他阶段都有关系，是架构过程的驱动中心。

华为数字化转型方法

2022年，华为企业架构与变革管理部出版了《华为数字化转型之道》，这是一本非常有价值的书。书中的内容是华为花费数百亿咨询费向全球顶级咨询公司学来的，并在内部持续实践、改进了20多年，是知识、经验、心得的集大成者。此书十分全面地阐述了大型企业应该如何面对数字化的课题。

华为的业务运营系统是通过一系列实践与建设沉淀下来的，且在不断迭代进化的数字化业务运营系统，支撑着20万名员工、近万亿元业务在全球的卓越运行，保障华为应对各种机遇与挑战，助力华为站在世界之巅，其系统管理员就是华为企业架构与变革管理部，是数字化的执行机构。

华为专门设立变革指导委员会，作为数字化等管理变革的决策机构，下设企业架构委员会，负责从企业架构的专业角度来支撑决策。企业架构委员会从2009年开始基于TOGAF®方法发布了企业架构内容框架EA1.0版本，并逐步优化演进，至今已经发布 6 个版本，对企业架构元模型、核心概念、主要交付件清单、架构集成关系等进行了详细描述。

本书通过对《华为数字化转型之道》的解读，仅对华为数字化转型方法做简要介绍。

统一思路至关重要

为什么有些团队能够快速达成共识，而大部分团队却做不到。大部分场景下的根本原因是：底层认知、基础逻辑没有统一。各有各的方案，各有各的判断标准，各说各话，则难以形成合力。而在数字化建设过程中，数字化团队会面临大量且频繁的沟通，统一思路至关重要。

指导华为数字化实施的数字化转型框架，包括"1 套方法、4 类场景、3 大平台"，如图 8-7 所示。

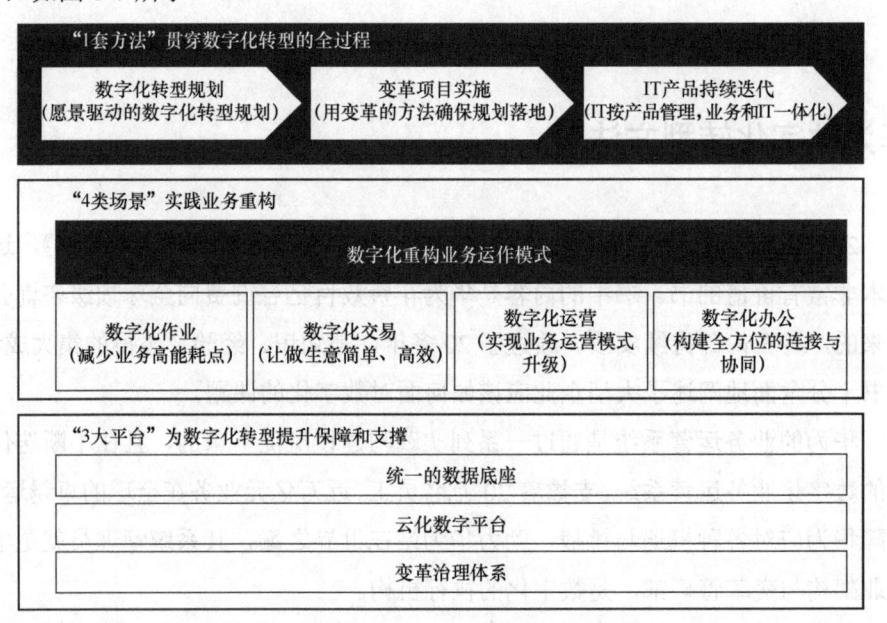

```
"1套方法"贯穿数字化转型的全过程
┌──────────────┐  ┌──────────────┐  ┌──────────────┐
│ 数字化转型规划 │→│ 变革项目实施  │→│IT产品持续迭代│
│(愿景驱动的数字│  │(用变革的方法确│  │(IT按产品管理,│
│化转型规划)    │  │保规划落地)    │  │业务和IT一体化)│
└──────────────┘  └──────────────┘  └──────────────┘

"4类场景"实践业务重构
┌────────────────────────────────────────────────┐
│           数字化重构业务运作模式                 │
├──────────┬──────────┬──────────┬──────────────┤
│ 数字化作业│ 数字化交易│ 数字化运营│ 数字化办公   │
│(减少业务 │(让做生意 │(实现业务运│(构建全方位的 │
│高能耗点) │简单、高效)│作模式升级)│连接与协同)   │
└──────────┴──────────┴──────────┴──────────────┘

"3大平台"为数字化转型提升保障和支撑
┌────────────────────────────────────────────────┐
│              统一的数据底座                      │
├────────────────────────────────────────────────┤
│              云化数字平台                        │
├────────────────────────────────────────────────┤
│              变革治理体系                        │
└────────────────────────────────────────────────┘
```

图 8-7 华为数字化转型框架[①]

---

① 源自《华为数字化转型之道》。

第8章 数字化业务运营系统需要系统方法

"1套方法"：从建设到运维全覆盖

华为首先通过"愿景驱动的数字化转型规划""用变革的方法确保规划落地"，认真做好数字化0到1的建设，然后视IT为投资，用产品思维管理来确保IT产品的持续迭代，即进行"从1到N"的升级维护。华为数字化转型的过程如图8-8所示。

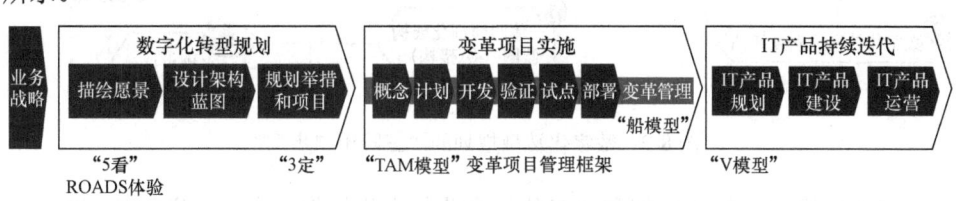

图 8-8 华为数字化转型的过程①

数字化转型规划

业务战略是数字化转型规划的输入。在数字时代重新思考业务战略，重新思考和定义如何为客户创造价值，重新思考企业的商业模式，以清晰的业务战略作为数字化转型规划的输入。

华为的数字化转型规划由"三阶十二步"构成，如图8-9所示。简述如下：

第一阶段：以始为终，描述愿景，对应第1～5步。通过"5看"（看战略、看客户、看行业、看自己、看技术）和数字化转型愿景来描绘未来5～10年数字化转型将取得的成就。

第二阶段：统一认识，设计架构蓝图，对应第6、7步。依照4A架构对愿景进行系统性的、分层分级的梳理和诠释（4A架构对应业务架构、数据架构、应用架构、技术架构）。

第三阶段：把握节奏，规划举措和项目，对应第8～12步。依照架构蓝图和4A架构，识别、设计和落地数字化转型举措，依照举措规划项目，确定项目优先级，即"3定"（定举措、定项目、定节奏）。

---

① 源自《华为数字化转型之道》。

数字化的极简逻辑与方法

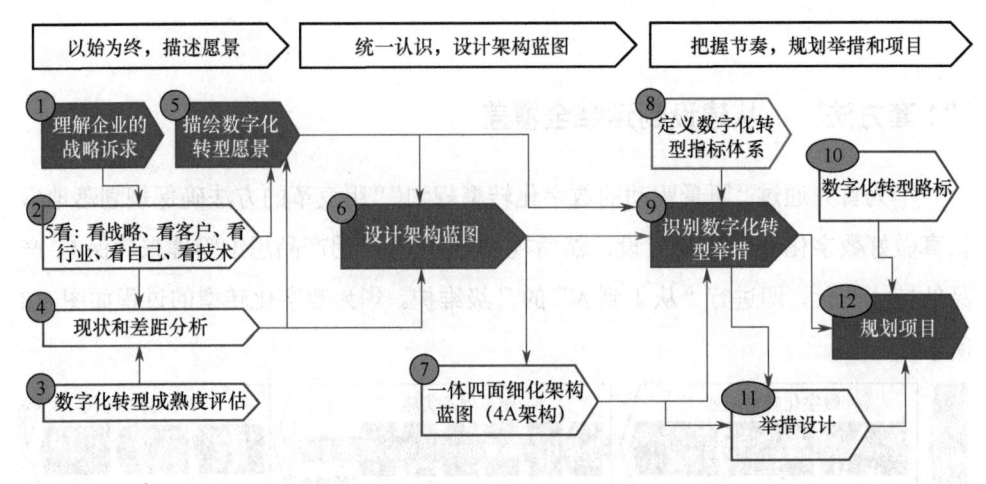

图 8-9 数字化转型规划的"三阶十二步"①

华为的数字化转型规划和许多传统企业数字化规划非常不一样的地方在于，加入了"设计架构蓝图"阶段，通过 4A 架构（业务架构、应用架构、数据架构、IT 架构）来描绘蓝图，以保障局部和整体的一致性、IT 与业务的一致性、现在与未来的一致性。

华为的数字化转型工作有"七个反对"原则，时刻注意防患于未然：

- 坚决反对完美主义；
- 坚决反对烦琐哲学；
- 坚决反对盲目创新；
- 坚决反对没有全局效益提升的局部优化；
- 坚决反对没有全局观的干部主导变革；
- 坚决反对没有业务实践经验的员工参加变革；
- 坚决反对没有充分论证的流程进入实用。

变革项目实施

变革项目实施是指变革按项目方式推进，通过"七横八纵"进行变革项目实施，如图 8-10 所示。

---

① 源自《华为数字化转型之道》。

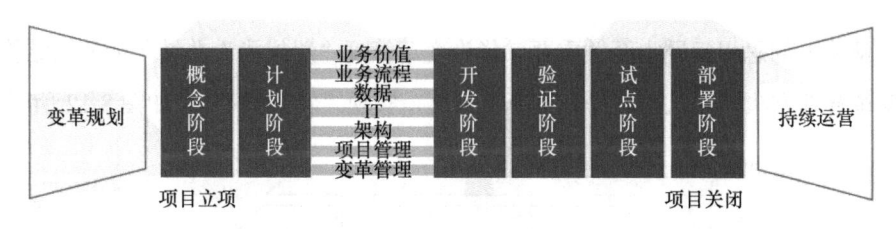

第8章　数字化业务运营系统需要系统方法

图 8-10　华为数字化转型项目的"七横八纵"[①]

纵向的 8 个方面即通常的项目处理过程，而横向的 7 个方面非常值得借鉴和学习。其中，业务价值、业务流程可以对应业务架构的工作；数据对应数据架构的工作；IT 对应应用架构与 IT 架构的工作；架构可以对应架构蓝图的工作，表现为项目实施需要遵从整体架构；项目管理对应项目实施 PM 及 PMO 制度；变革管理保障项目建设与管理变革的原则和要求保持一致，明确责任并解决跨领域边界冲突，以协同领域/项目，在促进整体变革目标达成的同时处理一些项目的沟通与冲突，即"支部建在连队上"。

价值是变革项目的指南针，华为的变革价值度量模型（Transformation Achievement Measurement Model，TAM）如图 8-11 所示。TAM 从结果、能力、管理体系 3 个方面来指导项目进行价值管理，而不只是 ROI 一类单薄的指标。本书第 1 章对 TAM 模型做过介绍，这里不再赘述。

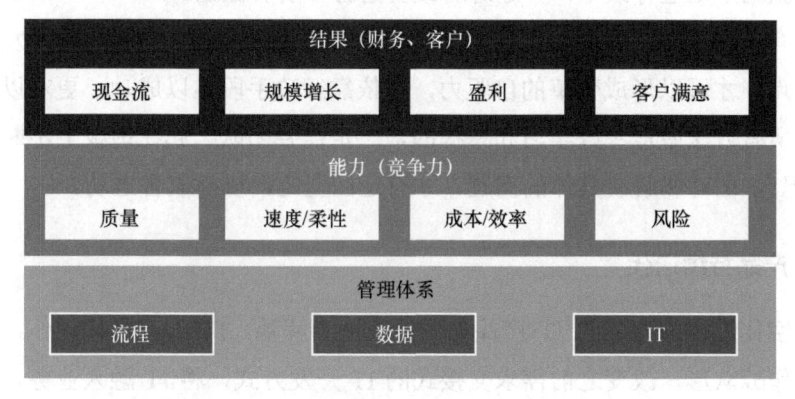

TAM: Transformation Achievement Measurement

图 8-11　华为的变革价值度量模型（TAM）[②]

---

① 源自《华为数字化转型之道》。
② 源自《华为数字化转型之道》。

数字化的极简逻辑与方法

解决人的思想问题也至关重要。华为变革管理"船模型"总结了如何用结构化的变革管理方法影响人心，提升变革支持度，实现"转人磨芯"，如图 8-12 所示。

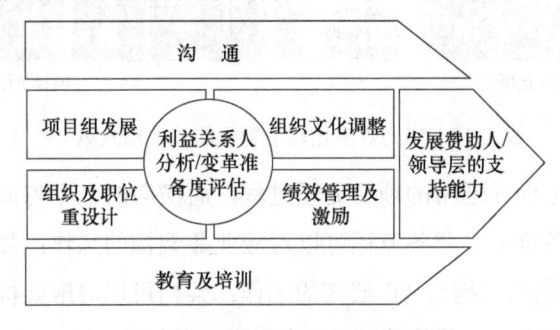

图 8-12　变革管理"船模型"[1]

该模型是由 IBM 的"组织变革管理框架"演变而来，其核心部分是"利益关系人分析/变革准备度评估"，只有读懂人心，挖掘变革障碍或阻力根本原因，才能制定相应策略并有效开展变革工作；船头是"发展赞助人/领导层的支持能力"，变革是领导者功能，需要变革领导力；船帮的"沟通"和"教育及培训"，作用是改变或提升意愿和能力，贯穿于变革始终；需要关注项目组发展，而改变人的长效机制则需要对现有组织和职位重新设计、对组织文化进行调整、对绩效管理及激励规则进行改革，并适时对改变进行牵引和激励。

所有的变革必须客观、正确地对待利益关系人的需求，加强沟通，发现共同的价值点，才可以形成变革的自驱力，仅依靠行政手段难以成功，更难以持续。这也是所有方法中最不好学习和掌握的，一定需要团队一起在地板上不断摩擦、"玩泥巴"，面对和解决具体的问题，才有迂回坚定、权衡取舍之功。

IT 产品持续迭代

数字化过程中建成的 IT 产品与项目应适当解耦。IT 的产品化运作，需要企业改变作战队形，改变之前需求交接式的 IT 开发方式，将 IT 融入业务，共同组建业务和 IT 一体化的产品团队，并实现业务、数据、IT 联合组队，做到"业务人员懂 IT，IT 人员懂业务"，实现产品团队一盘棋运作。

数字化转型要求 IT 产品团队能更敏捷地响应业务，改变之前的"烟囱式"IT

---

[1] 源自《华为数字化转型之道》。

第8章 数字化业务运营系统需要系统方法

交付方式，由"做功能"变为"做服务"。这就需要IT产品团队改变设计方法，用服务化V模型指导团队的一体化设计，让业务、数据、IT有机融合在一起。华为数字化的V模型如图8-13所示。

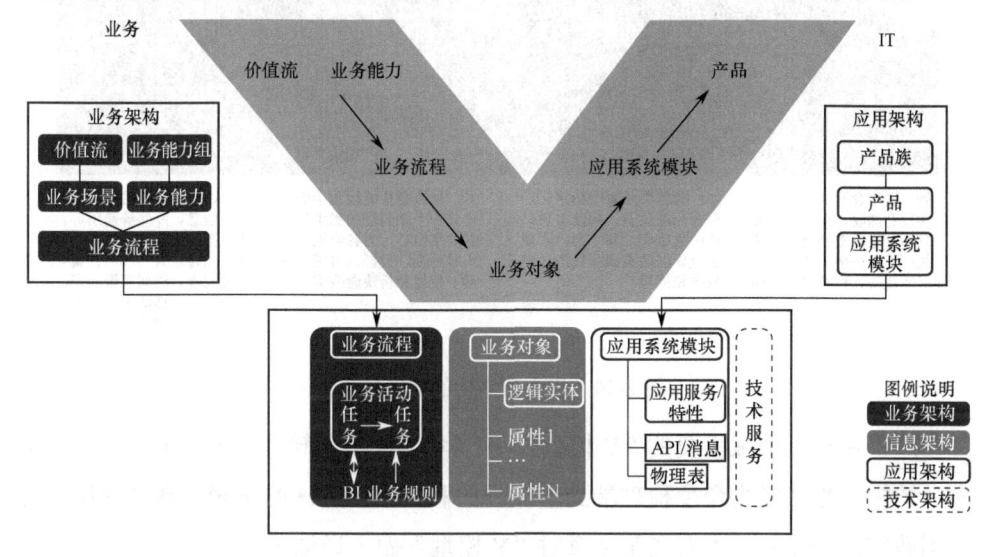

图8-13 华为数字化的V模型[①]

"4类场景"：通过数字化实现关键业务重构

华为的数字化围绕4类场景来进行，如图8-14所示。

数字化通过"从效率到创新、从功能到场景、从管道到平台、对准业务价值"重构原有业务运作模式，包括数字化作业（减少作业高能耗点）、数字化交易（让交易简单高效）、数字化运营（实现运营升级）和数字化办公（全方位连接与协同的办公）。

关键业务流程的主谓宾的数字化，即：

- 对象数字化：主语、宾语的数字化，衍生出主数据管理、元数据管理、数据治理等，是集成的基础。
- 规则数字化：将流程的业务逻辑数字化，也是规则的数字化，是提高效率的关键。

---

① 源自《华为数字化转型之道》。

- 过程数字化：将流程执行过程记录下来，也是将真实的业务沉淀成数据。

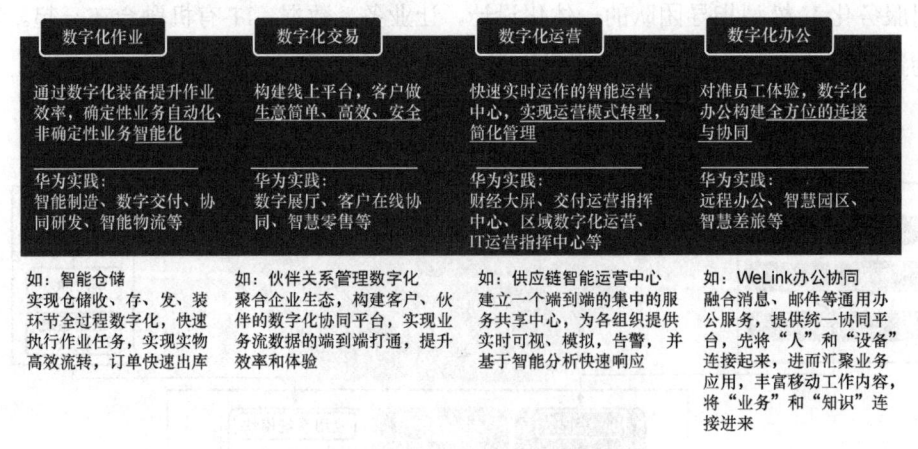

数字化作业	数字化交易	数字化运营	数字化办公
通过数字化装备提升作业效率，确定性业务自动化、非确定性业务智能化	构建线上平台，客户做生意简单、高效、安全	快速实时运作的智能运营中心，实现运营模式转型，简化管理	对准员工体验，数字化办公构建全方位的连接与协同
华为实践：智能制造、数字交付、协同研发、智能物流等	华为实践：数字展厅、客户在线协同、智慧零售等	华为实践：财经大屏、交付运营指挥中心、区域数字化运营、IT运营指挥中心等	华为实践：远程办公、智慧园区、智慧差旅等
如：智能仓储实现仓储收、存、发、装环节全过程数字化，快速执行作业任务，实现实物高效流转，订单快速出库	如：伙伴关系管理数字化聚合企业生态，构建客户、伙伴的数字化协同平台，实现业务流数据的端到端打通，提升效率和体验	如：供应链智能运营中心建立一个端到端的集中的服务共享中心，为各组织提供实时可视、模拟、告警，并基于智能分析快速响应	如：WeLink办公协同融合消息、邮件等通用办公服务，提供统一协同平台，先将"人"和"设备"连接起来，进而汇聚业务应用，丰富移动工作内容，将"业务"和"知识"连接进来

图 8-14　华为数字化的 4 类场景[①]

这里还有一个很重要的"Y 模型"，在《华为数字化转型之道》中的笔墨并不多，该模型是从能力角度梳理端到端流程的利器。该方法的正确、高效使用，是规则数字化的保障。本书在第 9 章对"Y 模型"做了详细阐述。

特别是"始于流程，终于流程，将数字化成果内化到管理体系中"，再一次强调了流程是业务的表达和承载，流程是规则的主要内容和形式，通过数字化将规则"内化/固化"到管理体系中，真正实现规则的"上线"和"在线"。

"3 大平台"：数字化的保障和支撑

华为有 3 大平台保障和支撑其数字化建设，如图 8-15 所示。

"3大平台"为数字化转型提升保障和支撑
统一的数据底座
云化数字平台
变革治理体系

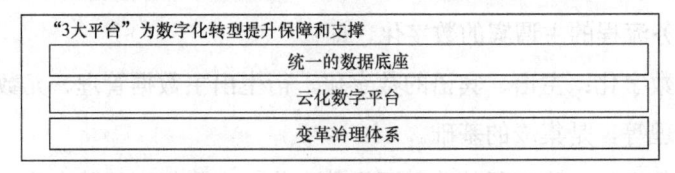

图 8-15　华为数字化的 3 大平台[②]

---

① 源自《华为数字化转型之道》。

② 源自《华为数字化转型之道》。

数字化需要具备平台能力,并将业务能力构筑在企业统一的数字化平台上。

统一的数据底座:即共享的数据汇集中心,包括下文介绍的数据仓库、数据湖。统一的数据底座打破数据孤岛和数据垄断,重建数据获取方式和秩序。

云化数字平台:这是数字化的 IT 基础设施,为数字化提供计算环境(如云计划、大数据、AI、网络、安全等技术)。华为内部称数字平台为 HIS(Huawei IT Service),提供 4 类具体服务,包括业务数字化使能、多云环境下的资源与连接、支撑智能运营、实时安全。

变革管理体系:华为数字化工作很大的亮点是把"变革治理体系"看作三大平台之一,而且位于整个华为数字化转型框架的最下层,非常智慧。没有体系保障,平台难以有持续的生命力,轰轰烈烈运动式的平台项目建设一结束,平台就变成花瓶,这种案例实在太多了。通过搭建变革治理体系可以使得数字化建设具有持续保障能力,不断迭代、持续进步。

华为数字化的 8 个成功要素

华为根据 20 多年数字化实践,总结了 8 个成功要素[①]:

(1)一把手担责:在企业内构建数字化领导力与执行力。"不怕慢,就怕停,更怕回头!"

(2)战略引领:数字化转型是构建面向未来的高质量竞争力战略的主动思考。

(3)重构业务:"不改变业务流程的数字化转型都是装样子。"这一句话真是一针见血,有些企业花重金做了许多不伤筋动骨的数字化面子工程,却不敢深入业务本质,实在是不应该。

(4)转人磨芯:改变人是关键。

(5)"眼高手低":

开阔视野+重心向下=企业架构设计+价值项目群建设

(6)清洁的数据:数据成为重要生产资料,清洁的数据是数字化转型的基础。

(7)合适的技术:没有最先进的技术,只有最合适的技术。一定要避免炫酷技术的滥用,而应回归对业务的实际支撑上来。

(8)安全优先:安全是数字化转型的前提。

数字化的极简逻辑与方法

华为的郭平认为:"企业开展数字化转型不是赶时髦,而是一场触及企业文化、业务模式、责任和权利体系的深刻变革。其难点不只在于引入数字技术,更在于如何让自身复杂的业务场景与数字技术真正融合,在于如何构建变革的领导力,改变企业的组织、流程与广大员工的意识和行为。企业家在这场变革中扮演着至关重要的角色,他们既要敏锐感知到数字化带来的变化,适时投入资源启动变革,也要制定数字化转型战略并与公司整体业务战略进行互锁,在企业内形成共识,更要认识到变革中存在的现实障碍,有策略地消除变革阻力,为数字化转型保驾护航。"

VeriSM™

国际信息科学考试学会简称 EXIN,于 1984 年由荷兰政府经济事务部创办。作为国际数字化管理领域的权威人才认证和能力鉴定机构,EXIN 发起了国际数字化能力基金会(International Foundation of Digital Competence,IFDC),该基金会发布了全球数字化转型与创新管理知识体系——VeriSM™。VeriSM™为组织数字化转型提供理论框架、指导原则、管理模型、实践案例[1]。VeriSM™是数字时代企业的转型和服务管理方法,专注于服务管理的端到端全生命周期,可让企业在正确的时间,生产和交付正确的产品或服务给消费者。可帮助企业创建灵活的运营模式,以符合其所期望的业务成果[2]。

VeriSM™ 是数字化转型的顶层方法

VeriSM™是比较适合用于企业数字化转型的顶层方法,可与其他的管理方法结合使用(例如,精益、敏捷、企业架构、项目管理、数据治理、IT 服务水平等),从而适应企业数字化建设的需要。

---

[1] 源自 EXIN 官网(https://exinchina.cn)。
[2] 源自微信公众号:EXIN 易科绅数字化管理。

VeriSM™ 的核心价值主张

VeriSM™是数字化转型的服务管理方法，帮助数字化决策者思考数字化解决方案层面的事项，协助解决数字化这个挑战性难题。在图 8-16 中，VeriSM™中的 6 个字母分别代表价值驱动、持续演进、及时响应、集成整合、服务和管理。

图 8-16　VeriSM™的核心价值主张[①]

可见，VeriSM™没有把企业数字化看成纯技术问题，而是从 6 个核心价值主张的方面来设计数字化解决方案，其中没有直接提到技术，因为"价值为体，技术为用"。

VeriSM™ 是一个综合集成方法

许多人把 VeriSM™看成一个技术方法，此前也主要是 IT 从业者在考相关认证，其实这是极大的误会。如果把 VeriSM™看成一个技术方法，则很难读懂 VeriSM™。需要从更高的方法层面来理解 VeriSM™，结合具体环境、可用资源，综合运用各类管理实践，使用好新一代信息技术，实践企业数字化工作。VeriSM™

---

① 源自 VeriSM™ 认证的官方课件。

显得有点抽象，但是抽象并不代表纯理论，抽象的内容需要应用于具体的场景，需要有清晰的逻辑和具体的内容相配合。由图 8-17 可见，VeriSM™更像是一个相对抽象的大框架，需要数字化工作者根据具体场景将大框架中的关键元素填满，自然就形成了适合现状的数字化解决方案。

图 8-17　VeriSM™是一个综合集成方法[1]

请不要轻看了综合集成，根据系统论的观点，基于具体场景通过综合集成设计适配的数字化解决方案，也是非常了不起的创新。

VeriSM™：一切皆服务，整个企业是一个提供服务的组织

企业的使命就是存在于社会的原因、价值和意义，主要回答"我们是谁？""我们为什么存在？"等问题。这些问题的回答是通过向社会提供有价值的产品或服务来实现的。VeriSM™认为一切皆服务，即提供产品或服务都是为了满足消费者需求的服务行为。将整个企业看成一个提供服务的组织，在企业内部也建议上下游之间通过服务生产、消费等方式来开展工作。企业需要满足哪些消费需求？通过提什么样的服务来满足？需要具备哪些相应的能力？数字化可以帮助增强和构建哪些重要能力？这一系列问题与"以客户为中心"是完全一致的。厘清了这

---

[1] 源自 VeriSM™ 认证的官方课件。

第 8 章 数字化业务运营系统需要系统方法

一系列问题，就厘清了新一代信息技术应用的前提，也就厘清了数字化建设的举措、项目和节奏，而各类具体的方法、工具、资源等为其所用。

VeriSM™认为"每一次服务的交付都是一个故事，有头、有尾、有中间过程。故事从理解用户需求开始，中期服务交付，直到后期的服务完成，并确保消费者对这个服务满意"，而保障这样的服务理念的基础就是高效的服务文化。极少有数字化方法强调文化的重要性，而文化恰恰是数字化转型工作至关重要的根基。

基于 VeriSM™的 EXIN 首席数字化转型官（DTO）的认证路径，将素质模型从 T 字型衍生为梳子型（本质上还是 T 字型，只不过把"一竖"丰富了），如图 8-18 所示。

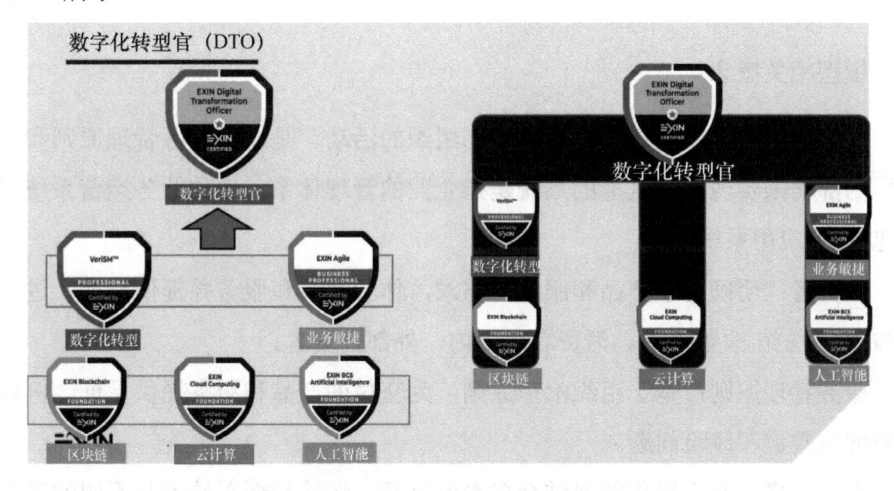

图 8-18 EXIN 首席数字化转型官（DTO）的认证路径[①]

VeriSM™ 提供了一个数字化模型

VeriSM™数字化模型如图 8-19 所示。

---

① 源自 VeriSM™认证的官方课件。

数字化的极简逻辑与方法

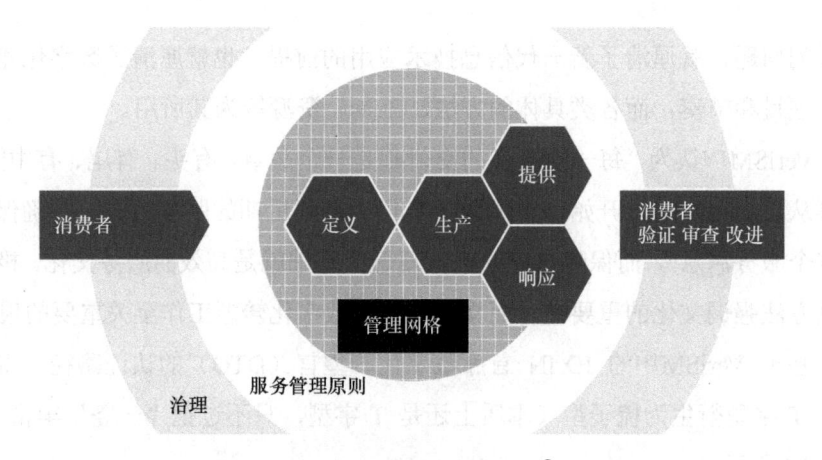

图 8-19　VeriSM™数字化模型[①]

模型相关概念

治理：支撑系统的指挥体系，控制组织的活动。是通过服务管理原则和管理网格的部署来实现的。这里的系统是指企业的管理体系，也称业务运营系统（不仅包括 IT 应用系统）。

消费者：明确对于产品和服务的需求，体验产品和服务并提供反馈，进一步参与验证/总结/改善活动。消费者包括内、外部消费者。

服务管理原则：基于组织治理原则，为交付的产品和服务提供保证。例如，有效解决质量和风险问题。

管理网格：定义组织如何结合自身的资源、环境和新兴技术与不同的管理实践相结合，以创造和交付产品和服务。

模型的重点：管理网格

VeriSM™数字化模型中包含一个核心模型：管理网格（Management Mesh）。管理网格包括服务提供者在开发以及提供产品和服务时可用的资源、环境、管理实践和新兴技术 4 大维度，如图 8-20 所示。资源、环境为商业维度，管理实践、新兴技术为技术维度。其中，资源维度包括但不限于人员、资产、预算、时间、知识等；环境维度包括但不限于政治、经济、文化、法律法规等；管理实践维

[①] 源自 VeriSM™ 认证的官方课件。

第 8 章　数字化业务运营系统需要系统方法

度则包括了以敏捷开发、DevOps、精益、服务集成管理 SIAM 等全球主流的技术和 IT 管理实践；新兴技术维度则包括但不限于云计算、大数据、物联网、人工智能等。

在图 8-20 中，管理网格的每一条线代表一个维度的元素，当这些元素结合时，它们构建了一个强大的结构去满足需求。

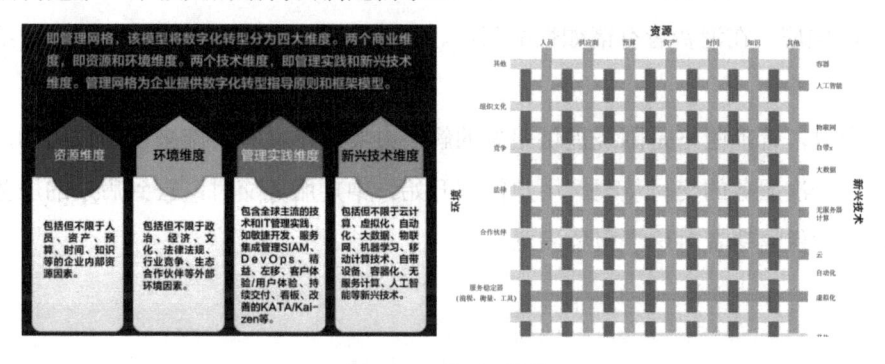

图 8-20　管理网格[1]

管理网格是 VeriSM™ 数字化模型的核心模型，通过运用适配的管理网格来实现定义、生产、提供和响应等关键活动，如图 8-21 所示。

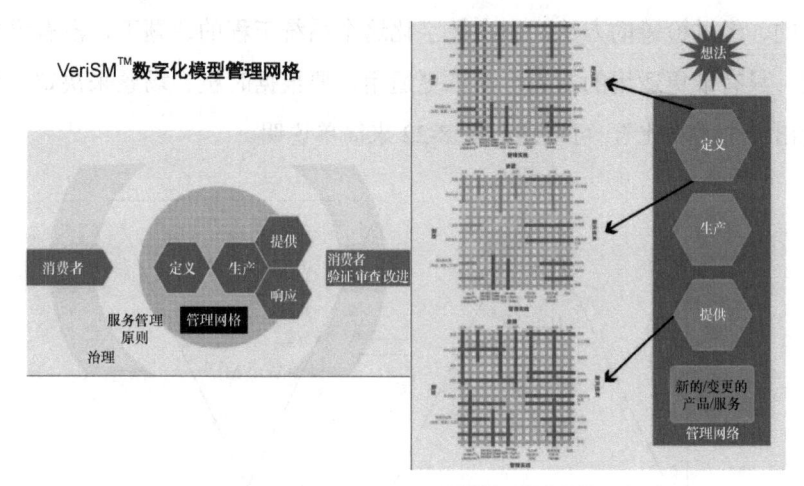

图 8-21　运用适配的管理网格[2]

---

[1] 源自 VeriSM™ 认证的官方课件。

其中，关键活动包括：
- 定义：为满足约定的需求构建一个产品或服务的解决方案。
- 生产：基于定义的解决方案（建设、测试、部署）确保成果可以满足消费者的需求。
- 提供：确保新的/改进的解决方案的可用性。
- 响应：在消费者有诸如性能问题、意外事件、疑问或任何其他要求时给予支持。

所以，管理网格是围绕提供服务的解决方案的定义和实施来发挥作用的，实现"每一次服务的交付从理解用户需求开始，中期服务交付，直到后期的服务完成，并确保消费者对这个服务满意"。

VeriSM™ 与 TOGAF® 对比

VeriSM™和TOGAF®，哪个更适合数字化转型？VeriSM™、TOGAF®都是非常成熟的、经过检验的方法。但在数字化这个系统工程的课题下，没有谁更优秀的评判，只有谁更适用的回答；而谁更适用，要根据时机、场景来决定。如果一定要给出一个"对比"，可以通过图 8-22 来简单说明。

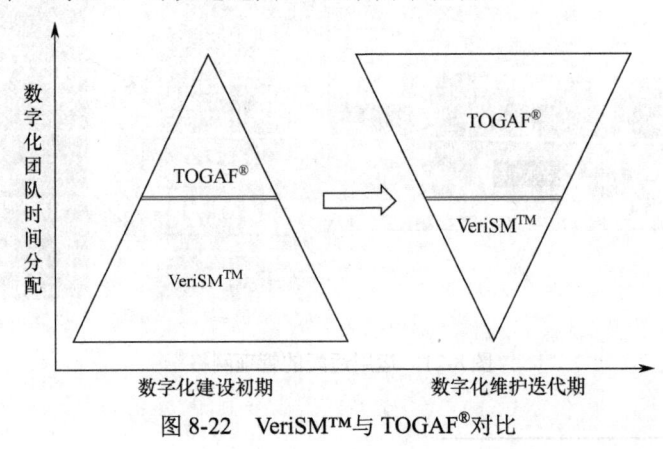

图 8-22 VeriSM™与 TOGAF®对比

VeriSM™更关注宏观大局和改善数字化环境，而 TOGAF®更关注具体的架构工作。在数字化建设初期,许多数字化的前提条件需要满足,需要关注的范围比较广,这时候更多运用 VeriSM™ 来布局,同时运用 TOGAF®关注架构蓝图和 4A 架构(业务架构、数据架构、应用架构和技术架构)。随着数字化建设的深入,企业变革环境已经趋于稳定和成熟,这时候更重要的是紧抓具体落地建设,需要更多运用 TOGAF®来规划和设计更为具体的 4A 架构,指导更加具体的数字化工作,但是同时也需要随时运用 VeriSM™关注大环境、变革机制、整体解决方案等方面。从 VeriSM™的视角看,TOGAF®位于其管理网格的"管理实践"范畴。TOGAF®有裁减方法的原则,主张与其他框架配合使用,当然也包括 VeriSM™。

所以,两者不是竞争关系,而是在阶段、层级、粗细等方面各有侧重,互相配合。

团体标准 T/AIITRE 10001—2020

团体标准 T/AIITRE 10001-2020 包括《数字化转型 参考架构》《数字化转型 价值效益参考模型》《数字化转型 新型能力体系建设指南》《数字化转型价值 效益参考模型》等。2022 年 10 月 14 日,国家市场监督管理总局(国家标准化管理委员会)发布 2022 年第 13 号中国国家标准公告,批准《信息化和工业化融合 数字化转型 价值效益参考模型》成为推荐标准(GB/T 23011—2022,简称《数字化转型 价值效益参考模型》)。其实是将《数字化转型 价值效益参考模型》从团体标准变成了国家推荐标准。

团体标准中的《数字化转型 参考架构》给出了数字化转型的系统方法和总体框架,如图 8-23 所示。

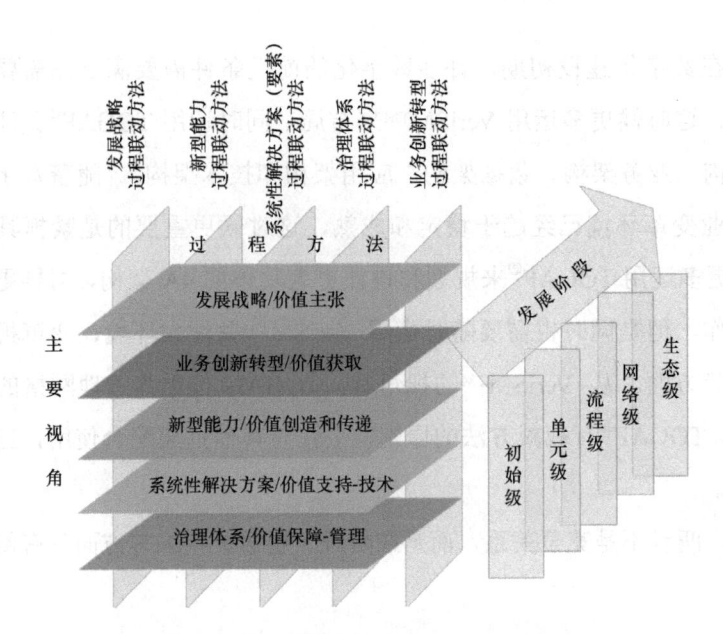

图 8-23　数字化转型的系统方法和总体框架

该总体框架包括 5 个视角、5 个过程方法和 5 个发展阶段。

5 个视角：给出数字化转型的任务体系，包括发展战略、业务创新转型、新型能力、系统性解决方案和治理体系。

5 个过程方法：提出数字化转型的方法体系，对应针对数字化转型的 5 个视角，分别给出其对应的过程联动方法机制，并构建相关方法机制之间的相互作用关系。包括：发展战略过程联动方法、新型能力过程联动方法、系统性解决方案（要素）过程联动方法、治理体系过程联动方法和业务创新转型过程联动方法。

5 个发展阶段：明确数字化转型的路径体系，并将数字化转型分为初始级、单元级、流程级、网络级和生态级发展阶段。

5 个视角

数字化转型系统方法和总体框架的 5 个视角及其关联关系如图 8-24 所示。

发展战略视角：提出价值主张。根据数字化转型的新形势、新趋势和新要求，提出新的价值主张。

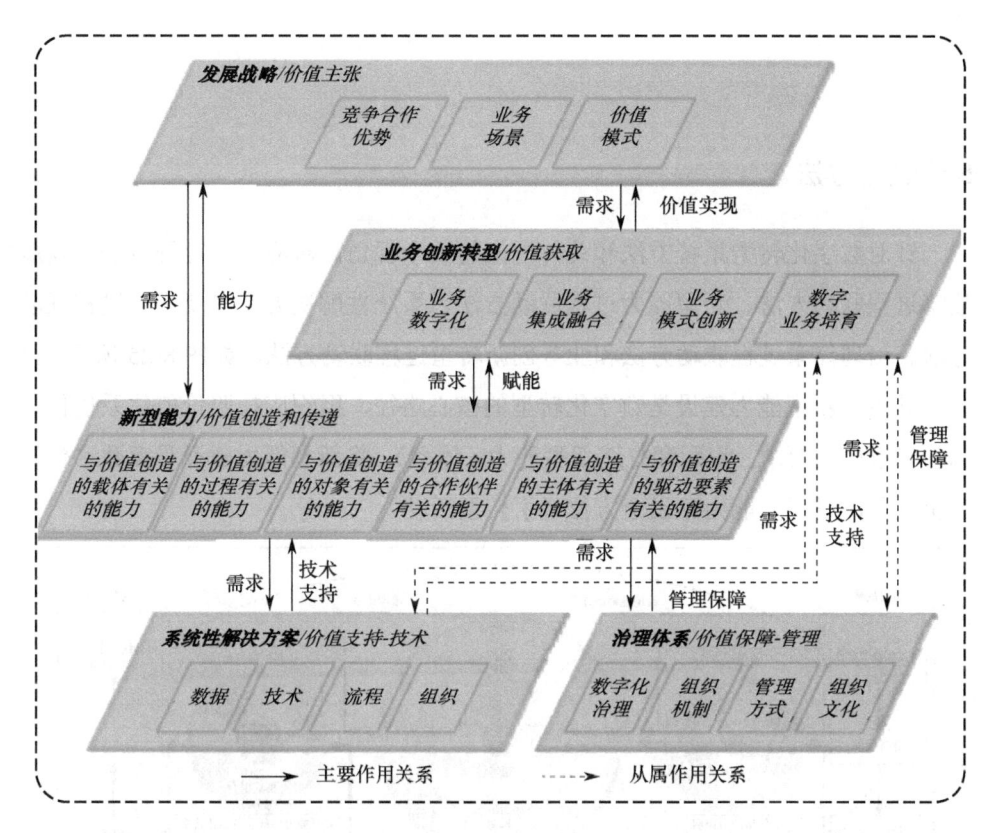

第8章 数字化业务运营系统需要系统方法

图 8-24 数字化转型系统方法和总体框架的 5 个视角及其关联关系[①]

新型能力视角：支持价值创造和传递。根据新的价值主张，打造支持价值创造和传递的新型能力（体系）。

系统性解决方案视角：创新价值支持的要素实现体系，形成支持新型能力打造、推动业务创新转型的系统性解决方案。

治理体系视角：变革价值保障的治理机制和管理模式，构建支持新型能力打造、推动业务创新转型的治理体系。

业务创新转型视角：根据新的价值主张，基于打造的新型能力（体系）、形成的系统性解决方案和构建的治理体系，形成支持最终价值获取的业务新模式和新业态。

许多企业在做数字化转型工作时，忽视与战略的对接，而战略恰恰是数字化的源头，非常值得重视。

---

① 源自《数字化转型：架构与方法》，周剑等著。

5 个过程方法

针对数字化转型系统方法和总体框架的 5 个视角，对应 5 个过程方法：发展战略过程联动方法、新型能力过程联动方法、系统性解决方案（要素）过程联动方法、治理体系过程联动方法和业务创新转型过程联动方法，如图 8-25 所示。

其中，新型能力建设是数字化转型的核心路径，组织应按照价值体系优化、创新和重构的要求，识别和打造新型能力（体系），将新型能力建设贯穿数字化转型全过程，以新型能力建设全方位牵引转型活动。

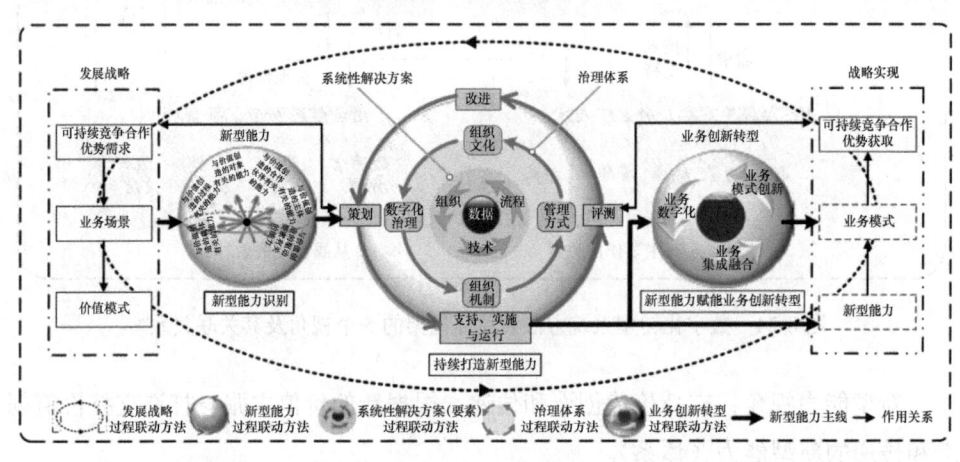

图 8-25 数字化转型参考架构总体框架的 5 个过程方法[①]

新型能力的建设通过能力单元建设，形成涵盖策划、支持、实施与运行、评测和改进等过程的管控机制，涵盖数据、技术[②]、流程、组织等四要素的系统性解决方案，包括数字化治理、组织机制、管理方式和组织文化等，如图 8-26 所示。

请注意，图 8-26 是图 8-25 中的一部分，展示了整个新型能力建设过程。其中，核心部分是最终落地的系统性解决方案，系统性解决方案是由数据和围绕数据的流程、组织、技术构成的。

[①] 源自《数字化转型：架构与方法》，周剑等著。
[②] 在 T/AIITRE 10001-2020 中，技术包括应用、IT 基础设施等。

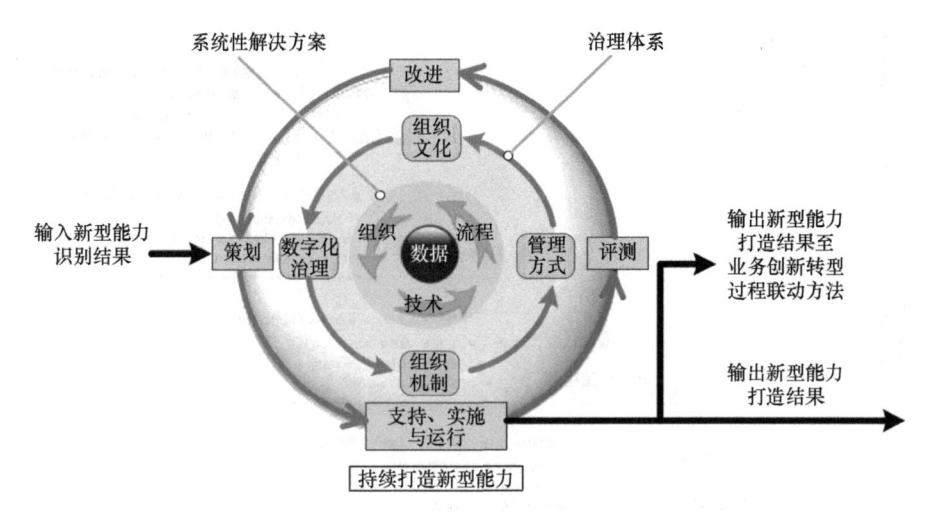

图 8-26　新型能力过程联动机制包含的主要过程[1]

5 个发展阶段

数据是数字化转型的关键驱动要素，不同发展阶段的组织在获取、开发和利用数据方面，总体呈现出由局部到全局、由内到外、由浅到深、由封闭到开放的趋势和特征。基于数据要素在不同发展阶段所发挥驱动作用的不同，数字化转型的发展战略、新型能力、系统性解决方案、治理体系、业务创新转型等方面，在不同发展阶段有不同的发展状态和特征。

在《数字化转型 新型能力体系建设指南》中，将数字化转型共分为 5 个发展阶段。该指南在 2020 年 9 月 18 日发布了一版，后来在 2021 年 8 月 30 日又发布了更新版，新版本对数字化转型的 5 个发展阶段做了较大变更。笔者结合多数标准中有关阶段或能力层次的定义习惯，仔细对比两个版本后，决定选用 2020 年老版本中关于数字化转型阶段的内容。老版本中的阶段划分更具层次性，感兴趣的读者可以自行对比这两个版本。

数字化转型的 5 级阶段如图 8-27 所示，各阶段总体特征如下[2]：

---

[1] 源自《数字化转型：架构与方法》。
[2] 整理自《数字化转型：架构与方法》。

数字化的极简逻辑与方法

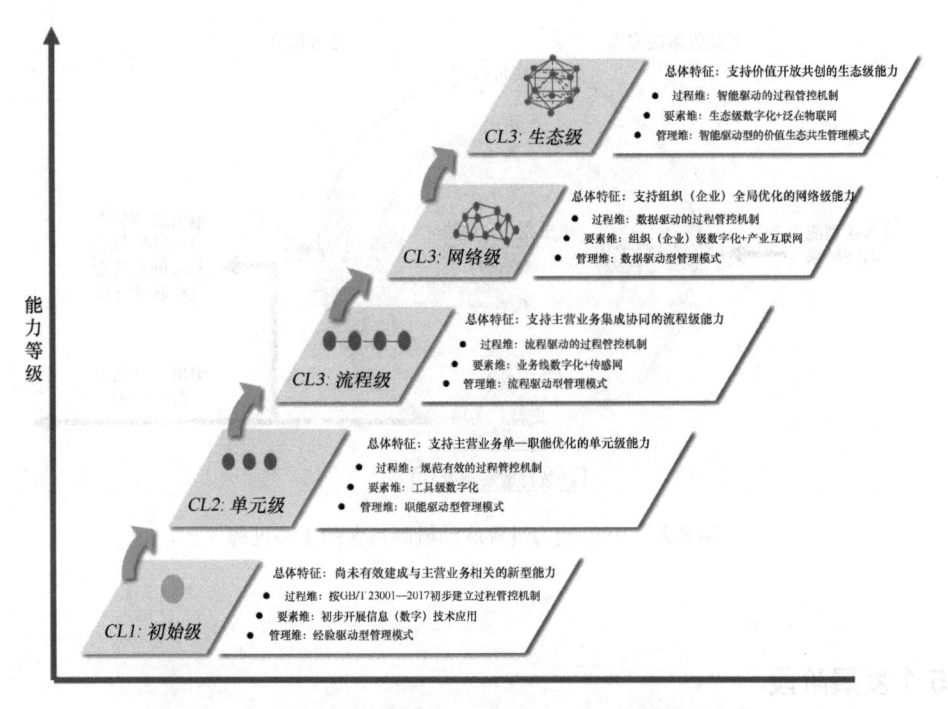

图 8-27 数字化转型的 5 个发展阶段及分级建设重点[①]

（1）初始级数字化阶段总体特征：新型能力的建设、运行和优化总体处于初始阶段，尚未有效建成与主营业务相关的新型能力。

（2）单元级数字化阶段总体特征：聚焦特定部门或业务环节，建成支持主营业务单一职能优化的单元级能力，能够规范有序开展职能驱动型的能力打造过程管理，通过能力建设、运行和优化主要达成效率提升、成本降低、质量提高等预期价值效益目标。

（3）流程级数字化阶段总体特征：聚焦跨部门或跨业务环节，建成支持主营业务集成协同的流程级能力，能够规范有效开展流程驱动型的能力打造过程管理，且支持过程管理动态优化，通过能力建设、运行和优化主要实现现有业务效率提升、成本降低、质量提高，并有效拓展延伸业务。

（4）网络级数字化阶段总体特征：聚焦组织全员、全要素和全过程，建成支持组织（企业）全局优化的网络级能力，能够按需开展数据驱动型的能力打造过程管理，通过能力建设、运行与优化，全面实现与产品／服务创新相关的新技术／

---
① 源自团体标准 T/AIITRE 10001—2020《数字化转型 新型能力体系建设指南》。

新产品培育、服务延伸与增值、主营业务增长等,并有效开展业态转变,培育发展数字业务。

(5)生态级数字化阶段总体特征:聚焦跨组织(企业)、生态合作伙伴、用户等,建成支持价值开放共创的生态级能力,能够自组织开展智能驱动型的能力打造过程管理,通过能力建设与运行,全面实现与业态转变相关的用户/生态合作伙伴连接与赋能、数字新业务、绿色可持续发展等价值效益目标。

简易的数字化方法:S-APAIP

S-APAIP 是笔者多年实践的一种简易的数字化系统方法,可以帮助基础非常薄弱的企业逐步建立起业务运营系统,并开展数字化工作。S-APAIP 与 TOGAF® 等主流架构方法不矛盾,而是配合使用,是一个非常轻量级的方法。S-APAIP 方法模型如图 8-28 所示。

S-APAIP 中的"S"代表战略引领;"A"代表系统方法;"P"代表流程治理;"A"代表企业管理资产库治理;"I"代表信息化/数字化;"P"代表项目管理。系统方法保障数字化转型过程是有顶层思维、宏观视角的;企业管理资产库治理保障数字化转型过程是迭代升级的,能在原有的成果之上开展;流程整理是所有管理变革项目绕不开的核心工作;数字化/信息化会涉及复杂的项目群建设;项目管理将提供相关质量保障。

S-APAIP 方法简要说明:

(1)主要包括:战略引领、系统方法、流程治理、企业管理资产库治理、数字化/信息化、项目管理 6 个组成部分。

(2)主要工作逻辑:以战略引领,以系统方法统筹,以流程治理和企业管理资产库治理为抓手,对商业模式相关的规则/标准/流程及相关主体的逻辑进行数字化建设,整个过程通过项目管理方式进行。

数字化的极简逻辑与方法

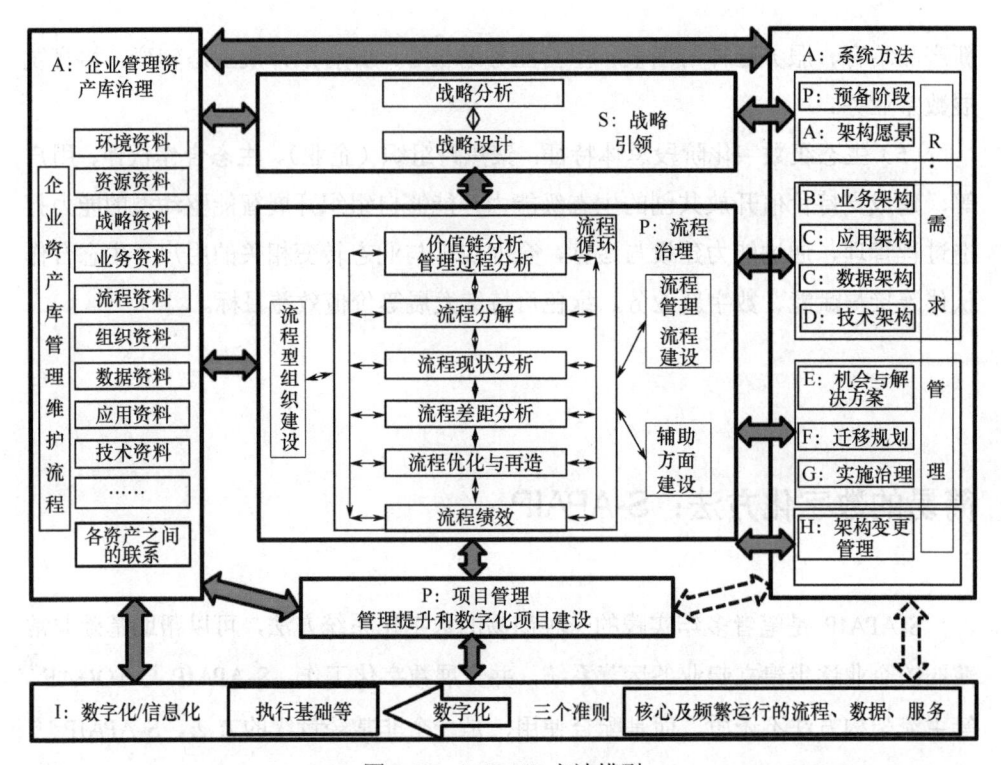

图 8-28 S-APAIP 方法模型

在数字化建设过程中，充分考虑数字化的逻辑及精益思想的运用，企业核心的竞争力来源于其核心的产品与服务，企业的改进是通过精益思想持续优化进行的，在这个过程中做好 PDCA-SDCA 的安排与互动。数字化既需要解决当下的重要痛点和问题（问题导向），又要从宏观的角度进行规划（战略引导）。

（3）图 8-28 中从上至下的战略引领、流程治理、项目管理 3 个部分是大部分企业习惯的、平时就在开展的工作。S-APAIP 建议以流程治理、企业管理资产库治理为抓手来进行规则/标准的梳理与建设，尽量使企业保持原有工作路径和习惯。不同的是，有了"系统方法""企业管理资产库治理"的保障，使得复杂的数字化工作过程变得有序。

（4）图 8-28 中的"系统方法"具体选择哪个框架或方法需要根据企业的实际情况进行适当裁剪（如 TOGAF®）。

（5）在开展原有战略引领、流程治理、项目管理 3 个部分的工作时，应基本与企业管理资产库保持同步与契合。这里的企业管理资产库除了传统意义上的固定资产、无形资产外，主要包括能为企业带来价值增值的业务和管理方面的规则/标准/流程及相关主体的描述。

（6）数字化建设的重点是建设好执行基础。

（7）企业有许多管理维度（如标准化、风控、质量等），建议这些维度的建设立足于流程，并通过流程来实现，再通过数字化提高效率。在企业中，流程是规则的主要表现形式。

（8）在开展流程工作的时候，其实就是在实施轻量级的业务架构工作，按需要梳理流程相关的数据架构，识别应用架构、IT架构。有些企业可能基础非常差，那就仅梳理所需的关键流程即可，先做流程线上化的工作，数据跨流程共享的工作可以在后续有条件时开展。

S：战略引领

战略管理包括战略分析、战略设计和战略实施等。在本模型中，将前两部分划入"战略引领"框中，是依照该模型专门设计的。从战略管理角度来看，图8-28中其他部分都属于战略实施范畴。

在企业进行战略分析、战略设计时，用系统方法将各领域看成一个整体，为相关工作提供关键信息和相应指导，比如该战略相关的业务模式能否实现，是否符合现有IT架构的策略，现有技术是否支持、代价是多少，相关建设工作的周期有多长等。

在企业进行战略管理时，可按照原来的方式进行，如邀请咨询公司开展管理咨询。不同的是，这个过程需要用到系统视野和思维。对于刚开始使用系统方法的企业，可能企业管理资产库中没有累积足够多的信息，但可以进行前瞻思考，也是很有用的。随着企业管理资产库中累积的信息逐渐增多，其发挥的作用就会越加明显。在战略管理工作执行过程中，应该按照系统方法的要求，相关干系人要适时参加相关决策，尽量采用同样的工具和表达方式进行讨论。

数字化的极简逻辑与方法

A：系统方法

企业可以按需选用 TOGAF®、卓越绩效模式、精益体系等。通过系统方法保障企业在开展数字化工作时，争取：

- 保持部分与整体的一致；
- 保持文化、规则与业务的一致；
- 保持业务、数据与 IT 系统的一致；
- 保持个体目标与系统总目标的一致；
- 保持环境、人性与更大的社会系统的一致；
- 保持近期（现在）、远期（未来）的一致。

P：流程治理

业务流程是数字化工作的重要抓手，如图 8-29 所示。

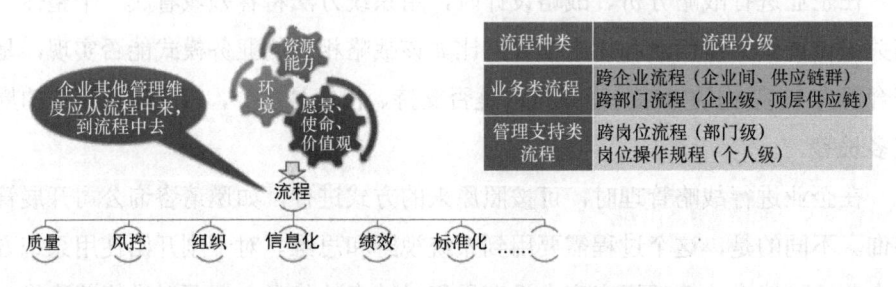

流程种类	流程分级
业务类流程	跨企业流程（企业间、供应链群） 跨部门流程（企业级、顶层供应链）
管理支持类流程	跨岗位流程（部门级） 岗位操作规程（个人级）

企业其他管理维度应从流程中来，到流程中去

资源能力 / 环境 / 愿景、使命、价值观 → 流程

质量　风控　组织　信息化　绩效　标准化　……

经营管理活动是由各种流程组成的，流程最终输出的是组织交付的产品或服务。

流程管理是提升管理能力的着眼点和有效抓手。

图 8-29　以流程治理为抓手

流程是企业内外部规则/标准的重要表达形式，流程治理是对业务逻辑、业务规则进行规范化管理。在数字化背景下，业务流程管理（BPM）、业务流程再造

— 152 —

（BPR）不仅没有过时，而且还是数字化工作的重要基础条件。

企业的愿景、企业所处的内外部环境、企业所能使用的资源等决定了企业的战略选择，而战略决定业务；业务分解后由各级流程来承载或实现，所以业务决定流程；组织为执行流程而生，流程决定组织；数据是流程执行时传递的对象；IT 能使流程运转更顺畅和高效，流程决定 IT。而且，企业的其他管理维度和手段都要"从流程中来，到流程中去"。"以流程为重心"的思想使得流程成为企业管理体系升级的中心和重心。

A：企业管理资产库治理

企业管理资产库治理是数字化工作的另一个重要抓手，如图 8-30 所示。

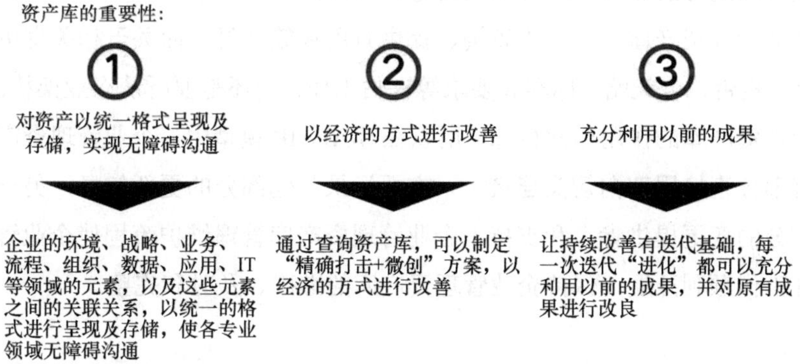

资产库的重要性：

① 对资产以统一格式呈现及存储，实现无障碍沟通
→ 企业的环境、战略、业务、流程、组织、数据、应用、IT 等领域的元素，以及这些元素之间的关联关系，以统一的格式进行呈现及存储，使各专业领域无障碍沟通

② 以经济的方式进行改善
→ 通过查询资产库，可以制定"精确打击+微创"方案，以经济的方式进行改善

③ 充分利用以前的成果
→ 让持续改善有迭代基础，每一次迭代"进化"都可以充分利用以前的成果，并对原有成果进行改良

图 8-30　以企业管理资产库治理为抓手

这里的资产是个广义的概念，不仅包括看得见的有形资产（IT 设备、生产设备等）和看不见的无形资产（软件、知识产权、土地所有权等）等传统意义上的资产，还包括环境、战略、业务、流程、组织、数据、应用、IT 等领域的管理资产，以及这些元素之间的关联关系等。简言之，只要能为企业带来增值效用的事物都可称为资产。

企业管理资产库本质上是企业架构中相关信息的另一个表现形式，其中存放资产描述、资产间关系等"结构化"后的信息。企业管理资产库可以帮助企业减少或消除重复项目、降低成本、提高可靠性、增加灵活性,将企业从一个繁杂的、职能部门各自为政的、低效的状态迁移到一个更加有序的、流程化的、高效的状态,深度挖掘业务流程和 IT 系统的潜力。企业管理资产库也是一个动态的事物,实际情况发生变化时要进行更新。企业架构决定企业管理资产库的内容,企业管理资产库为辅助企业架构的落地工作而生。

在企业数字化/信息化实践中,若有企业管理资产库的支持,相关工作将会变得简单、快捷而有效。例如,企业要对某项关键流程进行变更,通过企业管理资产库,可以很快地发现谁是流程所有者,流程是哪些部门执行的,流程运行在哪些应用系统的哪些功能模块中、跑了哪些数据、会对主数据带来哪些影响等。再比如,当产品编号长度不够用时,通过查询企业管理资产库,马上就会知道,该主数据被哪些应用系统引用了、相关数据表名字、在什么数据库中、数据库管理员是谁等。简单来说,有了企业管理资产库,企业可以很清楚地了解自己的家底,任何变化都能有的放矢,且可以帮助进行代价评估等。

企业管理资产库主要用于查询、提供有用决策信息。而关于相关变更是否要被执行,是否符合策略、标准和要求等评估工作,则还是要听从企业架构的指导。企业管理资产库的作用如此特殊,所以在 S-APAIP 模型中,企业管理资产库与其他所有部分直接用双向箭头连接。一方面记录其他部分的更新信息,另一方面为其他部分的变更提供参考和支持。企业管理资产库管理维护流程使企业管理资产库治理工作顺利开展,保持企业管理资产库的准确、及时和完整。

I:数字化/信息化

介绍几个曾经/现在炒得火热的、容易混淆的概念:

- 无纸化:单机、EXCEL……
- 信息化:多业务系统、计算机联网、人工输入和使用数据……
- 数字化:业务系统集成、设备联网、机器自动输入和使用数据、辅助决策……
- 智能化:机器自行发现规则(大数据、云计算、AI)、自行决策……

第8章 数字化业务运营系统需要系统方法

信息化→数字化→智能化，这在逻辑上是一个渐进升级的过程，不能直接跨越。每个时代有每个时代的新名词，但其逻辑、本质是一样的，都是可以帮助企业达成固化规则、突破时空限制、实现信息对称等目标的先进方法。

企业数字化建设是为实现企业战略服务的，而战略管理又分成战略分析、战略设计和战略实施，在战略实施中企业架构起着举足轻重的作用。

S-APAIP 模型中的"执行基础"在《企业架构即战略》中的定义是：使企业的核心能力自动化运行的 IT 设施及数字化流程。执行基础其实可以对应现在的数字平台，主要作用是使用 IT 手段落地企业架构。执行基础使企业在当前状态下高效运行，并为未来的快速变更打下基础。在执行基础中，IT 基础设施使核心中的流程数字化，使核心流程维持高效运转。执行基础有 3 个准则：弄清企业的运营模式、符合企业架构、参考 IT 模型，这 3 个准则是执行基础保持动态进化的保障。

通俗来说，企业架构是反映企业核心/本质的方法，可将企业的核心/本质描述出来，并按需对其进行治理，使其能快速响应环境变化。尽管企业类型各异，但表现好的企业都有一个相对稳定的核心，包括企业最核心的流程、数据、商业模式等。有些企业将这个核心进行数字化，以提高运转效率、保持更低的成本、提供更高质量服务，做到比竞争对手更有效率和更灵活地适应环境变化。企业很多时候变的只是"壳"（如流程重组、组织结构调整，甚至产品种类增减等），而其核心往往是相对稳定的。拥有稳定核心的企业，一般会将核心进行数字化（如中台），从而有能力做到运营高效，并在应对环境变化时"以不变应万变"。企业架构可以帮助企业拥有这个能力。

P：项目管理

企业数字化建设是系统工程，必须通过项目管理来有效开展项目建设，从而实现数字化落地，项目管理流程如图 8-31 所示。

数字化的极简逻辑与方法

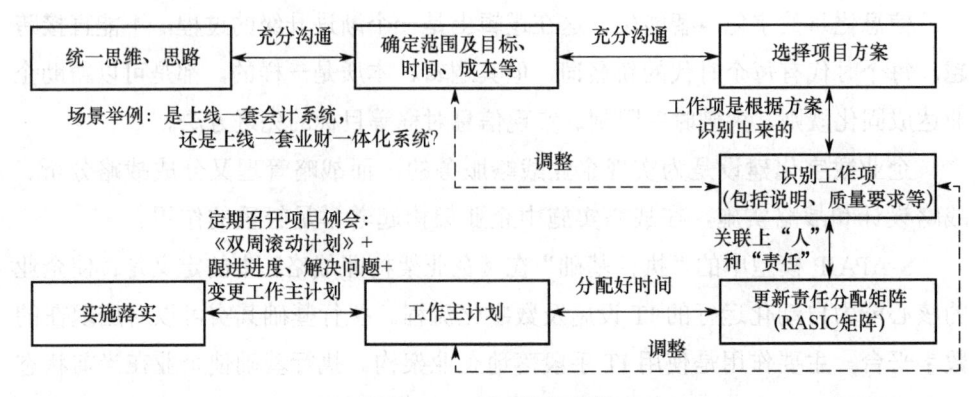

图 8-31 项目管理流程

项目管理包含在战略实施中，会关系到战略落地能否成功。依据数字化蓝图及规划，会识别出多个项目、项目集、项目组合等，并通过这些项目的实施最终实现企业战略的有序落地。

"磨刀不误砍柴工"，磨刀是砍柴这项工作中重要且必要的程序，不是可有可无的。同理，抓项目管理便是抓住了工作的"牛鼻子"，抓项目管理本身就是项目中至关重要的工作，不是可有可无或做做样子的。

项目经理与项目组成员和公司管理层进行广泛的、充分的，甚至是繁杂的沟通，拟定当前项目的范围和目标，以保障项目的可行性。项目经理组织项目团队（特别是要充分发挥项目专家的咨询作用），拟定项目方案。项目方案是充分基于项目的既定范围和目标，并考虑公司的现状拟定的，体现了项目组对项目的一致理解，以及项目执行落地的基本思路，是项目组集体智慧的结果。基于拟定的项目方案，识别出工作内容，细化成工作项，依据轻重缓急、先后勾稽关系再排序，挑选重要工作项作为里程碑节点，同时匹配上责任人和完成时间，即形成工作主计划，每周或按阶段性需要召开项目例会。根据工作主计划，总结上一阶段的工作，安排下一阶段的工作，制定《双周滚动计划》。同时，发现项目中需要解决的问题，组织和协调力量进行解决。必要时，需要组织变更工作主计划，甚至项目方案。

第8章 数字化业务运营系统需要系统方法

一切皆服务

一切业务皆能力，一切能力皆服务。企业的业务特征决定了其所需的能力，能力只有被内外部客户使用才能发挥价值增值的作用，而要被内外部客户使用，就有必要将直接被内外部客户使用到的能力服务化。

由图8-32可见，越是往上的服务个性越强、独占性越强、越不稳定、越复杂，而越是往下沉淀的基础能力通用性越好、共享性越强、越稳定、越简单。类比阿里的产品和服务，不管前台是淘宝、天猫还是聚划算，中台都是做订单处理，而订单处理能力则是由后台的更基础的财务、支付、物流等基础操作组装、拼接而成的。

系统 = 组件+组件之间的关系 + 治理

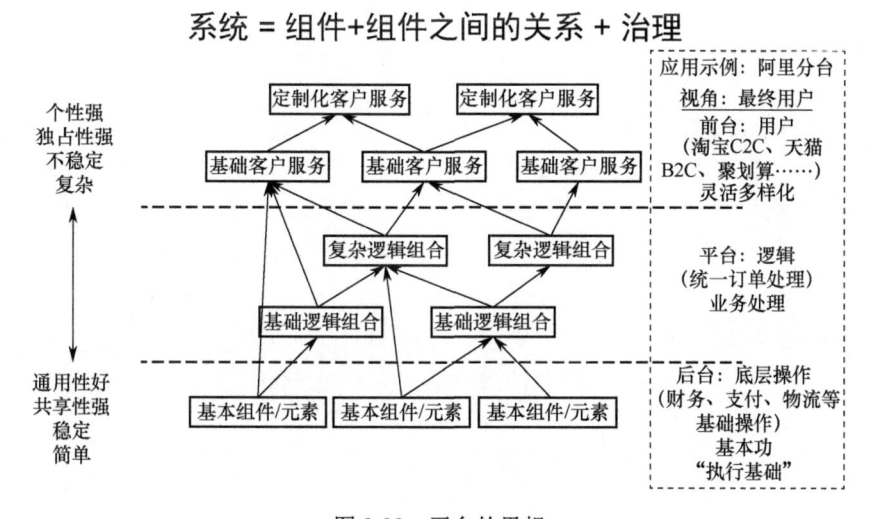

个性强
独占性强
不稳定
复杂

定制化客户服务　定制化客户服务

基础客户服务　基础客户服务　基础客户服务

复杂逻辑组合　复杂逻辑组合

基础逻辑组合　基础逻辑组合

通用性好
共享性强
稳定
简单

基本组件/元素　基本组件/元素　基本组件/元素

应用示例：阿里分台
视角：最终用户
前台：用户
（淘宝C2C、天猫B2C、聚划算……）
灵活多样化

平台：逻辑
（统一订单处理）
业务处理

后台：底层操作
（财务、支付、物流等基础操作）
基本功
"执行基础"

图8-32 平台的思想

平台的重要特征就是沉淀能力，以实现共享、复用。在平台中，稳态的能力下沉，敏态的能力上浮。借助系统方法，平台建设应基于对企业、行业、产业的理解，不断沉淀通用组件（合并同类项、去掉冗余），并且通过服务化方式让组件

数字化的极简逻辑与方法

可复用、易复用、多复用,提供敏捷服务并持续迭代,不断满足个性化的需求。通过能力的标准化、模块化、服务化与编排,表达标准化与个性化的辩证统一,用能力的确定性应对业务需求的不确定性。

在这个过程中,不要过于关注"复杂",而应重点关注"简单",所有复杂事物都是由简单组件依照一定规则,通过连接、堆叠而形成的。

第 9 章

业务架构：业务是基础

业务架构的定义

根据 LY-EA-DTM（见图 9-1），业务架构（Business Architecture，BA）是企业架构的基础，是数字化的基础，是数字化业务运营系统的基础。

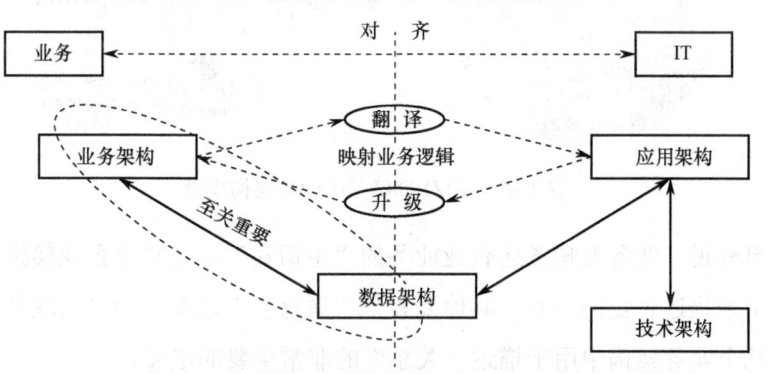

业务是基础，应用是镜像，数据是核心，技术是支撑

图 9-1　LY-EA-DTM

业务架构是企业治理结构、商业能力与价值流的正式蓝图。定义业务架构就是定义企业的治理结构、业务能力、业务流程、业务数据等，以及它们的交互关系。业务架构进行跨系统规划、重视跨系统需求[1]。

业务架构描述了企业战略、业务流程、组织、治理间的结构和交互关系。业

---

[1] 源自 OMG（Open Management Group）。

数字化的极简逻辑与方法

务架构的主要输入包括企业战略、愿景、业务模式等，而主要输出包括业务能力、业务流程、组织、资源、绩效、业务平台分析、属地分析、治理等[①]。

由图 9-2 可见，《BIZBOK》认为，业务架构分成内外两层，内层包括能力、组织、信息、价值流，外层包括战略、产品、相关方、策略、举措、指标。所有的要素围绕能力，组织是用来承载和培育能力、进行能力建设以及能力输出；能力会变更信息（主、宾语的描述、状态信息，谓语的记录信息，以及配置信息等）；能力使能价值流，实现端到端的价值增值；战略、策略、产品、举措等决定了企业需要什么样的能力。这里的能力其实就是企业架构等式（企业架构=组件+组件之间的关系+原则和指南）里面的组件间关系的一个别称。国内知名业务架构与流程优化专家博阳精讯[②]，认为业务架构由 26 个相互关联的管理要素构成。

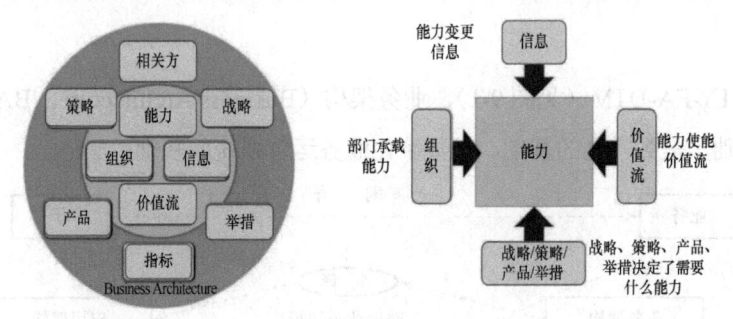

图 9-2 《BIZBOK》[③]的业务架构模型

简单来说，业务架构描述企业业务的"主谓宾"，是整个企业架构的基础，主要是用来描述企业的关系，其他要素是"原材料"及配套的"关联产品"。下面介绍几个业务架构中用于描述"关系"的非常重要的定义。

价值流：一组为内外部客户创造结果的端到端增值活动的集合，能够创造一个有价值增值的结果。企业的价值来源于其商业模式的设计，以客户视角来描述创造价值的方式和过程。价值流由价值流阶段组成。

业务能力：即"做某事的能力"，企业拥有或从外部获取的，达成特定业务

[①] 源自 IBM 的定义。
[②] 如博阳精讯（www.ebpm.com.cn）。
[③] 《BIZBOK》，全称 A Guide to the Business Architecture Body of Knowledge，由 Business Architecture Guild 编制。

— 160 —

目的或结果的能力。业务能力有明确的边界，模块化是其基本属性。

业务场景：由于某些业务复杂，同一业务可能存在不同的场景，比如同样是采购业务，有行政采购、生产采购、工程采购等不同的场景。由于同属一类业务，这些业务流程中的活动有大部分可能是相同的，有一部分可能是相似的，仅有一小部分是有差异的。

业务流程：用于承载价值流和业务能力。业务流程是一套规范业务运作的规则和机制，是业务运营系统的重要组成部分，是"增强土地肥力、多打粮食"的关键，数字化建设带来的业务模式重构的成果需要内化到业务运营系统中。华为把流程分为 3 个大类：运营流程、使能流程和支撑流程。其中，运营流程也叫价值创造流程，包括集成产品开发（IPD）、从市场到线索（MTL）、从线索到回款（LTC）、从问题到解决（ITR），运营流程是属于客户体系的流程，端到端地定义对客户的价值交付所需的业务活动，并向其他流程提出需求；使能流程的作用是响应运营流程的需求，支撑运营流程的价值实现，包括战略、交付、供应、采购等，它能够强化价值创造的效果；支撑流程属于平台类、基础性的流程，使整个公司能够持续高效、低风险运作，包括人力资源、财经等，支撑流程提供的是企业的公共服务，这也是企业不可或缺的基本能力。为了简单，本书将所有的流程统称为业务流程。

本章将围绕业务能力介绍清楚价值流、业务流程及其二者之间的关系，关于组织、信息和其他要素不是本章重点，不做具体展开。

从价值流到业务流程的蜕变

价值流、业务能力与业务流程之间的关系

价值流是在宏观、高阶、整体上描述业务，而业务流程则是将价值流具体落

到可执行层面。可以说价值流是业务流程的抽象，业务流程是价值流的实例化。在将商业模式转化为运营模式时，价值流需要转化为端到端的业务流程。

价值流、业务流程"主战"，产生价值增值，对结果负责，可调用业务能力并对业务能力提出建设要求，通过业务场景识别沉淀业务能力；业务能力"主建"，针对不同价值流场景提供模块化、标准化的能力供价值流、业务流程调用。

价值流、业务流程通过业务能力灵活编排满足"连续性、流畅性、个性化"的要求，而业务能力不断沉淀和收敛，逐步满足"标准化、模块化、稳定性"的要求，从而实现用能力的确定性应对业务需求的不确定性。

价值流→业务能力→业务流程

许多企业构建了流程体系，可是流程工作却越做越繁重，流程框架、流程清单越来越层次不清、盘根错节、烦冗复杂，存在大量重复建设和无用建设的情况，逐渐陷入混乱。大多数原因是企业的内部单位直接根据对业务的理解编制业务流程，而忽视了整体性。好的流程工作应该先从整体的价值流入手，将业务能力用模块化的方式识别出来，然后通过业务能力编排流程。这样设计出来的业务流程同时兼备"连续性、流畅性、个性化""标准化、模块化、稳定性"等特征，而且流程框架、流程清单层次清晰、简约有序，大大方便了流程体系的日常维护管理。

这个过程的简单表述就是"价值流→业务能力→业务流程"，"→"表示从箭头左端到箭头右端的转化与映射，这个转化关系和过程可以简单地通过图 9-3 来进行说明（该图仅为了说明逻辑，与实际情况会有差异）。

依照图 9-3 从上至下进行梳理：

（1）识别价值流：价值流是高阶的抽象流程，往往通过价值链进行分析识别。

（2）识别价值流阶段：价值流由价值流阶段组成。在一个价值流中，会涉及

第 9 章 业务架构：业务是基础

多个价值流阶段，价值流阶段还可以继续拆分成更下一层的价值流阶段。

（3）识别业务能力：沿着价值流阶段识别业务场景。如"投标"这个价值流阶段有 3 种场景："公开招标""议标""竞争性谈判"。这一步非常重要，实现从"流"到"模块"（即从业务流到业务能力）的分解、收敛（合并同类项）等。在这个分析梳理过程中，重点是要把业务能力识别出来。

（4）拼装业务流程：通过识别出来的业务能力"编排""拼装""重组"成具体的业务流程，完成从"模块"到"流"（即从业务能力到价值流）的闭环迭代。

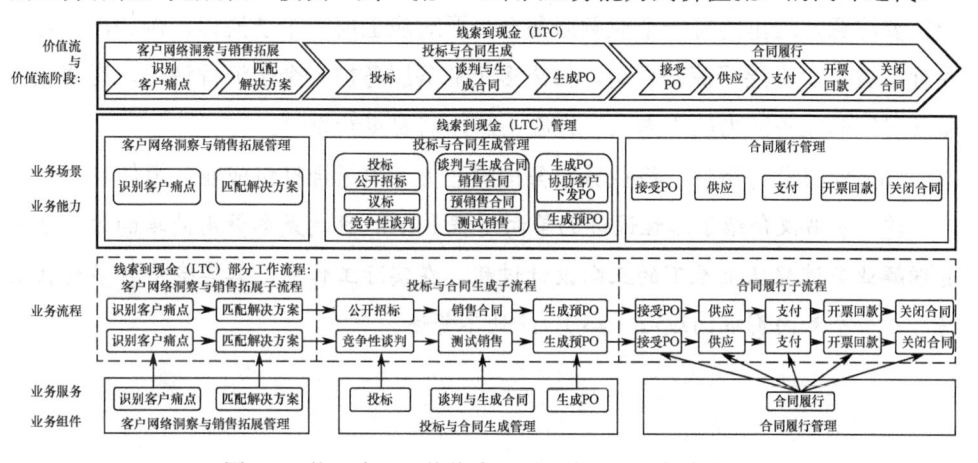

图 9-3 从"流"（价值流）到"流"（业务流程）

图 9-3 就是"价值流→业务能力→业务流程"的过程，也是从价值流到业务流程的转化与映射。

在图 9-3 中，共识别出 10 个价值流阶段，共 15 项（1+1+3+3+2+1+1+1+1+1=15）业务能力，若依照排列组合，通过业务能力模块编排业务流程的话，理论上会有 18 条（1×1×3×3×2×1×1×1×1×1=18）业务流程，在当前业务场景下可以做到穷尽业务流程（即线索到现金这个价值流可以有 18 条具体的业务流程）的情况，但实际情况肯定是低于 18 条的。这些梳理出来的流程，其子流程只有 15 个（对应 15 个业务能力），而不是 180 个子流程（18 条×10 个阶段）的个数，因为子流程（对应业务能力）很多是可以复用的。

这 15 个子流程是相对稳定的，却可以通过编排形成千变万化的业务流程（18 条）。这就是"标准化与个性化的辩证统一""用能力的确定性应对业务需求的不确定性"。越是复杂的业务场景，越要做好业务能力模块化、标准化的工作，这样可以优化企业流程清单与业务服务，管理起来也比较简单，最大的好处在于做流程变更的时候，能够减少冗余操作。例如，"识别客户痛点"这个子流程需要变化，只要动这一个子流程即可，而不需要将其他业务流程全部升级。

（5）识别业务服务：指业务能力以交付件的方式为内外部客户提供服务，实际上并不需要将所有的业务能力识别成业务服务，而主要将需要被内外部客户直接访问的业务能力识别成业务服务，使之服务化，以具备标准接口，方便被调用。一定要注意，这里的每一个业务服务至少要对应上层一个子流程，例如，"合同履行"被4个上层子流程调用。如果多个业务服务被一个子流程调用，说明业务服务对应的业务能力的"内聚"程度不高，需要重新设计。

（6）定义业务组件：将业务服务按照业务逻辑组合打包成业务组件。

注：本书仅介绍了流程设计的单向过程（→），目的是尽量用简单的方式让读者理解业务流程从上至下的正向设计过程，在实际工作中，其实会有许多迭代反馈，是一个双向影响的过程（↔），此处不赘述。

流程梳理 Y 模型

从"价值流"到"业务流程"的过程中，运用了一个非常棒的工具辅助进行业务流程的设计，那就是流程梳理 Y 模型，如图 9-4 所示。

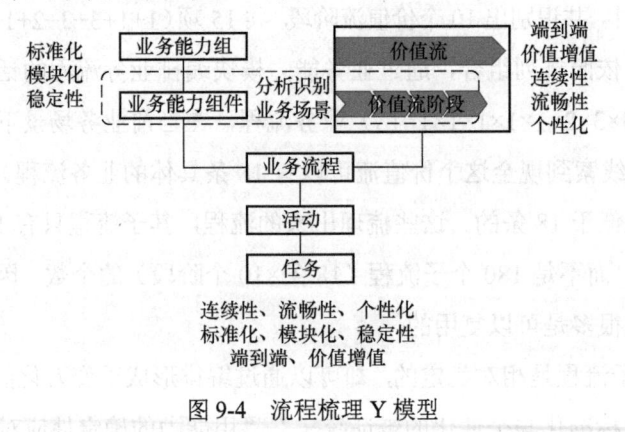

图 9-4　流程梳理 Y 模型

图 9-4 中左上角是业务能力部分,右上角是价值流部分,最终两者都在业务流程上达成一致。上文介绍过,价值流、业务能力、业务流程等其实都是从不同的维度描述"关系",本质上都是"谓语"和"动词",是从不同的角度描述业务动作。

业务能力主要负责标准化、模块化、稳定性等,通常表达为"职能流程";价值流主要负责端到端、连续性、流畅性、个性化、价值增值等,通常通过"端到端流程"来实现。Y 模型的工作原理就是依照价值流的要求,将标准化的业务能力组装成具体干活的业务流程,使得端到端的业务流程同时满足端到端、标准化、模块化、稳定性、连续性、流畅性、个性化、价值增值等要求。

在图 9-3 的"流程"层中,展示了 18 条业务流程中的 2 条。实际上,业务流程的设计过程是依照对应的价值流的样式/模板,通过已梳理的业务能力组装/编排业务流程的过程。其中,

- 每条端到端业务流程由 10 个子流程组成,跟价值流的 10 个价值流阶段对应。
- 每个子流程其实就对应一个已梳理出来的业务能力。不会在设计流程时再单独创建新的子流程或业务能力,若确实需要创造新的元素,也要纳入重新识别新的业务能力的范畴。
- 每条流程都会对应一个 LTC 的端到端价值流。

矩阵式结构中的部门管理与项目管理

矩阵式结构

通过 Y 模型,我们也可以引申到部门与端到端业务流程之间的关系,如图 9-5 所示。

数字化的极简逻辑与方法

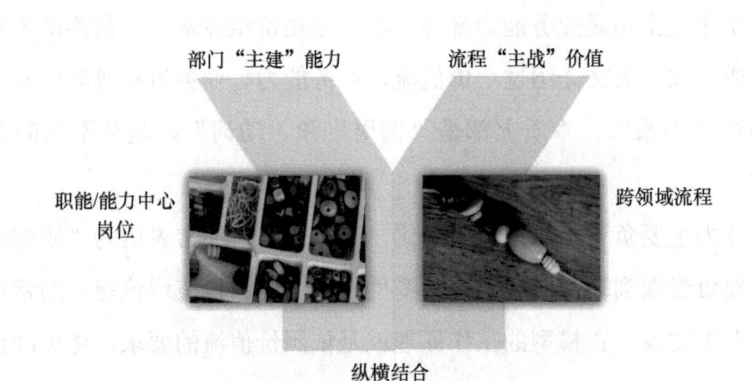

图 9-5　部门与端到端业务流程之间的关系

部门"主建"业务能力：部门是业务能力的载体，职责是培养、建设、储备和交付业务能力。

流程"主战"业务价值：端到端流程编排将各部门的能力组织起来，流程执行交付和实现价值。流程对端到端价值增值的结果负责。

需要注意的是，业务流程与业务能力解耦，就是业务流程与部门解耦的前提，执行业务流程各节点的是角色，而将角色分配到具体岗位上，通过角色与岗位的映射配置实现业务流程与部门的解耦，这样可以实现业务流程与组织机构的各自灵活变更，而不需要捆绑在一起。同时，业务流程与能力解耦，在组织上也就是一线与机关解耦。业务流程归一线负责，一线通常是指直接面对客户执行业务的项目组或专职交付团队、部门等；能力建设归中后台机关管理部门负责。简单来说，就是"一线主战，机关主建"。

引入 Y 模型的企业，不管是在流程设计或业务执行过程中，都会通过矩阵式的项目组织结构来开展工作，项目组成员来自各部门。矩阵式组织涉及两方面的管理：项目管理和部门管理。关于矩阵式组织的定义、优缺点等相信大部分参与管理和数字化建设工作的读者都比较熟悉，此处不再赘述。

如何做好项目经理

公司通常把运营系统升级和数字化工作通过项目的方式来落地，项目经理的角色至关重要。

第9章 业务架构：业务是基础

项目经理是项目的行动负责人，领导着一个跨单位团队，进行业务攻坚，或进行开创性的、卓越的运营系统升级工作。这要求项目经理对项目方案能做到胸有成竹，对项目中遇到的困难，要主动带领团队勇敢地往前冲，通过直面这些困难，把沉淀在泥巴里的、根深蒂固的问题呈现出来，利用团队和公司的正能量解决好。

那么项目经理应该具体做好哪些工作呢？

1）组织确定项目范围和目标

项目是通过公司现有的问题被识别和定义的，这些问题往往具有全局特征。要解决好这些问题需要分阶段地付出努力，很难一步到位、一蹴而就。这时候需要项目经理与项目组成员和公司管理层进行广泛的、充分的，甚至是繁杂的沟通，拟定当前项目的范围和目标，以保障项目的可行性。

2）组织拟定项目方案

组织项目团队（特别是要充分发挥项目总监、专家的咨询作用），拟定项目方案。项目方案是充分基于项目的既定范围和目标，并考虑公司的现状拟定的，体现了项目组对项目的根本理解，以及项目执行落地的基本思路，是项目组集体智慧的结果。

项目经理要弄懂并理解项目方案（这是最基本的要求），并能发现和沟通项目方案中存在的纰漏，组织团队反复沟通、论证，修正项目方案。

如果项目经理懒得去组织拟定项目方案，或者懒得去弄懂团队做出的方案，也不去思考方案中可能存在的问题，简单来说就是"不合格、不在位"。建议尽早让出项目经理的位置，让愿意承担这份责任的人来负责。

3）组织制定项目计划

"磨刀不误砍柴工"，磨刀是砍柴这项工作中重要且必要的程序，不是可有可无的。同理，抓计划便是抓住了工作的"牛鼻子"，计划本身就是项目中至关重要的工作，不是可有可无或做做样子的。

基于拟定的项目方案，识别出工作内容，细化成工作项，依据轻重缓急、先

数字化的极简逻辑与方法

后勾稽关系再排序，挑选重要工作项作为里程碑节点，再结合 RASIC[①]匹配上责任人和完成时间，即形成项目计划。

通过项目计划，才可能将拟定的方案逐步变成现实。同时，项目计划是跨单位、跨专业人员组成的项目团队用来统一沟通、统一行动的指挥棒。如此，项目经理才可以履行好项目的行动组织工作。

4）组织和驱动项目开展

组织项目组根据项目主计划的安排，找出当前阶段的工作项，必要时进行细化，分配给具体的项目组成员并协商好具体完成时间。项目经理要随时了解和掌握项目执行情况，并且一定要组织项目组对项目进展情况进行充分沟通，保障项目信息的一致性和完整性。

周期性按需要召开项目滚动例会，结合项目主计划，总结上一阶段的工作，安排下一阶段的工作，撰写项目简讯和项目滚动计划。同时，发现项目中需要解决的问题，组织和协调力量进行解决。必要时，需要组织变更项目主计划，甚至项目方案。

5）组织做好沟通和问题解决

（1）项目组内部沟通。

上文讲过沟通是组织和驱动项目工作的手段，应按需要召开项目例会，必要时临时发起会议。

项目经理一定要在实践中学会做合格、优秀的"主持人"，要控制会议的方向和进程，让项目组聚焦于具体的问题上。

（2）与 PMO 沟通。

周期性向 PMO 提交项目报告，在报告中总结项目进度、进展，以及需要 PMO 或经营班子协调解决的问题。

[①] R：负责。工作事项执行的组织者；有且只有 1 个；是负责组织工作开展的人。被赋予 R 权限的人称作"负责人"，俗称"拎事者"。A：审批。对待定事项做决策的人；只有 0 或 1 个；R 主动将方案呈递给 A。S：支持。工作事项的主要完成者，或相关内容的主要贡献者；可以有 N 个；由 R 组织 S 干活。被赋予 S 权限的人称作"干活者"或"内容贡献者"。R 往往也是 S；S 绝对不是"打酱油"的。I：被知会。被赋予 I 权限的人是需要做信息对称的人；可以有 0～N 个；由 R 主动发起，将相关信息知会给 I。C：被咨询。被赋予 C 权限的人是掌握关键信息或能提供有价值建议的人；可以有 0～N 个；由 R 主动发起，向 C 请教。请注意，不同组织关于 RASIC 有不同解读，这里并不是唯一解释。

(3) 与经营班子沟通。

当项目面临比较大的困难或问题时，这时候问题会被 PMO 提交到经营班子层面，项目经理应以项目简讯的方式进行问题说明，寻求帮助。

项目经理一定要避免有问题不说，或者在会上当面不说的情况。公司建立的项目管理机制就是通过规范化的渠道和方式呈现问题、解决问题，以其他的沟通渠道作为补充。当问题通过标准化的表达方式被客观、完整地呈现出来，当事人一起来分析和梳理问题，问题往往也不是问题了。

做好了上述几点也就基本上能成为一个合格的项目经理，这个过程一定不会一帆风顺。因为项目基本上是沿着横向价值链展开的，这里面需要付出许多沟通的努力和创新的智慧。许多问题需要项目经理自己往前冲，自己想办法来解决。"贴身肉搏的实战是最好的老师和获取心得体验的渠道"，项目本身就是最好的学习机会和最好的老师，若能充分利用项目机会提升自我，项目经理的管理能力和业务能力都会飞速提升。合格的项目经理一定是公司发展过程中刻意培养的，而在数字化工作中最需要这样的栋梁之材。

如何做好部门经理

部门经理是公司的中层管理者。

上文介绍过，中层管理者既要实现当前分配到的业务目标，解决当下出现的紧急业务问题，又要做好系统建设，思考如何让反复出现的问题不再出现，因此中层管理者是"一纵一横"（能力与业务）的关键落地力量。

不管是职能部门的经理还是业务部门的经理，都会面临本部门能力建设（纵向）和业务目标实现（横向）的现实情况，同时在公司升级业务运营系统或数字化时，需要"分兵"支持公司级的横向项目建设。

部门经理应该具体做好哪些工作呢？

确保业务目标达成

做好预算，制订好计划，合理安排工作，激发团队……

想尽一切办法，完成年度业务目标。这是部门经理的首要工作任务，部门经理应该扮演 R（行动第一责任人）的角色，要时刻将业务目标放在心头，且身先士卒为了业务目标冲锋陷阵。

做好本部门能力建设

依照本部门的职责说明书，做好相应的能力建设。其实就是开展本部门的管理升级工作，使用"规范化""标准化""模块化"等方法，让本部门的能力能够便捷、高效、低成本地被其他部门所使用。

这是部门经理的重要工作内容，但是不必每件事情都自己去做，不然一定会跟业务目标相关工作争用自己的时间和精力。部门经理在这类工作上建议扮演 A（审批者）、C（被咨询者）、I（被知会者）的角色，将具体的管理升级工作安排给当事负责人去执行。

支持公司做好项目建设

原则上，部门资源向项目组倾斜，项目组成员在所在部门的工作内容由其他人承担一部分或全部承担；其他人承担不了的，部门经理承担；部门经理承担不了的，报 PMO 或经营班子想办法协调解决。当然，公司要有相应的考核激励机制，避免让部门经理两头为难。

CBM 建模方法

本章前面部分介绍了"价值流→业务能力→业务流程"的过程，在这个过程中业务能力的识别十分关键，业务能力是整个业务架构的核心。业界通常通过 CBM（Component Business Model）建模方法来梳理和表示整个企业的业务能力，CBM 建模方法是由 IBM 发明的，用于识别、整理业务组件，交付物主要是业务组件模型（CBM）。业务组件模型也称业务能力模型。

第9章 业务架构：业务是基础

业务组件化就是把企业的产品、销售、采购、生产、财务等业务能力转变为业务模块，即业务组件。CBM 建模方法在一张图上直观地显示出企业的业务蓝图（CBM），通过将企业的业务能力组件化的方式对能力进行的重新定义和组合。

CBM 不仅是企业高层次的描述，而且是一个内容丰富的业务模型设计工具。它采用了一个全新的视角——组件化的方式对企业业务进行分析和设计。把 CBM 制作出来的方法就是 CBM 建模方法。笔者推荐通过图 9-6 中的过程来构建企业的业务组件模型。

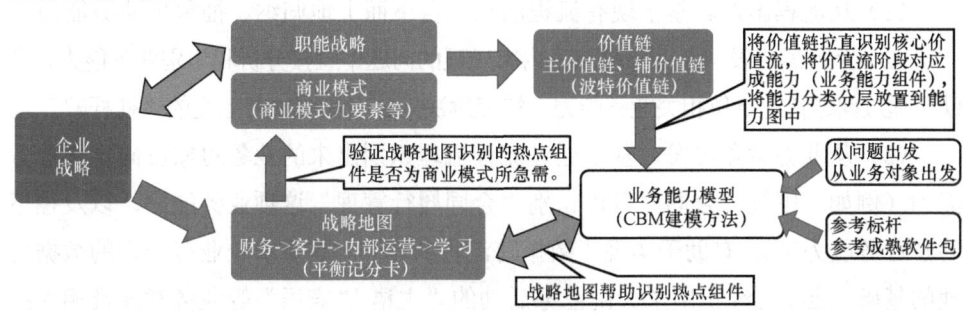

图 9-6 CBM 建模方法

由图 9-6 可见，CBM 建模方法从企业战略梳理出发，继而梳理职能战略，通过商业模式九要素[①]设计商业模式，将其中的关键过程对照波特价值链模型绘制端到端的价值链，识别核心价值流，梳理业务能力模型，对照战略地图进行迭代验证。

关于企业战略、职能战略、商业模式、波特价值链、战略地图、平衡计分卡等知识点，有需要的读者可自行查阅资料，了解起来并不困难。

业务架构的核心重点是要把业务能力识别出来，通常有 3 种方法。

自上而下

基于价值流自上而下地分析和识别业务能力。通过价值流各阶段，结合业务场景，梳理识别相关业务能力。自上而下是初次构建企业业务组件模型时用得比

[①] 源自《商业模式新生代》，九要素包括：价值主张、客户细分、渠道、客户关系、核心资源、关键业务、重要合作、收入来源、成本结构。

较多的方式。通常以企业战略作为出发点，进而设计或了解已有的职能战略和商业模式，将商业模式描绘成价值链模型，识别主辅价值链。这样梳理出来的业务能力，与价值流阶段的对应关系也比较直观易懂。

自下而上

（1）从流程出发。基于现有流程活动，自下而上地归纳、抽象出业务能力。

（2）从问题出发。从业务痛点、内审发现的问题中直接分析和识别业务能力，有助于通过问题快速定位相关业务能力，快速解决问题（参照本书上文的"杠杆解"）。

（3）从业务对象出发。基于通过流程梳理识别出来的业务对象反向定义业务能力（例如，围绕"合同"可以识别"合同履行管理"这项业务能力，以及往下的子业务能力等），有助于实现"数据跨流程共享"。这要求企业有一定的数据管理的基础，至少已经识别了关键业务活动的"主语""宾语"等业务对象及相应的主数据。

自下而上的方式相对更加经济，通常是在已有的业务组件模型的基础上开展工作。

参考第三方

（1）参考标杆。借鉴业界标杆的实践经验，以及参考模型（例如，PACE、SCOR、eTom 等），对业务能力进行识别或校验。

（2）参考成熟的软件包。成熟的软件包通常有特定领域的业务管理逻辑及相关业务能力，通过这种方式可以省时省力，而且便于业务与应用之间的"镜像"工作，尽量使用标准化软件包中的能力，以减少软件包上线时候的二次开发，以及方便未来的软件版本升级。

上述 3 种方法通常结合使用，相互之间不会冲突干扰，但可以相互补充、交叉验证等。

第 9 章 业务架构：业务是基础

业务组件模型

业务组件模型（CBM）是组件化的业务模型，主要通过业务能力模型图来表达，使企业管理层能够在同一层面上进行业务决策。每个业务组件（Business Component）有自己的边界，提供特定的业务服务，也使用其他业务组件的服务。业务组件拥有自己的资源、人力、技术和能力去为企业创造价值。业务组件模型是企业业务的"一页纸"快照，代表了企业运行其业务所拥有的全部能力。单项业务能力通常通过一系列业务流程促成或交付，对应于承载价值流的端到端的业务流程。

业务组件

业务组件的定义

业务组件是业务组件模型的原材料，可以比喻为建立企业业务的积木或者部件。一般的企业根据业务的复杂程度，会有100～200个业务组件，涵盖企业所有的业务能力。

CBM就是用一页纸呈现企业所有的业务组件。对每一个业务组件进行定义，这也是非常好的统一顶层业务术语的过程。在构建CBM的过程中，有两个基本原则需要遵从：

- MECE：即相互独立，完全穷尽（Mutually Exclusively, Collectively Exhaustive）。业务组件覆盖范围不能重叠，所有区域必须有业务组件覆盖。
- 高内聚、松耦合原则：内部高度专业化、标准化、模块化；外部通过接口尽量解耦，以方便集成。这是为了满足未来业务流程的灵活性和个性化。

企业所有的业务活动必须而且只能归属于某一个组件。如果其他组件也需要相似的服务，只能通过标准的调用方式来使用，而不能重新再定义重复的业务组件，这种调用就成了一个业务服务。

每个业务组件都有自己的业务目标、一系列紧密关联的业务活动、人力、技术、财务等资源、管理的方法以及能够向外提供的服务。业务组件能够独立地进行运作，既可以由企业内部完成也可以外包。图 9-7 详细地说明了业务组件内部的各个组成部分。

业务组件定义模板可以在 CBM 的基础上，详细描述组件的价值、活动、资源、考核、IT 支持等信息。由于业务组件是企业架构设计中的基础性工作，清晰的定义会给后续的流程、组织、分布模式、IT 系统等的设计工作打下坚实的基础。表 9-1 是一个业务组件定义模板示例。

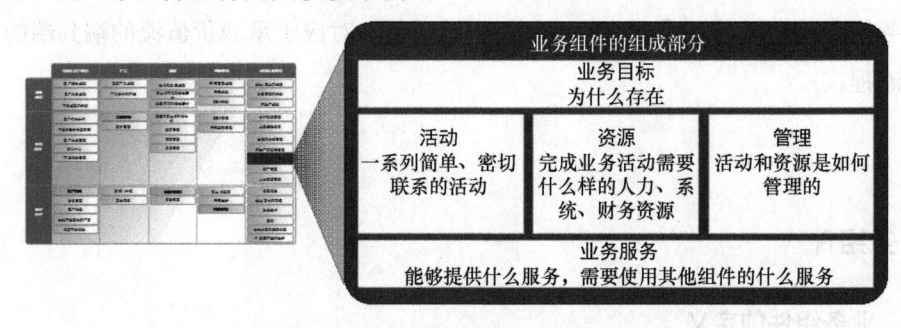

图 9-7 业务组件内部的各个组成部分

表 9-1 业务组件定义模板

业 务 价 值		主要考核 KPI 指标
在企业中创造的价值……		KPI 1、KPI 2……
业务活动	资源和成本预测	业务平台
业务活动……	1～3 年资源计划…… 1～3 年成本预测……	业务平台的原则…… 是否为业务平台
服务	IT 应用	IT 基础设施
组件提供的服务、组件需要的服务	应用系统 1、应用系统 2……	服务器、网络、数据库……

业务组件的特点

业务组件是独立的业务模块，在企业系统中承担特定的职责。组件可以由企业自己完成或者由合作伙伴完成。企业组件化的过程也是内部和外部专业化的过程，企业可以通过"能力组件化、组件服务化"建立价值网络，重复利用内外部

第9章 业务架构：业务是基础

资源来提升自己的竞争力。

基于"高内聚、松耦合"原则构建出来的业务组件，其内部各个活动之间是紧密关联的，而与其他组件的关联程度较低。组件是可以独立运作的，这使得专业化分工和外包成为可能。业务组件的输入和输出都高度标准化。组件不能够直接使用其他组件内部的活动或者资源，只能根据组件之间的标准接口提出服务请求而获得所需的服务。业务组件一般都拥有自己的资源，在完成特定活动而提供价值的同时也会消耗资源。也存在没有资源的组件，它们只能通过调用其他组件的方法来实现自己的功能。

上文提到过，企业的战略要注重特定的领域，发展目标是在某些方面做得最好，而不是什么都想做得最好。在运营层面，企业需要明确支持战略重点的业务组件，集中精力和资源把它们做到最具竞争力。在对国际领先企业的调查中发现，那些成功的企业只关注少数几个"热点"组件，并且在行业做到最好，从而得到了比一般企业更高的回报。下文将介绍如何识别"热点"组件。

业务组件中活动的定义

组件的功能是由它的活动体现的，所以活动是组件最主要的组成部分。业务组件是企业级组件，或称为一级组件。一级组件由多个二级活动组成；二级活动又可以分解为更详细的三级活动。如果把企业比喻成一辆汽车，一级组件就是发动机、轮胎、制动等部件；二级活动就好比组成发动机的曲轴、供油、点火等部件；而三级活动则是更细小的零部件。业务组件的三级活动，会与流程设计中的活动相吻合。流程是为了完成一个特定的业务目标而把多个活动组合起来而形成的。活动就是设计流程时的零件，把这些零件组装起来就能够形成各式各样的流程。其实，业务组件中的活动就是子业务组件，对应子业务能力、子流程，也就是关系、谓语、动词等。

图9-8是CBM的业务组件与业务流程的关系，与上文介绍的Y模型，其本质是一样的。值得注意的是，专业的咨询公司会主张先将业务组件与端到端业务流程分成两套内容进行层级梳理，然后在活动层级（通常为具体的职能流程）达成一致，这样的安排需要编制和维护复杂的"组件与流程"映射对应关系。笔者认为这样的维护工作不可少，组件、流程等本质上都是在表达业务"主谓宾"中的"谓语"，都是动词，都是能力，是同一事物的不同方面，组件、流程的属性

数字化的极简逻辑与方法

大部分是重叠的，仅有少数属性因为管理的需要而有差异。但是，请一定注意：面向用户需求的"端到端业务流程"和部门内部的"职能流程"不可同日而语。"端到端业务流程"是通过编排拼接业务能力而形成的，而业务能力通常表达为"职能流程"，需要遵从"穷尽而不重叠"（MECE）原则。所以，很有必要按照专业的做法将端到端业务流程和业务组件分成两套内容对待。关于这部分内容的细节，建议大家阅读博阳精讯编著的《流程优化风暴：企业流程数字化转型从战略到落地》[①]一书。

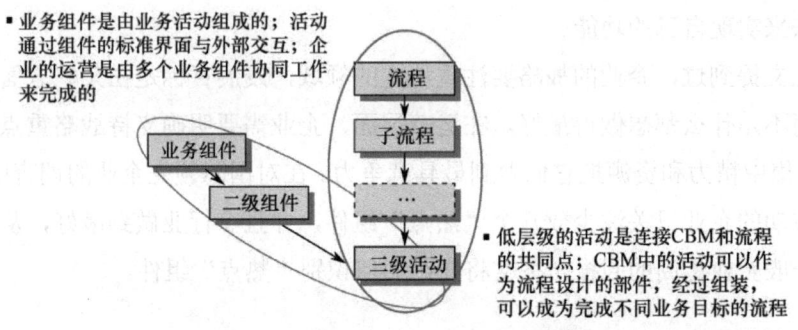

- 业务组件是由业务活动组成的；活动通过组件的标准界面与外部交互；企业的运营是由多个业务组件协同工作来完成的

- 低层级的活动是连接CBM和流程的共同点；CBM中的活动可以作为流程设计的部件，经过组装，可以成为完成不同业务目标的流程

图 9-8　CBM 的业务组件与流程的关系

在构建 CBM 过程中，工作量最大的是定义业务组件内部的业务活动（即子业务组件）。表 9-2 是以某公司的客户服务组件为例，进行二、三级活动的分解。

表 9-2　客户服务组件二、三级活动分解

业务组件	二级组件	三级活动	三级活动/组件解释
客户服务	组件定义：管理公司与客户和合作方的客服活动	发起客服活动	公司发起客服活动	公司主动联系客户或合作方，包括准备清单、活动内容，服务发起等
		跟踪潜在客户	通过对潜在客户的跟踪发现/促进销售机会
		接受服务请求	接受和回复客户服务	接受客户来自各渠道的活动请求，了解客户的需要
			分配客户的服务请求	根据规则将活动分类，分配到合适的资源，并触发相应后续活动
			记录客户服务活动信息	记录活动（客户）的关联方、期间、状态、结果等信息
		管理客户满意度	调查客户满意度	制定客户满意度调查清单和分析结果
			跟踪投诉	跟踪投诉事件（日期、处理人、结果等）

---

① 《流程优化风暴：企业流程数字化转型从战略到落地》，王磊等著，机械工业出版社于 2022 年出版。

第9章 业务架构：业务是基础

业务组件模型（CBM）的应用

CBM 在战略分析、业务模式转型、服务化设计等方面有广泛的用途，举例如下：

（1）战略分析。

CBM 可以作为战略分析的工具。在战略决策过程中，综合分析和考虑每个组件的竞争力、灵活性、成本等条件，可以发现战略性的业务组件，也就是"热点"组件，作为企业重点发展和投入的方向。"热点"组件是公司未来战略发展的重点。

（2）业务模式转型。

IBM 在中国发布和解读了 IBM 商业价值研究院（IBM Institute for Business Value，IBV）所做的《2021 年 CEO 调研报告——识别"必需，制胜后疫情时代"》，综合受访 CEO 的观点和成功实践，该调研报告归纳出 3 项"必需"：明确目标，敏捷行动；驱动转型，技术为要；拥抱监管，适应变化。在 IBM 2008 年开展的调研中，2/3 的 CEO 都在考虑业务模式转型的问题，而 2021 年的报告则更加突出了敏捷转型。企业可以利用 CBM 分析运营活动，设计未来组件化的企业，利用众多合作伙伴建立企业价值网络，而不是自己拥有全部资源，改造企业落后的业务模式，进行行业模式、收入模式或企业模式的创新，从而在新一轮的竞争中处于领先位置。

（3）业务流程设计。

上文介绍了业务流程的设计过程，从 CBM 出发设计业务流程其实是"从上往下"方法的运用。CBM 可以帮助流程改进设计，发现效率提高和成本降低的机会，理顺跨单位的业务流程，从而实现企业级的流程最优，以往的流程再造（BPR）的方法，只是在局部和部门内部进行的优化。由于缺乏各部门之间的沟通和企业层面的协调，造成了很多职能重叠和浪费，流程之间的共享和交互能力弱。虽然单个流程做到了最优，企业整体却没能得到优化，可能还增加了成本。在基于 CBM 的流程设计中，低层级活动是建立企业流程的零件库。不同的业务流程是把低层级活动组合起来而形成的，充分地体现了"组件化"的概念。企业可以通过拼装各层级活动，快速生成各式各样的流程，以应对市场和客户的变化，企业内部相对稳定，从而达到内部专业化和外部差异化的目的。

（4）支持微服务系统设计。

CBM 还可以作为 IT 需求的提供者，特别是在建立面向服务架构的 IT 系统时，CBM 能够从业务角度提出对 IT 系统的业务需求。CBM 的热点图分析，可以根据业务的重点明确 IT 的战略。业务组件化也支持了 IT 系统组件化的工作，能够充分利于现有的 IT 投资，建立灵活并具有扩展性的 IT 系统。CBM 还可以发现业务组件的服务化需求，进行业务能力的服务化工作。

CBM 的两种表示方式

方式一：CBM 的 3 层组件结构

CBM 可以有多层，最高层面的是总图。这里以 Rent-A-Car 公司的 CBM 总图为例来介绍 CBM 的 3 层组件结构，如图 9-9 所示。

职能层次 Accountability Level	业务能力				
	市场和客户管理	产品	租赁	车辆管理	共同资源管理
战略规划	客户细分战略 客户关系战略 市场战略和规划	租赁产品战略 产品设计和开发	地点和渠道战略 营业点布局和场地安排 渠道布局和场地安排	车辆管理战略 车辆规划 OEM规划	企业/事业部战略 财务管理和规划 不动产规划
管理控制	客户行为分析 市场和竞争对手研究 客户分类管理 呼叫中心 市场活动管理	促销管理 定价管理	渠道和营业点利润分析 运营管理 预定管理 员工管理	OEM考核 车辆运输管理	合作联盟管理 业务绩效报告 法律和合规管理 不动产和工程管理 风险管理 资产管理 人力资源管理
操作执行	客户服务 会员管理 客户沟通 大众市场宣传和广告 特定市场活动	采购/外包 需求预测	出租和预定 考勤管理	营业点运营 车辆维护 车辆操作	员工服务 企业审计和稽核 财务操作 采购 公共关系和股东关系 IT系统开发和维护

图 9-9 Rent-A-Car 公司的 CBM 总图

CBM 总图中纵向的是职能层次（Accountability Level），分为战略规划、管理控制、操作执行 3 个层次，代表企业不同层次的职能。

战略规划：属于公司高层管理者负责的范畴，主要明确战略发展方向，建立总体的方针政策，调配资源，管理和指导各个业务板块。

管理控制：中层经理进行的管理活动，企业部门经理和分支机构主管负责把战略落实到日常的运营当中，监控和管理业务指标和企业员工。

操作执行：由进行具体操作的员工实现本组件负责的业务功能，处理业务请求和业务数据，注重作业效率和处理能力。典型的岗位有销售代表、操作人员、工程师等。

CBM 总图中横向的是企业的业务能力（Business Competence），即企业创造价值的能力。管理、设计、采购、制造、销售等是一般企业都需要的能力。业务能力的划分能够帮助企业明确不同业务单元的功能，划分它们的边界，制定它们的关联关系。这样可以确保所有的工作都有人在做，而且没有人在做重复的工作，这对于业务架构的设计是至关重要的。虽然这是一些最基本的原则，但如果企业缺乏系统方法，则很难遵从这个原则。

方式二：组件分类结构

在实践中，方式一存在的问题主要在于不能清晰地将企业的能力按照 3 个层次进行分类。于是有了方式二。方式二不区分 3 个层次，而是先把业务能力进行分类，之后再分层级，从而形成企业业务组件 CBM 总图，如图 9-10 所示。

方式二是相对简单的方式，只需要将业务组件归类即可，也是在国内咨询场景用得比较多的方式。

数字化的极简逻辑与方法

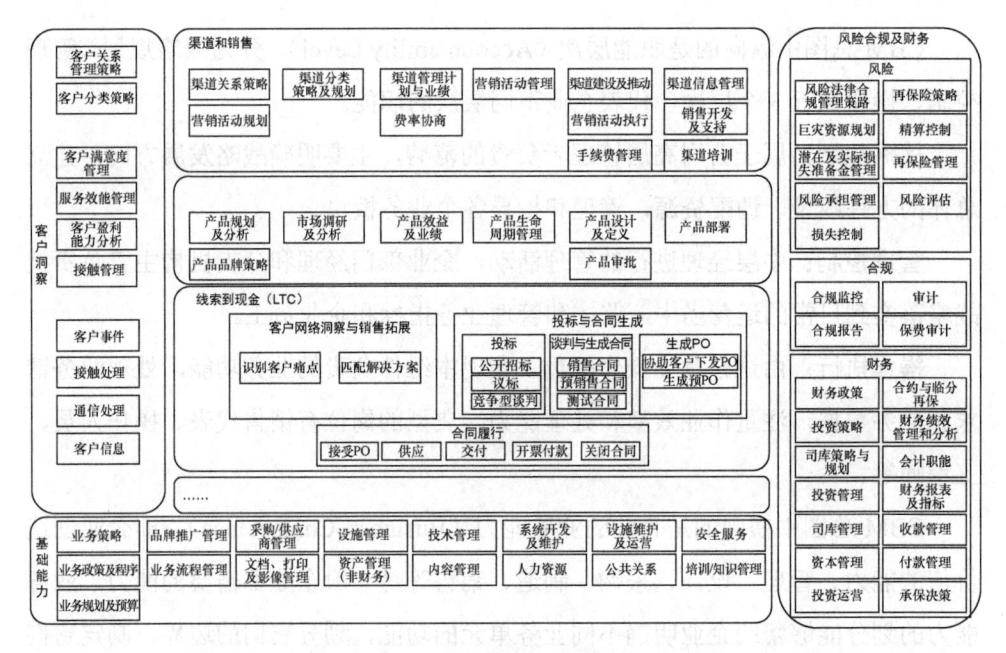

客户关系	渠道和销售							风险合规及财务	
客户关系管理策略	渠道关系策略	渠道分类策略及规划	渠道管理计划与业绩	营销活动管理	渠道建设及推动	渠道信息管理		风险	
客户分类策略	营销活动规划		费率协商		营销活动执行	销售开发及支持		风险法律合规管理策略	再保险策略
客户满意度管理					手续费管理	渠道培训		巨灾资源规划	精算控制
服务效能管理	产品规划及分析	市场调研及分析	产品效益及业绩	产品生命周期管理	产品设计及定义	产品部署		潜在及实际损失准备金管理	再保险管理
客户盈利能力分析	产品品牌策略				产品审批			风险承担管理	风险评估
接触管理								损失控制	
客户洞察	线索到现金（LTC）							合规	
	客户网络洞察与销售拓展			投标与合同生成				合规监控	审计
客户事件	识别客户痛点	匹配解决方案		投标	谈判与生成合同	生成PO		合规报告	保费审计
接触处理				公开招标	销售合同	协助客户下发PO		财务	
通信处理				议标	预销售合同	生成预算			
客户信息				竞争型谈判	测试合同			财务政策	合约与临分再保
	合同履行							投资策略	财务绩效管理和分析
	接受PO	供应	交付	开票付款	关闭合同			司库策略与规划	会计职能
基础能力								投资管理	财务报表及指标
	业务策略	品牌推广管理	采购/供应商管理	设施管理	技术管理	系统开发及维护	设施维护及运营	安全服务	司库管理	收款管理
	业务政策及程序	业务流程管理	文档、打印及影像管理	资产管理（非财务）	内容管理	人力资源	公共关系	培训/知识管理	资本管理	付款管理
	业务规划及预算								投资运营	承保决策

图 9-10　企业业务组件 CBM 总图（按业务能力分类、分层）

识别"热点"组件

基于 CBM，根据特定的条件选择战略性的或重要性的业务组件，并进行标识、标注，就能得到业务热点图（Heat Map）。

识别"热点"组件的条件可以是多样的，例如，灵活性、成本、竞争力等。根据上文的实例，选用"有应用系统覆盖"和"极具价值的能力"两个条件，对原 CBM 进行"热点"组件识别，得出的结果如图 9-11 所示。

识别"热点"组件也是在 AS-IS（表示当前状态）与 TO-BE（表示未来目标）之间进行差距分析的常见方法，分析了差距，就能识别关键举措、工作项，并根据重要程度、前后勾稽关系等确定顺序，这就是所谓的"定节奏、定项目、定节奏"。这是在实施具体的新一代信息技术工作之前，非常基础性的、非常重要的规划工作。

第 9 章 业务架构：业务是基础

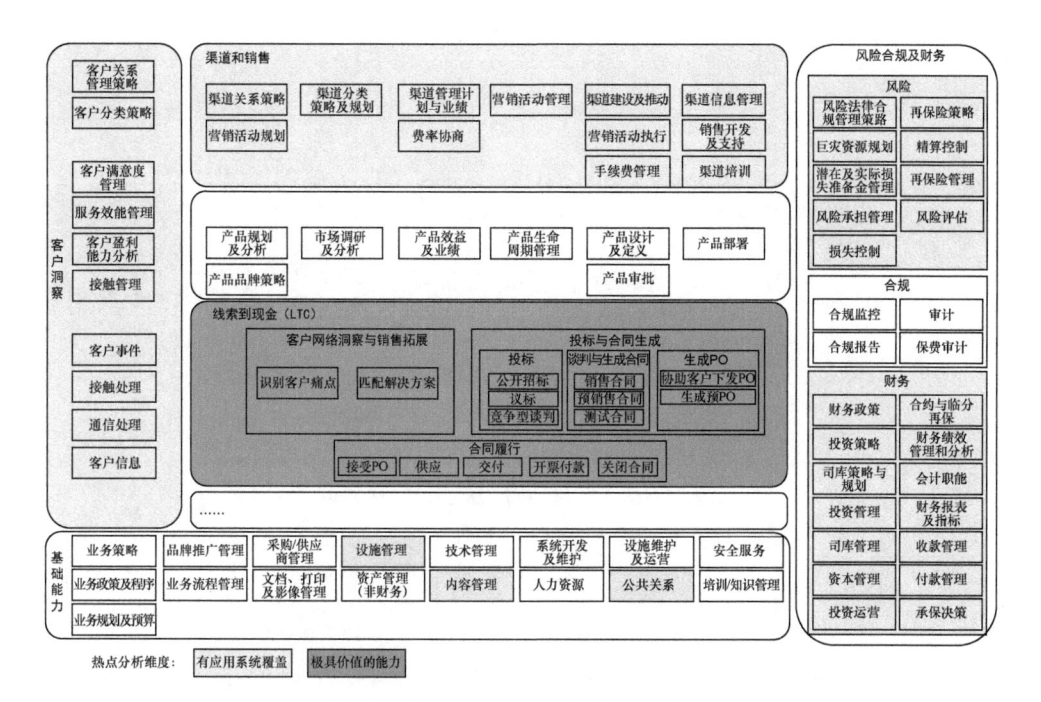

图 9-11 基于 CBM 的"热点"组件识别

第 10 章

数据架构：数据是核心

数据架构的定义

根据 LY-EA-DTM（见图 10-1）的极简逻辑，数据架构（Data Architecture，DA）是企业架构的核心，是数字化的核心，也是数字化业务运营系统的核心。

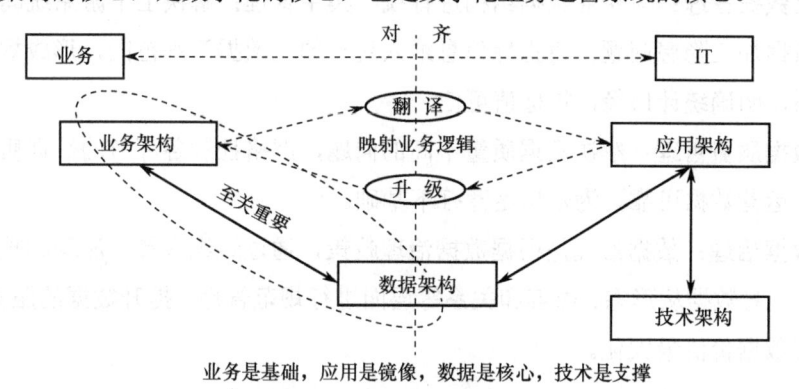

业务是基础，应用是镜像，数据是核心，技术是支撑

图 10-1　LY-EA-DTM

数据架构通过对齐企业战略得到的数据资产管理蓝图，描述企业的主要数据类型及其来源、数据资产、数据管理资源等，以及它们的交互关系。数据模型是数据架构的核心，数据建模是由业务驱动的[①]。

---

① 参考《DAMA DMBOK2.0》。数据管理知识体系是由国际数据管理协会（Data Management Association，DAMA）建立的。《DAMA DMBOK2.0》由 DAMA 组织众多数据管理领域的国际级资深专家编著，深入阐述了数据管理各领域的完整知识体系。

数据架构描述数据类型与来源、逻辑和物理数据资产、数据资源的结构和交互关系。企业有什么样的业务，才会有对应的数据及其结构。数据架构是联系现实与虚拟的纽带，是联系业务与应用的纽带，是现实世界与数字世界沟通的桥梁。数据架构可以帮助企业消除信息孤岛，建立一个共享、通用、一致和广泛的企业数据基础平台。

数据架构的最终目的是使得企业的数据管理有序，数据价值充分发挥，即数据可管、可用。依照 DAMA 标准，数据架构应涵盖 10 个方面的管理内容，在实践中，至少需要做好 4 个方面的工作：数据标准管理、元数据管理、数据质量管理、数据治理（即管理支撑部分）。除此之外，还包括数据分布、数据流转、主数据管理、数据模型等。

数据标准管理：建立统一的标准规范并在此基础上整合各个数据源；指导数据处理、数据传递、数据共享等环节，建设数据管理与共享标准。

元数据管理：对企业数据结构进行统一集中管理；解决上下游系统间变更带来的数据加工隐患问题；将指标信息纳入统一的元数据管理范围，形成规范的指标体系，明确统计口径，指标值可信。

数据质量管理：解决数据质量不高的问题，严格控制各环节的数据质量，确保统计运营数据可靠，为数据运营打下基础。

数据治理：数据治理是根据数据治理政策，通过组织人员、流程和技术的相互协作，对数据从形态、内容和关系等层面进行规范管理，提升数据的服务能力，以实现数据价值最大化。

数据无处不在

在业务、应用和技术各层，数据无处不在，只是表现形式不同，本质是"同一"数据。在业务层，数据通过"用户视图"与用户互动；在应用层，数据通过"数据表单"在电子流程中进行流转；在技术层，数据存储在数据库的基础数据

第 10 章 数据架构：数据是核心

表中。在不同的架构和层次中，数据以不同的形式存在于不同的载体中，数据无处不在，如图 10-2 所示。

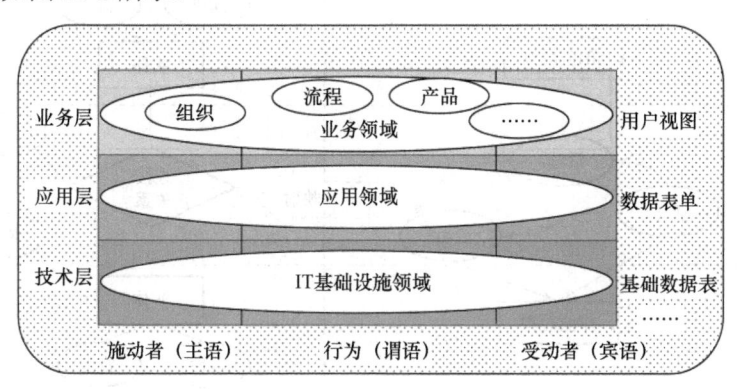

图 10-2 数据无处不在

业务到数据的映射

上文在介绍 LY-DTM 时，曾多次强调"业务+数据"是企业至关重要的管理资产，业务架构、数据架构分别是企业架构的基础与核心。那么本节来看一下业务是如何映射成数据的。

在实践中，通常将业务场景中的主语（施动者）、谓语（即行为或动作）、宾语（受动者）及它们之间的关系都映射到数据模型结构（即数据结构）中。业务场景中的业务每发生一次，则在对应的数据模型（体现为数据库中的数据表）中记录一条业务信息（即交易信息）。所以，数据建模工作应从业务场景（即业务流程）的分析着手进行，不基于业务活动的数据建模工作很难保持数据的完整性和一致性。特别是，从应用系统开发的角度来看，只有梳理出数据模型，应用系统的程序设计才可以进行，因为数据模型是程序存取数据的载体。

以上过程可以用图 10-3 来展示。

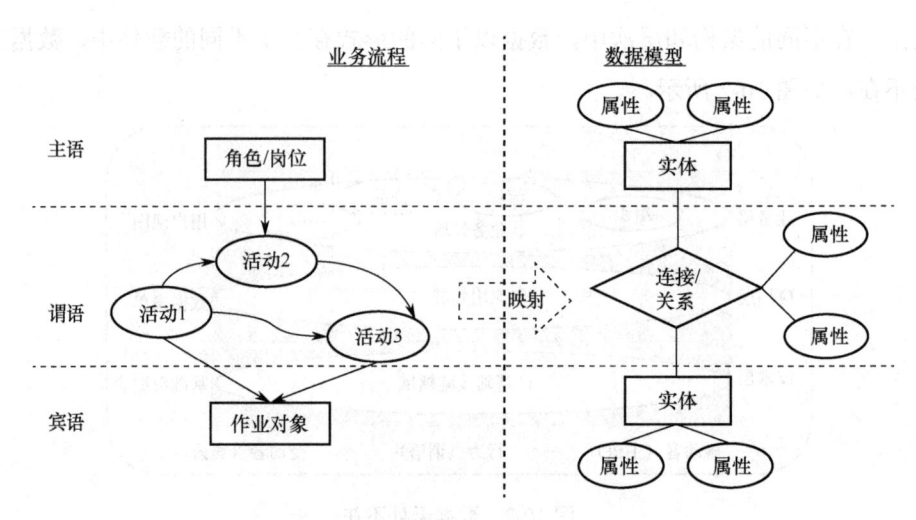

图 10-3　业务与数据之间的对应关系及映射

由图 10-3 可知，业务到数据映射其实就是把业务（主语、谓语、宾语）映射成数据模型的过程，就是为业务中的主语、谓语、宾语分别建立数据模型表，用来存放主语、宾语的描述、状态信息，以及谓语表达的动作（即记录业务过程）。

数据的跨流程共享

若仅考虑将关键的业务流程进行优化，并进行数字化建设，则仅实现了流程上线与自动化。若不能做到数据的跨流程共享，还是没法打破业务"烟囱""孤岛"等现象。

在本书第 1 章的示例"关键设备大修资产价值处理过程"中对于实现流程自动化后，进一步实现数据跨流程共享做了一个较为详细的说明。跨单位的流程，只有做到数据层面，才能充分发挥数字技术的价值。在复杂场景下需要做到数据跨流程共享，真正打通部门墙、岗位墙。这里再通过一个示例来佐证数据应该跨流程共享的观点，如图 10-4 所示。

第 10 章 数据架构：数据是核心

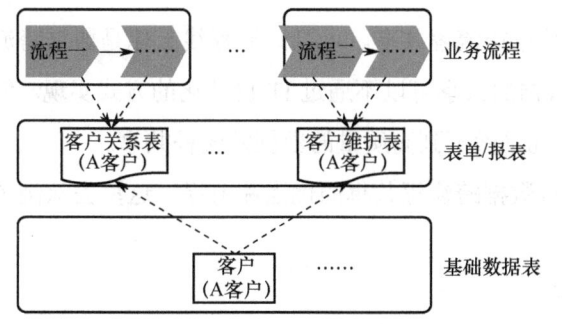

```
[流程一 ……] [流程二 ……]         业务流程

[客户关系表      客户维护表]        表单/报表
 (A客户)  …… (A客户)

[    客户(A客户) ……   ]            基础数据表
```

流程一：客户关系维护流程
流程二：订单发货流程

图 10-4　数据的跨流程共享

在图 10-4 中，如果 A 客户的数据没有跨流程在企业内部进行共享的话，很可能会发生这样的事件：拜访客户的同事在执行"流程一：客户关系维护流程"时，发现了 A 客户的地址发生变更，通常会在局部范围（如销售部门或客服部门）内进行数据更新并共享，而不是把变更数据进行跨单位共享。这样，订单管理部门并不知道 A 客户的地址发生了变化，会按照老地址执行"流程二：订单发货流程"来进行订单发货，从而带来不必要的损失。为什么 A 客户的数据不能在全企业内进行较好的共享呢？通常有几个原因：不是岗位或部门职责所在，主动通知耗时耗力；不知道哪个部门需要这个变更信息，也不知道何时需要这个变更信息，不确定需要将数据在哪里共享；需要这个变更信息的部门不知道去哪里获取最新数据；没有合适的工具和手段。

通过数字化的工作可以让这个共享变得非常简单，当流程一发现 A 客户的地址数据发生了变更时，系统识别到客户数据是企业重要的主数据，则自动将变更数据从局部流程或系统中更新到企业统一的数据存储中对应的数据模型里（如客户数据表），这个统一的数据存储通常为数据仓库或约定的某个系统（如 ERP 或客户关系管理系统）。在任何一个与客户地址数据有关的流程需要使用 A 客户的地址数据时，系统自动访问这个统一的数据存储，检索最新数据。这样，通过技术手段非常便捷地解决了变更信息共享的问题，而且这个过程对执行流程的员工来说是"透明""无感"的，所有的过程通过 IT 系统完成。

这样做的前提是，必须先实现流程线上化，梳理流程表单中的关键核心数据，明确其格式、同步方式、共享规则等，然后通过 IT 将同步方式、共享规则等进行固化、自动化，从而实现数据跨流程共享。可见，流程线上化是数据跨流程共享的基础。当然在理论上，数据的共享可以不通过 IT 自动化的方式实现，但在现实场景中没有 IT 系统支持，几乎做不到高质量的数据跨流程共享。

在第 1 章的例子中，介绍过数据跨流程共享的优点和前提。这里去除例子中的场景，再简单强调一下。

数据的跨流程共享的优点：

- 缩短路径：让流程更简捷、高效，能够自动化的操作尽量自动化。
- 实时性强：系统根据预置的业务规则自动检查，自行处理数据。
- 减少内耗：规则的自动化减少了事中研判等情况。
- 明确业务、数据责任：明确流程相关部门间的责任边界，减少内耗扯皮。
- 低成本但大功率输出：可应对大量业务频发的场景。
- 业务不易中断：不会因为部门间扯皮而导致业务异常或中断，会极大减少业务中断。

数据的跨流程共享的前提条件：

- 调整流程：需要优化流程，缩短流程路径，且界定清楚业务、数据的责任。
- 更细的业务管理颗粒度：需要企业有更细的管理颗粒度。
- 具备一定的数据管理能力：全企业有统一的数据登记使用平台，消除信息不对称带来的损耗。

数据的分类

主数据与参考数据

主数据对应"业务对象数字化"中的业务对象。

主数据是各应用系统间的"普通话"，用来交互业务处理数据。主数据是"以

第 10 章 数据架构：数据是核心

与业务活动相关的通用和抽象概念形式提供业务活动语境的数据，包括业务交易中涉及的内部和外部对象的详细信息（定义和标识符），例如，客户、产品、雇员、供应商和受控域（代码值）"[1]。主数据是"用来描述企业核心业务实体的数据，例如，客户、合作伙伴、员工、产品、物料单、账户等；它是具有高业务价值的、可以在企业内跨越各个业务部门被重复使用的数据，并且存在于多个异构的应用系统中"[2]。

参考数据：与主数据紧密相关的一类数据叫参考数据，或叫基础数据。"参考数据是指可用于描述或分类其他数据，或者将数据与组织外部的信息联系起来的任何数据（如性别、地域名称等）。"[3]

主数据管理的主要要求是针对组织机构、人员、客户、供应商、财务科目等主数据制定业务定义、业务规则、编码规范、数据类型、数据格式等，保证最重要的这部分数据的准确性、完整性和一致性。同时，建立主数据管理办法，明确主数据的管理责任人及管理机制。梳理并建立企业主数据的全生命周期管理流程，保证主数据的应用只能"引用或采用"，而不能随意增加、修改、停用。实现主数据的统一定义，共享分发，保证数据的一致性。

规则数据

规则数据对应"业务规则数字化"中与业务规则相关的数据。

规则数据是描述业务规则变量的数据，是实现业务规则的核心数据。

规则数据主要有以下特征：规则数据不可实例化；规则数据包含判断条件和决策结果两部分信息，区别于描述事物分类信息的基础数据；规则数据的结构在纵向（列）、横向（行）两个维度上相对稳定，变化形式多为内容刷新；规则数据的变更对业务活动的影响是大范围的。[4]

---

[1] 参考《DAMA DMBOK2.0》。
[2] 源自 IBM 的定义。
[3] 参考《DAMA DMBOK2.0》。
[4] 整理自《华为数据之道》。

数字化的极简逻辑与方法

事务数据

事务数据也叫交易数据，对应"业务过程数字化"中与业务过程相关的数据。

事务数据用于记录企业经营过程中产生的业务事件，其实质是主数据所描述的业务主体之间的业务活动所产生的数据。事务数据在业务和流程中产生，是业务事件、业务交易的记录。事务数据是具有较强时效性的一次性业务事件，通常在事件结束后不再更新[1]。

因此，事务数据的治理重点就是管理好事务数据对主数据和基础数据的调用，以及事务数据之间的关联关系，确保上下游信息传递顺畅。在事务数据的信息架构中需明确哪些属性是引用其他业务对象的，哪些是其自身特有的。对于引用的基础数据和主数据，要尽可能调用而不是重新创建。

报告数据

报告数据简单地说就是报告中的数据，是对数据进行处理加工汇集后，用于分析决策的数据。例如，各种财报、工作日报表等。

元数据

元数据是"关于数据的数据"，在数据仓库中用于定义和描述DW/BI系统的结构、操作和内容的所有信息[2]。

元数据是描述数据的数据。包括技术元数据、业务元数据、管理元数据。

业务元数据：描述数据业务领域的相关概念、关系和规则。包括业务术语、

---

[1] 整理自《华为数据之道》。
[2] 参考《DAMA DMBOK2.0》。

第10章 数据架构：数据是核心

信息分类、指标、统计口径等。

技术元数据：描述数据技术领域的相关概念、关系和规则。包括数据对象、数据结构的定义、元数据到目的数据的 ETL 描述等。

管理元数据：描述数据管理领域的相关概念、关系和规则。包括责任人、岗位职责、管理流程等。管理元数据就是确定数据的属主部门。根据业务部门分工和数据类型之间的对应关系，确定数据的定义、采集、更新、使用、质量管理等职责的负责部门。如果数据没有明确的属主部门，就会发生定义不一致、使用不正确、质量较差等数据问题，影响企业的正常运转。

结构化数据

结构化数据是指可以被格式化，储存在关系型数据库[①]中的数据。上述几种数据均为结构化数据。

非结构化数据

非结构化数据是指数据的结构不固定，没办法进行格式化，其形式多样，无法存储在关系型数据库中，而是需要通过特殊的数据库进行存储。例如，音视频信息、网页、图片等。

数据仓库与数据湖

数据仓库是基于结构化数据构建的，通常作为企业唯一合法的数据源，维护着企业的逻辑数据模型。数据从数据源到数据仓库的过程是 ETL（Extract

---

① 关系型数据库是指采用了关系模型来组织数据的数据库，以行和列的形式存储数据，便于用户理解。关系型数据库这一系列的行和列被称为表，一组表组成了关系型数据库。

数字化的极简逻辑与方法

Transform Load），即抽取、转换、加载。最后存储在数据仓库中的数据都是转换后的、结构化的、基于特定目的的数据。例如，数据集市等。

数据湖不仅可以存储结构化数据，而且可以存储大量的非结构化数据。数据从数据仓库到数据湖的过程是 ELT（Extract Load Transform），即抽取、加载，使用时再进行转换。数据湖是原汁原味地存储数据，不着急用于特定目的，等到使用时再进行转换处理。

数据仓库与数据湖的对比如图 10-5 所示。

图 10-5　数据仓库与数据湖[1]

数据仓库和数据湖并不矛盾，可以简单地把数据仓库看成数据湖边上的基础设施，数据仓库可以从数据湖中获取数据，也可以将处理结果存储在数据湖中。数据仓库与数据湖的关系如图 10-6 所示。

图 10-6　数据仓库与数据湖的关系[2]

---

[1] 图片源自 CSDN。
[2] 图片源自 CSDN。

第10章 数据架构：数据是核心

数据治理

数据治理可以为规范数据生命周期管理营造良好环境，包括规划数据管控组织架构，进行数据管控管理职责分工；选择恰当管理工具，使得项目组在同一个工具平台下高效开展工作；制定数据管控流程以及数据管理操作模板等。

目前业界流行的数据治理标准主要是两个：《DAMA DMBOK2.0》[1]（下文简称《DMBOK》）和《数据管理能力成熟度评估模型（GB/T 36073—2018）》[2]（下文简称 DCMM）。本书为了简化阅读，仅介绍《DMBOK》，感兴趣的读者可以继续了解 DCMM 或其他数据治理标准。

数据治理标准

《DMBOK》的内容框架可以用如图 10-7 所示的 DMBOK 车轮图来表示。

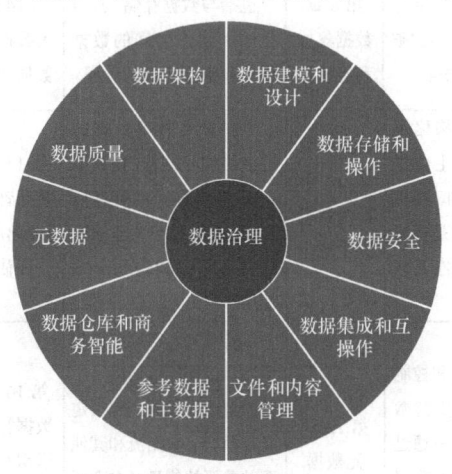

图 10-7 DMBOK 车轮图

DMBOK 车轮图中包括了 11 个知识领域，而在《DMBOK》中有 17 章，对

---

[1] 《DMBOK》第二版英文版于 2017 年出版，其中文版《DAMA 数据管理知识体系指南（第 2 版）》由机械工业出版社在国内出版，已于 2020 年上市。全书由国际数据管理协会中国分会多名志愿会员共同翻译完成。

[2] 2018 年 3 月 15 日发布，2018 年 10 月 1 日实施。

数字化的极简逻辑与方法

应 17 个知识领域（具体见表 10-1），表中第三列为除 DMBOK 车轮图之外的 6 个部分。

表 10-1 《DMBOK》中的 17 个知识领域

知识领域		知识领域		知识领域	
第 3 章 数据治理	通过建立一个能够满足企业需求的数据决策体系，为数据管理提供指导和监督	第 4 章 数据架构	定义了与组织战略协调的管理数据资产蓝图，以建立战略性数据需求及满足需求的总体设计	第 1 章 数据管理	是为了交付、控制、保护并提升数据和信息资产的价值，在其整个生命周期中制定计划、制度、规程和实践活动，并执行和监督的过程
第 5 章 数据建模和设计	以数据模型（Data Model）的精确形式，发现、分析、展示和沟通数据需求	第 6 章 数据存储和操作	以数据价值最大化为目标，包括存储数据的设计、实现和支持活动以及在整个数据生命周期中，从计划到销毁的各种操作活动	第 2 章 数据处理道德	描述了关于数据及其应用过程中，数据伦理规范在促进信息透明、社会责任决策中的核心作用。数据采集、分析和使用过程中的伦理意识对所有数据管理专业人员有指导作用
第 7 章 数据安全	确保数据隐私和机密性得到维护，数据不被破坏，数据被适当访问	第 8 章 数据集成和互操作	包括与数据存储、应用程序和组织之间的数据移动和整合相关的过程	第 14 章 大数据与数据科学	描述了针对大型的、多样化数据集收集和分析能力的提高而出现的技术和业务流程
第 9 章 文件和内容管理	用于管理非结构化媒体数据和信息的生命周期过程，包括计划、实施和控制活动，尤其是指支持法律法规遵从性要求所需的文档	第 10 章 参考数据和主数据	包括核心共享数据的持续协调和维护，使关业务实体的真实信息以准确、及时和相关联的方式在各系统间得到一致使用	第 15 章 数据管理成熟度评估	概述了评估和改进组织数据管理能力的方法
第 11 章 数据仓库和商务智能	包括计划、实施和控制流程来管理决策支持数据，并使知识工作者通过分析报告从数据中获取价值	第 12 章 元数据	包含规划、实施和控制活动，以便能够访问高质量的集成元数据，包括定义、模型、数据流和其他至关重要的信息（对理解数据及其创建、维护和访问系统有帮助）	第 16 章 数据管理组织与角色期望	为组建数据管理团队、实现成功的数据管理活动提供了实践指导和参考
第 13 章 数据质量	包括规划和实施质量管理技术，以测量、评估和提高数据在组织内的适用性			第 17 章 数据管理与组织变更管理	描述了如何计划和成功地推动企业文化变革。文化的变革是将数据管理实践有效地嵌入组织中的必由之路

第 10 章 数据架构：数据是核心

数据模型

数据模型用来表达业务场景中业务实体与实体间的关系，也就是系统中组件与组件间的关系。数据模型不是指某一个或若干个具体的系统，而是一个以实现数据标准化，确保数据的一致性、准确性、及时性为具体目标的数据结构。

数据模型的作用

通过数据模型可以清楚地表达企业内部各种业务主体之间的相关性，使不同部门的业务人员、应用开发人员和 IT 人员获得关于业务场景或系统的统一完整的视图，是非常好的进行跨领域协作的沟通语言及工具。

数据模型也是构建企业数据仓库的基础，用于设计和维护数据仓库中一系列数据表的结构。

数据模型可以满足企业管理、运营、操作的各个层面对信息的需求，提供有力的数据支撑。

数据模型是整合各种数据源的重要手段，通过数据模型可以建立起各个业务系统与数据仓库之间的映射关系，实现元数据的有效采集；通过数据模型的建立，可以排除数据描述的不一致性。例如，同名异义、同物异名等。使系统的各方参与人员基于相同的事实进行有效沟通。

数据模型对现有的业务主体以及主体之间的关系在逻辑层进行了全面的描述，当未来业务发生变化或系统需求发生变化时，可以很容易地实现系统的扩展。数据结构的变化不会偏离原有的设计思想。

……

可见，数据模型是改进业务运营系统和数据系统的重要基础，一个完整、灵活、稳定的数据模型对于业务的成功起着重要的作用。

数据建模常用工具：E-R 图

实体关系图（Entity Relationship Diagram）简称 E-R 图，是设计和维护数据模型的常见方式，如图 10-8 所示。

数字化的极简逻辑与方法

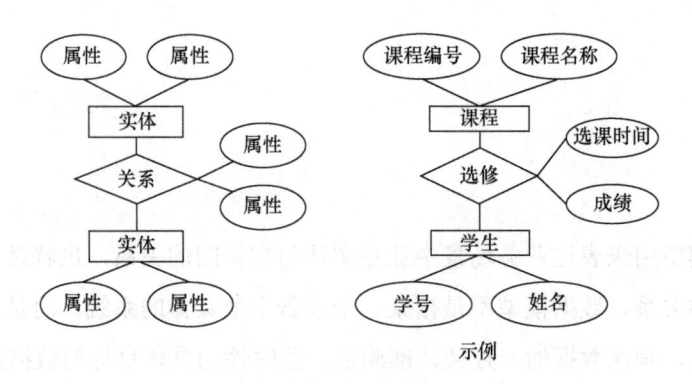

图 10-8 E-R 图

E-R 图描述了企业数据的实体、关系和属性，分别说明如下：

实体（Entity）：能够用相同数据表示的实体，用矩形表示，矩形框内写明实体名。例如，学生、课程。

关系（Relationship）：表示两个实体之间的一对一、一对多、多对多关系，用菱形表示，菱形框内写明关系名称，并用无方向线条与有关实体连接起来。例如，学生与课程之间的选课关系。

属性（Attribute）：定义实体、关系所拥有的属性，是一个数据项，用椭圆形表示，并用无方向线条与相应的实体连接起来。例如，课程的属性有课程编号、课程名称等，学生的属性有学号、姓名等，选修的属性有选课时间、成绩等。

数据标准

数据标准是为了满足企业自身业务发展和分析决策需求而制定的规范性文件，保证数据资产在交换和使用过程中具有高度一致性和准确性。

数据标准是数据质量管理、元数据管理、主数据管理乃至整个数据治理的重要基础。

数据标准的制定过程是在特定的商业领域，梳理重点业务流程，提炼业务对象及其属性，并总结业务对象的相互关系，从而确定数据标准的范围和内容，是数据管理相关工作的出发点。

第 10 章 数据架构：数据是核心

数据标准的工作是定义符合现状及未来业务发展的统一、完整的数据标准。通过对现有业务数据和指标进行梳理，设计符合企业现状的数据标准，制定统一、完整的数据标准，统一数据来源和规范，达到数据可重复使用的程度。

数据标准制定时遵循的原则有：标准应严格符合行业规范；梳理业务系统数据，整理数据字典；定义基础数据项标准（包括公共代码、内部机构、客户、账户、资产等主数据的数据标准），明确各数据实体的信息项范围，制定信息项的业务、技术标准；定义分析类数据标准（包括财务管理、业务管理、客户管理等主题分析数据标准）；定义的数据标准需满足客户管理、经营管理、风控管理等方面的数据质量要求；定义的数据标准需由各业务部门认可；标准应能够应对业务发展需求，具有一定可维护性和可扩展性。

制定与执行数据标准是重要的数据管理的工作内容。其中，制定数据标准是基础工作，而执行标准是控制数据质量的保障。

数据质量管理

数据质量是保证数据一致性、完整性、及时性、准确性、有效性、唯一性的基础。

数据质量管理是对数据质量进行检查、报告、处理、反馈和完善的闭环处理，并协助制定相关制度；设计并实现数据质量实施方案，对已投产的系统进行数据质量评估；数据质量检查规则可配置；数据质量检查通过 ETL 任务实现，应当在实现数据质量检查规则的前提下，尽量减少系统资源占用；设计并实现完整的数据质量优化解决方案，逐步提高建设中的系统的数据质量。

"左右对齐，上下一致"

战略一致性模型（Strategic Alignment Model，SAM）（见图 10-9）是《DMBOK》里面介绍的模型，抽象了各种数据管理方法的基本驱动因素，而在《DMBOK》

的早期版本中是没有这个模型的。这个模型的一个很重要的观点就是:"左右对齐:业务与 IT 要对齐;上下一致:战略与运营要一致。"通过什么来进行"对齐"与"一致"呢,就是通过"信息"与"数据"的流动与共享!

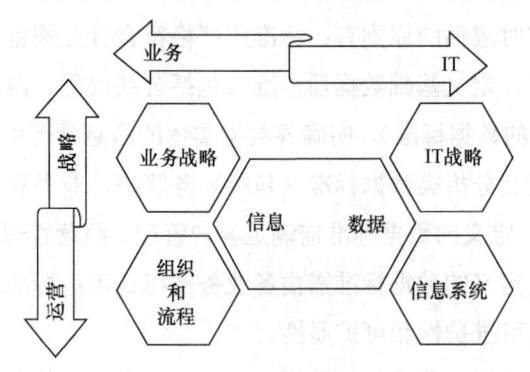

图 10-9 战略一致性模型

阿姆斯特丹信息模型(The Amsterdam Information Model, AIM)是《DMBOK》第 2.0 版中新介绍的另一个模型,与 SAM 一样,从战略角度看待业务和 IT 的一致性。其实,AIM 是一个"放大版"的 SAM,一样强调了"左右对齐"与"上下一致",只不过在横、纵两个方向上多了一层,本质上都是通过围绕"信息"与"数据"的流程和共享来进行的,如图 10-10 所示。

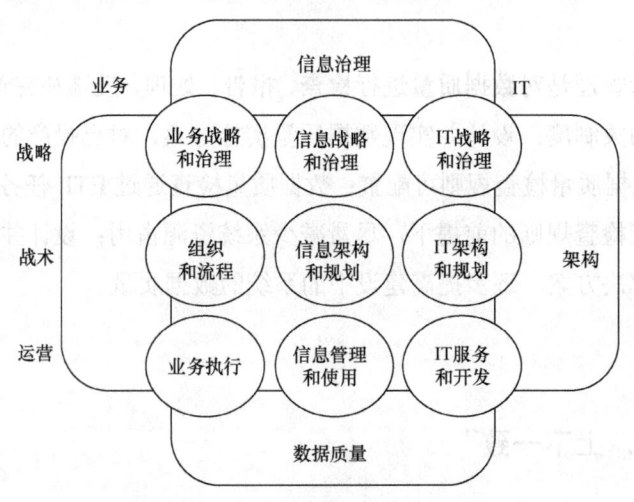

图 10-10 阿姆斯特丹信息模型

第 10 章 数据架构：数据是核心

业务方案与数据解决方案密不可分

企业在运营过程中，能力的提升和架构的调整依托于变革项目和高质量运营（分别对应本书上文提到的 PDCA 和 SDCA），变革是指对业务运营系统做"0～1"建设或大版本升级改造，高质量运营是指维持业务运营系统高质量运行或进行小版本迭代。华为管理数据流程和管理变革项目、管理质量与运营之间的关系如图 10-11 所示。

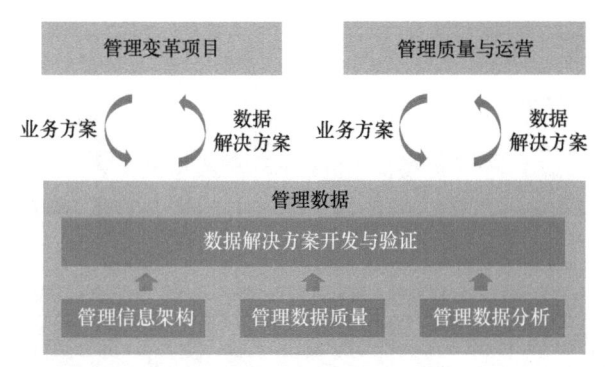

图 10-11 华为管理数据流程和管理变革项目、管理质量与运营之间的关系

所有的管理变革项目以及管理质量与运营的解决方案的核心都是"业务方案+数据解决方案"（可结合 LY-DTM 来理解），而要落实"业务方案+数据解决方案"则需要将数据管理的工作做到位，最终通过 IT 解决方案来完成。本书第 2 章介绍过，业务与数据是上线 IT 解决方案的基础和前提。

第 11 章

应用架构：应用是镜像

应用架构的定义

根据 LY-EA-DTM（见图 11-1）的极简逻辑，应用架构（Application Architecture，AA）是业务架构的镜像，也是数字化的镜像，是数字化业务运营系统的镜像。

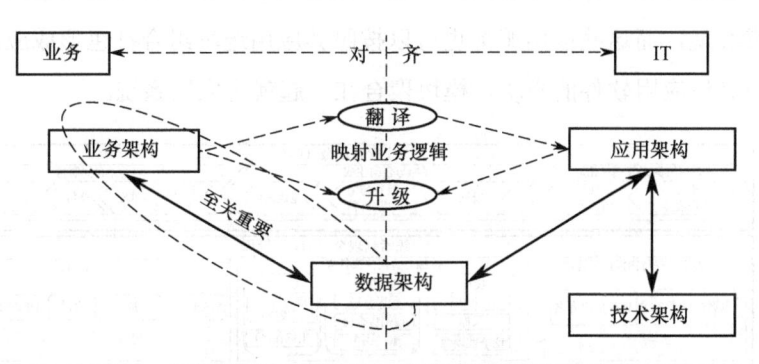

业务是基础，应用是镜像，数据是核心，技术是支撑

图 11-1　LY-EA-DTM

应用架构描述应用开发的蓝图、应用之间的结构和交互关系，以及应用与核心业务流程之间的关系。应用架构是对业务在数字世界的翻译，也是整个业务架构的镜像。"业务"和"应用"访问、处理同一数据集合，"业务"和"数据"清楚以后，才能决定上线什么样的"应用"，切不可本末倒置，这个逻辑在本书上文反复提及。

数字化的极简逻辑与方法

每个应用系统都是一个"逻辑功能组",用于支撑业务功能、管理数据资产。在云原生应用环境下,应用架构的目的是交付高质量的应用服务。

其实,应用架构中的应用系统是业务、数据和技术三者的集成与聚合,是一个或一组软件功能,以业务的"数字孪生"身份在数字世界进行业务仿真处理;具有明确的业务目的,独立完整。所以,应用既是业务要素,又是应用要素,且封装了对业务对象的具体操作,实现和对应一个或多个业务服务或业务活动。

业务到应用的映射

本书在第 9 章从"价值流"到"业务流程"的蜕变部分对图 11-2 中的示例分析到了业务服务和业务组件层面。在数字化场景下,业务服务需要通过对应的应用服务来实现,而这些应用服务也可以按照其应用逻辑组合打包形成应用组件,从而对应具体应用软件的模块,模块聚合在一起就是应用系统。

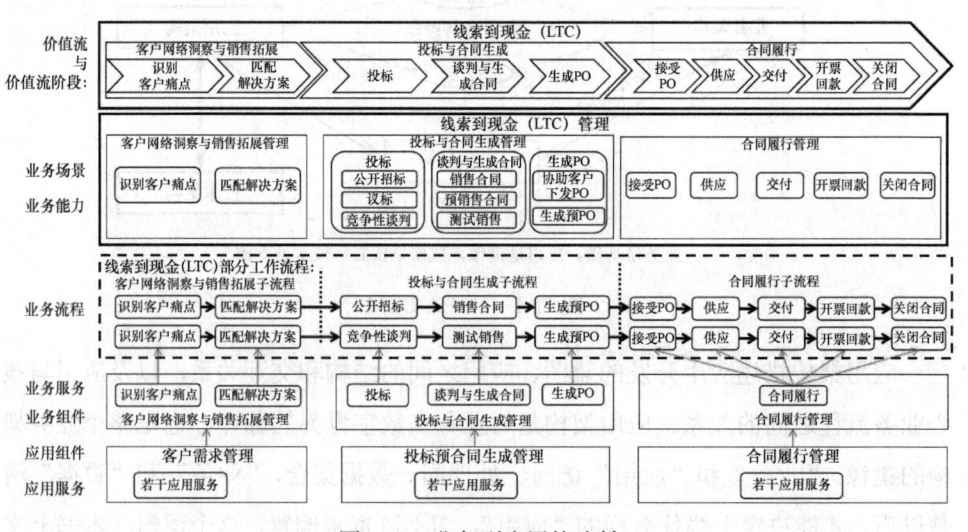

图 11-2 业务到应用的映射

第 11 章 应用架构：应用是镜像

双模 IT

Gartner 在 2014 年提出了双模 IT 的概念。

模式一：针对传统研发模式，以项目管理和基于 CMMI 的过程管理为核心。强调稳定性，也可称之为稳态 IT，以满足企业业务稳态发展的需求。

模式二：针对需求变化频繁的业务模式，以快速响应变化的敏捷开发模式为核心。强调敏捷性，也可称之为敏态 IT，以达到企业业务快速响应市场需求、敏捷开发的要求。

传统企业由于沉淀了大量的 IT 资产，不可能也没有必要完全按照全新的技术要求替代掉所有的 IT 资产或按照全新的运维方式来运行现有 IT 资产，通常就会采用双模 IT 的方式来进行。

云原生应用

云原生是基于分布部署和统一运管的分布式云，以容器、微服务、DevOps 等技术为基础建立的一套云技术产品体系。云原生的四要素包括 DevOps、CD（持续交付）、微服务和容器[①]，其应用结构如图 11-3 所示。

简单来说，云原生主要是指应用的云原生及相关配套的基础设施，就是将应用开发/拆分成微服务，通过 DevOps 快速开发部署到容器中，并持续迭代升级。

云原生应用比传统的软件套件具有更好的灵活性、健壮性，运维也相对简单、高效，是当前比较流行的应用开发与部署的形态与方式。

---

① 参考 Pivotal。

数字化的极简逻辑与方法

图 11-3　云原生应用结构①

除了云原生四要素，本书还汇总了云原生应用的更多特征供参考，如图 11-4 所示。

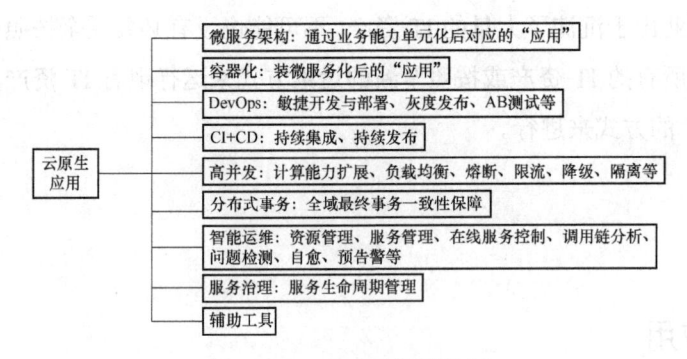

云原生应用：
- 微服务架构：通过业务能力单元化后对应的"应用"
- 容器化：装微服务化后的"应用"
- DevOps：敏捷开发与部署、灰度发布、AB测试等
- CI+CD：持续集成、持续发布
- 高并发：计算能力扩展、负载均衡、熔断、限流、降级、隔离等
- 分布式事务：全域最终事务一致性保障
- 智能运维：资源管理、服务管理、在线服务控制、调用链分析、问题检测、自愈、预告警等
- 服务治理：服务生命周期管理
- 辅助工具

图 11-4　云原生应用的特征

DevOps

> DevOps= Development（开发） +Operation（运维）

DevOps 是 Development 和 Operation 的组合词，是指开发运维一体化。

---
① 图片源自嘉为教育。

第 11 章 应用架构：应用是镜像

DevOps 是一组过程、方法与系统的统称，用于促进开发（应用程序/软件工程）、技术运营和质量保障（QA）部门之间的沟通、协作与整合。DevOps 是一种重视"软件开发人员"（Dev）和"IT 运维技术人员"（Ops）之间沟通合作的文化、活动或惯例。通过自动化"软件交付"和"架构变更"的流程，来使得构建、测试、发布软件能够更加快捷、频繁和可靠。DevOps 的出现是由于软件行业日益清晰地认识到：为了按时交付软件产品和服务，开发和运维工作必须紧密合作。

简单来说，DevOps 是一种敏捷开发软件的方法，有别于传统的瀑布开发方式。DevOps 每次快速开发和交付一套可使用的功能，快速部署上线，快速获取反馈，再进行迭代升级。DevOps 本质上是敏捷思想、精益系统在软件开发方面的综合应用。

DevOps 的特征：将大任务拆成多个可独立交付的小任务，小步快跑，快速迭代；适应不断变化的需求；更快发布新版本、功能，不断升级；为了按时交付软件产品和服务，开发和运维工作必须紧密合作。

采用 DevOps 的原因：用敏捷方式分解任务，缩短发布时间，快速推出最小可行产品（MVP），快速进行商业模式测试；小步快跑分解风险，消除脆弱性，增强应用的稳健性；减少或消除技术债务；将敏捷、精益思想贯彻到应用中。

DevOps 的技术基础：微服务架构、容器技术的出现和成熟，可将应用拆分成微服务，通过 DevOps 快速开发部署到容器中，并持续迭代升级；云技术的出现和成熟。

我们做数字化工作时，难免会遇到自主开发软件，或者在原来套装软件的基础上进行二次开发，效果往往不好。其中一个很重要的原因就是，大部分的软件开发采用的是瀑布开发方式，而不是敏捷开发方式。两者的对比见图 11-5。

传统的瀑布开发方式，从需求分析到系统上线，周期短则几个星期，长则数月，甚至数年，而且在系统设计（包括概要设计、详细设计）、系统开发、系统测试（包括单元测试、集成测试，不含用户接受测试）这些非常重要的环节，用户几乎不参与，直到 UAT（用户接受测试）、系统上线使用环节用户才能见到开发的产品，这时候往往发现有许多值得改进的地方，要么由于开发人员对需求理解不到位、有误，要么需求已经过时了，新的需求又出来了……这时候才开始返工，

数字化的极简逻辑与方法

开发周期常常远超预期,甚至出现项目终止的情况。而敏捷开发方式,不是一下子把整个产品开发完毕,而是先开发容易的但是价值比较高的功能,或者非常关键的功能,开发完毕赶紧交付用户使用,好的地方通过验收,不好的地方可以快速改进,而且开发过程通常会邀请用户参与其中,效果比瀑布开发方式自然好许多。

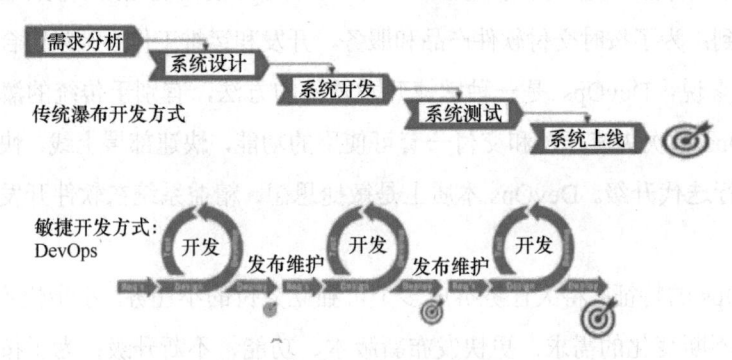

图 11-5 两种开发方式对比①

当企业发现产品或服务有问题需要改进时,也可以用 DevOps 这种方式进行,非常快捷有效。

---

① 图片源自嘉为教育。

第 12 章

技术架构：技术是支撑

技术架构的定义

根据 LY-EA-DTM（见图 12-1）的极简逻辑，技术架构（Technology Architecture，TA）是应用架构的支撑，也是数字化的支撑，是数字化业务运营系统的支撑。

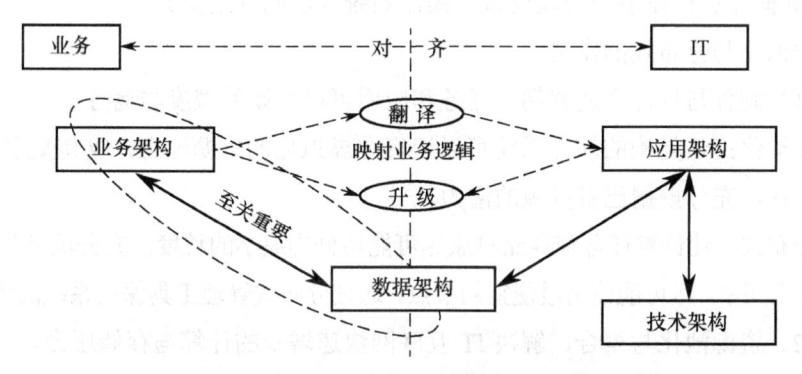

业务是基础，应用是镜像，数据是核心，技术是支撑

图 12-1 LY-EA-DTM

技术架构是直接为应用提供 IT 支撑，为应用提供一个良好的 IT 运行环境。

技术架构描述企业的技术服务，技术组件，相应计算环境所需要的软硬件资源、技术管理资源等，以及它们的交互关系。技术架构具体指部署的软件和硬件，包括 IT 基础设施、中间件、网络、通信、IT 流程和标准等。

数字化的极简逻辑与方法

快速了解新一代信息技术

本节介绍几个常见的新一代信息技术。

虚拟化与分布式

虚拟化：将一个大的物理资源分割成小的、易于部署的虚拟资源，形成资源池，即大化小。

分布式：将多个分散的资源整合成逻辑上一个整体的资源池的技术，即小变大。例如，分布式文件系统（由多个分布在不同位置的磁盘组成）、分布式数据库（一个数据库运行在多个物理设备、操作系统或中间件之上）。

虚拟化与分布式的作用：

（1）硬件与软件实现解耦，任务和应用可以跨硬件调度与运行。

虚拟化：让异构的软件系统可以运行在虚拟化的资源池上，支持更多的应用系统运行，充分挖掘已有资源的潜力。

分布式：让计算任务和存储对象尽可能切分为最小的粒度，充分填充到分布式的资源空间中，尽可能使用最便宜的节点，通过分布式管理工具保证系统的可靠性。

（2）资源池化与聚合，解决IT/互联网快速增长的计算与存储压力。

虚拟化：将资源整合为资源池，可以快捷灵活调度资源。

分布式：将大量分布式节点动态组合在一起，灵活应对快速增长的计算需求及海量数据的存储需求。

IaaS+PaaS+SaaS+DaaS+aPaaS

通过虚拟化与分布式技术的结合，计算能力可以呈现出各类不同层次的虚拟化服务，如图 12-2 所示。

从用户角度看几类虚拟化服务： （颜色区域为虚拟化区域，虚拟化后对用户提供服务）			
基础设施即服务 IaaS	平台即服务 PaaS	软件即服务 SaaS	数据即服务 DaaS
数据信息	数据信息	数据信息	数据信息
应用	应用	应用	应用
运行环境	运行环境	运行环境	运行环境
中间件	中间件	中间件	中间件
数据库	数据库	数据库	数据库
操作系统	操作系统	操作系统	操作系统
服务器	服务器	服务器	服务器
存储	存储	存储	存储
网络	网络	网络	网络

图 12-2　各类不同层次的虚拟化服务

IaaS：基础设施即服务，包括网络、存储及服务器资源的服务。

PaaS：为开发者提供基于云端的应用开发环境；基于多租户架构提供弹性独立运行环境。在 IaaS 的基础上，还提供操作系统、数据库、中间件、运营环境的服务。

SaaS：基于 IaaS/PaaS 提供在线应用；利用云计算基础架构和多租户架构，实现应用伸缩性、多租户共享。在 PaaS 的基础上，还提供应用软件的服务。

DaaS：为用户提供基于云端的数据服务。在 SaaS 的基础上，还提供数据信息的服务。

aPaaS：即低代码/无代码。提供给用户一种界面化定制开发的能力；通过界面化的拖曳和设置，生成一套应用程序。其实可以看成是介于 PaaS 与 SaaS 之间的一种服务形式，包含 PaaS 的全套功能。

当然还有其他各种"XaaS"，均是上述分类的子类。

应用系统从单体架构到微服务网格架构的演变

应用系统从单体架构到微服务网格架构的演变过程如图 12-3 所示。

数字化的极简逻辑与方法

图 12-3　单体架构到微服务网格架构的演变过程

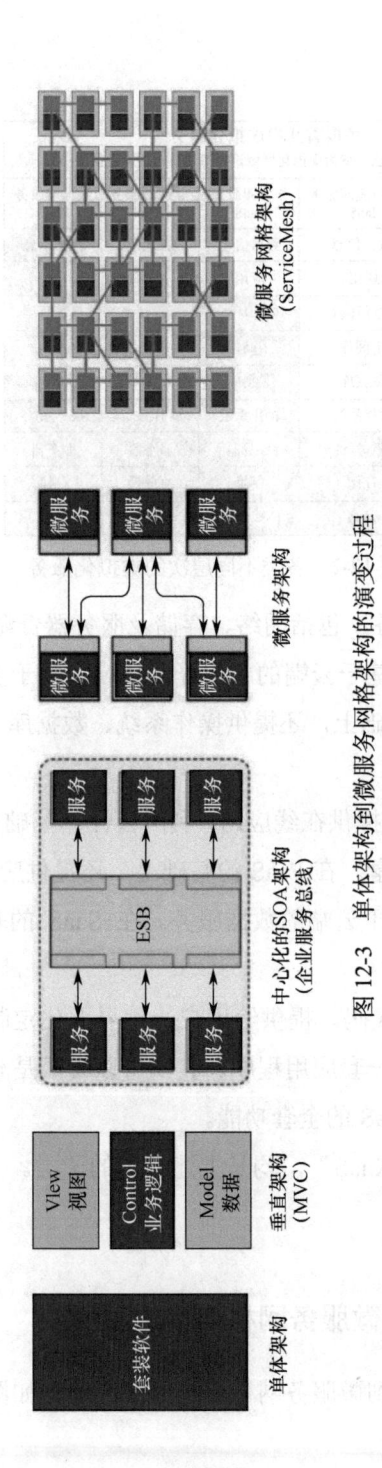

第 12 章 技术架构：技术是支撑

单体架构、垂直架构、SOA 架构、微服务架构、微服务网格架构的比较见表 12-1。

表 12-1 几种架构的比较

架构类型 \ 对比	特 点	使 用 场 景	存 在 问 题
单体架构	软件所有功能封装在一个安装包里，通常使用瀑布开发方式	业务稳定；升级维护频率低；用户规模小；访问量小	存在性能瓶颈，扩展成本高，存在单点失效风险；多个模块紧耦合，牵一发而动全身，任何小修改都可能导致单体应用中断；很难通过水平扩展的方式来提升系统的吞吐量；无法适应快速增长的业务需求
垂直架构	将访问界面、控制逻辑、数据处理分层部署，可应对阶段性的性能扩展需求，以及单点失效问题	业务稳定；升级维护频率低；用户规模逐步增加；访问量逐渐增加	应用功能扩展成本高，需要多系统间通信时，开发成本较高；当访问量进一步加大，需进一步进行性能扩展时，能力有限；当业务需求逐渐增加，升级维护频率逐渐增加，重新部署新版本通常需要中断业务
SOA 架构	企业服务总线（ESB）是 SOA 常见的落地方式，可进行统一的服务注册发现、路由、限流、熔断、重试、监控、认证、协议转换等	将原有单体应用接口服务化后，注册到 ESB，实现应用间通信，从而实现功能扩展；开发新应用时将应用拆分成多个服务模块，再将这些服务模块按照业务逻辑串起来，对外提供应用服务	ESB 总线本身是瓶颈和风险点；服务颗粒度大，重点服务宕机升级成本巨大
微服务架构	每个微服务可以独立开发、测试、部署，不需要对应用整个进行宕机维护；可实现弹性伸缩扩容、多技术并存，支持快速发布和升级，服务可复用	需求繁多；访问量巨大；DevOps 落地；加快业务迭代更新	微服务架构的控制逻辑入侵业务逻辑，需将业务逻辑和控制逻辑分离，有必要为每一个服务配置一个独立的"边车"或"拖斗"，来处理负载均衡、服务发现、认证授权、监控追踪、流量控制等功能
微服务网格架构	将控制逻辑全部从微服务中独立出来	让微服务更加关注业务；适应更高要求	演化出集中式的控制面板，统一与所有服务的"边车"进行交互，进一步提升性能

从单体服务到容器的转变

容器技术属于 PaaS 范畴。容器是轻量级虚拟化的技术，通常与装载集装箱类比（见表12-2），不同的是，容器中装载与运行的是微服务。容器抽象云资源，更容易被用户使用。

表 12-2 容器与集装箱的类比

类别 特性	集装箱	容器
内容无关性	标准的集装箱可容纳任何类型的货物	可封装任何有效负载及依赖项，无论什么语言编写的微服务
迁移性	方便搬运货物	微服务（镜像）迁移方便，无须修改

虚拟机、容器都可以支持微服务落地，但容器是微服务落地的最佳实践；容器适应于云原生理念的技术，微服务适合容器环境。虚拟机与容器在实现方式上有一个很大的差异，虚拟机需要先在操作系统之上安装虚拟机监控器（VMM），然后安装好虚拟机，才可以为应用提供运行环境。而容器技术不需要安装虚拟机，更加轻量级和灵活。单体架构与容器的对比如图12-4所示。

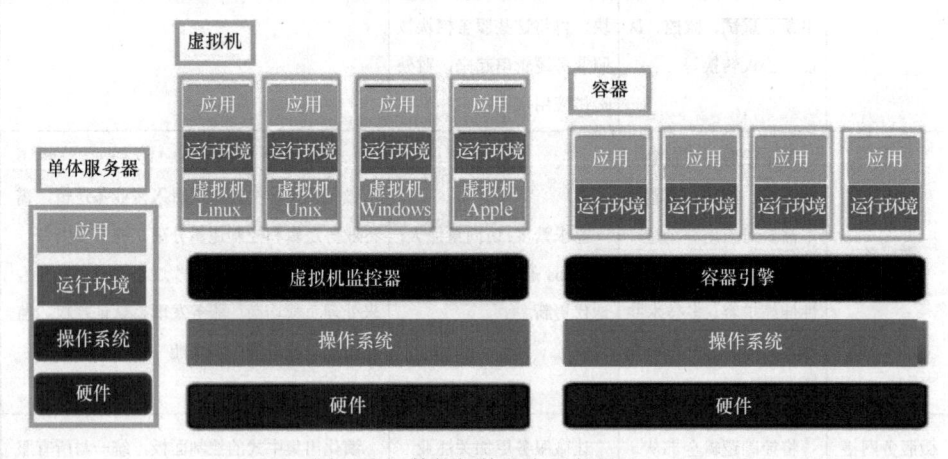

图 12-4 单体架构与容器的对比

虚拟机技术与容器技术的更详细对比见表12-3。

表 12-3 虚拟机技术与容器技术的对比表

类别 特性	虚拟机	容器
计算资源开销	大	小
运行单元大小	几百 MB～几个 GB	几个 MB
启动速度	数秒～数分钟	毫秒
扩展能力	一般	强
跨平台迁移能力	一般	强
对微服务架构的支持	一般	强
对 DevOps 的支持	一般	强

同时，容器也是支持 DevOps 落地的最佳实践，每次开发一系列微服务，开发好了直接部署到容器中，持续迭代升级。

当前流行的容器技术有 Docker 和 Kubernetes（即 K8S）。Docker 是容器技术的先行者，改变了应用的开发和部署方式，不足在编排管理和调度等方面，缺乏更高级、更灵活的管理。Kubernetes 凭借开放性、可扩展性、可移植性和活跃的开发者社区，成为容器编排、分布式资源调度的事实标准，帮助应用一致地运行在不同的环境中。

区块链

区块链技术是分布式数据存储、点对点传输、共识机制、加密算法等计算机技术的新型应用模式。区块链本质上是一个去中心化的数据库，是一串使用密码学方法相关联产生的数据块，每一个数据块中包含了一批网络交易的信息，用于验证其信息的有效性（防伪）和生成下一个区块。

区块链，就是一个又一个区块组成的链条。每一个区块中保存了一定的信息，它们按照各自产生的时间顺序连接成链条。这个链条被保存在所有的服务器中，只要整个系统中有一台服务器可以工作，整条区块链就是安全的。这些服务器在区块链系统中被称为节点，它们为整个区块链系统提供存储空间和算力支持。如果要修改区块链中的信息，必须征得半数以上节点的同意并修改所有节点中的信息，而这些节点通常掌握在不同的主体手中，因此篡改区块链中的信息是一件极其困难的事。

相比于传统的网络，区块链具有两大核心特点：数据难以篡改和去中心化。基于这两个特点，区块链所记录的信息更加真实可靠，可以帮助解决人们互不信任的问题。所以，区块链技术通常应用于需要征信等的特殊业务场景，例如，供应链金融、电子合同签约、在线公证等。区块链技术可以保证相关交易的真实性，提供信用保证。但是，目前区块链技术难以应对海量高并发的场景。如果业务上没有征信等特殊需要，则应谨慎使用区块链技术。

大数据

大数据指的是所涉及的资料量规模巨大到无法通过主流软件工具，在合理时间内进行撷取、管理、处理，并整理成为帮助企业经营决策的资讯。

大数据的 5V 特点：Volume（大量）、Velocity（高速）、Variety（多样）、Value（低价值密度）、Veracity（真实性）[1]。

大数据需要新的处理模式才能具有更强的决策力、洞察发现力和流程优化能力，来适应海量、高增长率和多样化的信息资产[2]。

大数据是一种规模大到在获取、存储、管理、分析方面大大超出了传统数据库软件工具能力范围的数据集合，具有海量的数据规模、快速的数据流转、多样的数据类型和价值密度低四大特征[3]。

简单来说，大数据技术处理的对象或原材料是数据，这些数据有结构化的、半结构化的和非结构化的，通过对数据的挖掘发现有价值的资讯。所以，大数据技术的应用有一个前提，那就是沉淀或收集了真实的数据。如果没有这个前提，

---

[1] 参考 IBM 的定义。
[2] 参考 Gartner 的定义。
[3] 参考麦肯锡的定义。

第 12 章 技术架构：技术是支撑

运用再好的大数据技术也会事倍功半。

大数据的部分技术栈如图 12-5 所示。

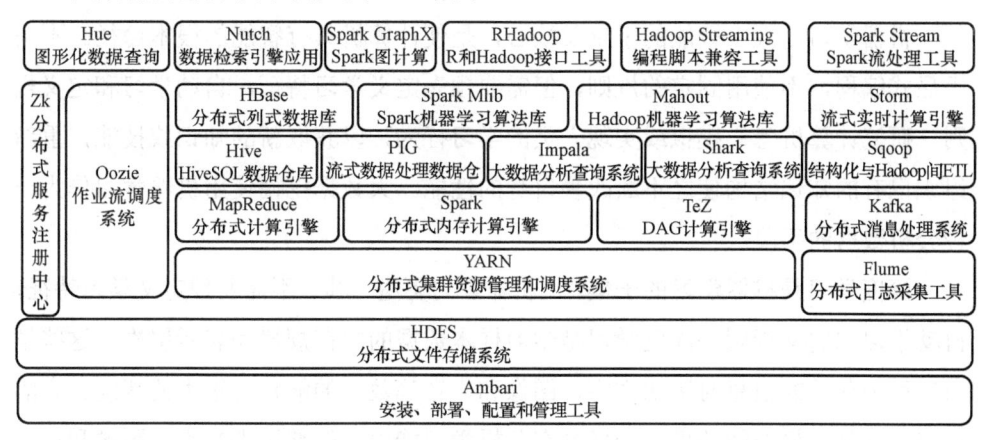

Hue 图形化数据查询	Nutch 数据检索引擎应用	Spark GraphX Spark图计算	RHadoop R和Hadoop接口工具	Hadoop Streaming 编程脚本兼容工具	Spark Stream Spark流处理工具
Zk 分布式服务注册中心	Oozie 作业流调度系统	HBase 分布式列式数据库	Spark Mlib Spark机器学习算法库	Mahout Hadoop机器学习算法库	Storm 流式实时计算引擎
		Hive HiveSQL数据仓库	PIG 流式数据处理数据仓	Impala 大数据分析查询系统	Shark 大数据分析查询系统	Sqoop 结构化与Hadoop间ETL
		MapReduce 分布式计算引擎	Spark 分布式内存计算引擎		TeZ DAG计算引擎	Kafka 分布式消息处理系统
		YARN 分布式集群资源管理和调度系统				Flume 分布式日志采集工具
HDFS 分布式文件存储系统
Ambari 安装、部署、配置和管理工具

图 12-5 大数据的部分技术栈

AI

AI 可以按人工干预的多少简单分为人工智能、机器学习和深度学习，它们的关系是：深度学习⊂机器学习⊂人工智能，如图 12-6 所示。

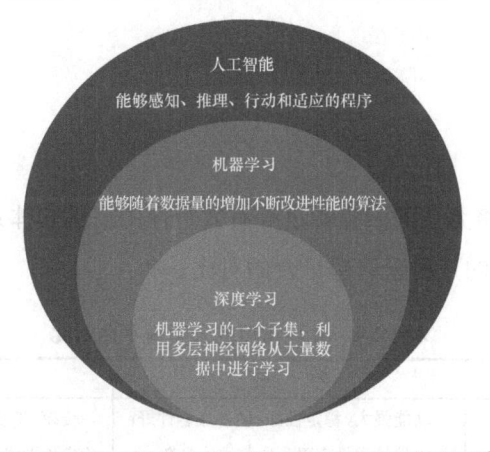

图 12-6 人工智能、机器学习、深度学习的关系[1]

---

① 图片源自嘉为教育。

人工智能是研究、开发用于模拟、延伸和扩展人的智能的理论、方法、技术及应用系统的一门新的技术科学。以各种方式模拟人类智能行为。

机器学习是人工智能的子集及核心,是使计算机具有智能的根本途径。不基于显式编程,不使用固定的规则,但需要预先定义学习特征,自动学习和定义规则。研究计算机怎样模拟或实现人类的学习行为,以获取新的知识或技能,重新组织已有的知识结构使之不断改善自身的性能。大数据挖掘使用机器学习作为一种分析数据的手段。

深度学习是机器学习的子集。比机器学习更进一步,不需要预定义学习特征,自动学习和定义规则。深度学习是学习样本数据的内在规律和表示层次,这些学习过程中获得的信息对诸如文字,图像和声音等数据的解释有很大的帮助。它的最终目标是让机器能够像人一样具有分析学习能力,能够识别文字、图像和声音等数据。深度学习是一个复杂的机器学习算法,在语音和图像识别方面取得的效果,远远超过先前相关技术。

简单来说,在数字化过程中,尽量将规则清晰的业务自动化,而对规则不清晰的业务通过智能化进行辅助。AI 主要是指后面这种场景,一定要关注智能化的价值。能够自动化的尽量自动化,然后才是运用 AI 技术进行智能化处理,一定不能只追求炫酷的 AI 应用而本末倒置。

云管理平台

云管理平台是将企业的云资源进行有效管理的工具和体系。

表 12-4 是流行的几种云管理平台的对比。

表 12-4 几种常见的云管理平台对比

云管理平台	特　　征	场　　景
VMware、Microsoft System Center	功能强大、稳定性好、硬件兼容性好;但组件扩展性有限、安装维护复杂	传统 IT 资产多,环境复杂,安全和稳定性要求高
CloudStack	开源。简单、易用	互联网创新企业、互联网服务商

（续表）

云管理平台	特　征	场　景
OpenStack	开源。模块组件丰富、灵活性好、扩展性好、产业支持广泛	较大规模的云服务商。华为云、腾讯云都基于 OpenStack
飞天（Apsara）	阿里自主研发。模块组件丰富、灵活性好、扩展性好	较大规模的云服务商
云管理平台目前大都属于 IaaS 范畴		

云管理平台具备的关键功能包括但不限：虚拟化资源池管理；多厂商软硬件统一管理；多数据中心统一管理；虚拟机迁移、物理机到虚拟机迁移；虚拟机备份与恢复；虚拟机资源动态调度；虚拟机高可用技术；等等。

数字化平台

数字化平台也叫数字化中台，是将企业通用的能力进行沉淀形成的数字资产，其主要目的是"可复用、易复用、多复用"。

阿里巴巴 Aliware 团队对企业中台的定义是："将企业的核心能力随着业务不断发展以数字化形式沉淀到平台，形成以服务为中心，由业务中台和数据中台构建起数据闭环运转的运营体系，供企业更高效地进行业务探索和创新，实现以数字化资产的形态构建企业核心差异化竞争力。"

实际上，数字化中台等于业务中台、数据中台和 IT 基础设施的结合。

业务中台：实现业务和系统能力共享，用标准化的能力模块支撑业务敏捷化与创新。

数据中台：打通业务系统，消除数据壁垒，实现数据互通、共享、融合。

IT 基础设施：为业务中台和数据中台提供支撑环境。

数字化中台的价值：

- 业务是数据的来源，数据反哺业务；
- 中台承载业务逻辑、沉淀业务数据、产生业务价值；

数字化的极简逻辑与方法

- 提供可复用的业务能力;
- 是组织的能力的枢纽。

数字化建设不是否定过去,而是最大可能地继承和利用现有资产。通过数字化中台,实现"共性业务能力的平台化和服务化+数据端到端的共享和服务化",通过模块化与编排,表达标准化与个性化的辩证统一,实现用确定性应对不确定性。

在构建数字化中台的过程中,业务架构重点基于业务场景驱动的能力进行识别和定义,应用架构转变应用为微服务和分层,产出物是业务中台;数据架构融合关系型、半关系型、非关系型数据及数据处理技术栈,产出物是数据中台;技术架构转变IT基础设施为云原生核心技术底座,产出物是技术平台。

经过平台化改造的数据资产,将形成"敏捷前台,创新而强大的数字化中台"的格局,如图12-7所示。

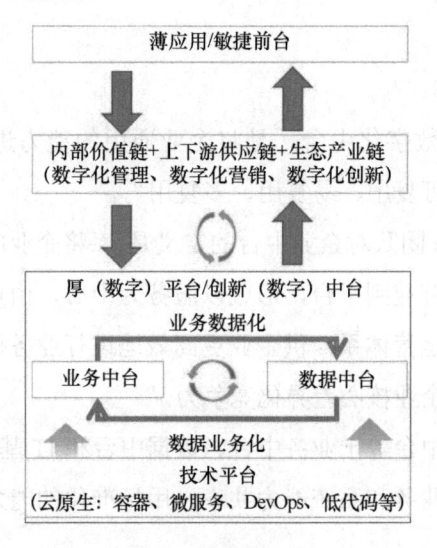

图12-7 数字化中台

敏捷前台:强调创新和灵活多变,进行敏捷、个性化、接地气的交付。

创新而强大的数字化中台:强调规划、控制和协调能力,是稳定、共享、标准、服务化、组件化、可复用能力的交付。中台的成长离不开前台的创新,只有真实的前台业务场景才能培育、沉淀和滋养中台的能力。

第 12 章 技术架构：技术是支撑

真实的业务场景生成真实的数据（如交易过程生产数据），数据成就平台，平台成就生态，生态成就生态企业及生态中的企业；"以客户为中心、用例驱动、领域驱动、流程驱动、数据驱动"本质上是数据驱动。

数字化平台的建设核心是服务化与共享，通过建立一个开放的服务化结构，打破原来的内部壁垒。一方面，让一线组织拥有更大的决策权；另一方面，实现职能组织转型，走向职能部门的能力平台化、平台服务化。这样的改变带来的是企业内部权责利的重新分配，如图 12-8 所示。

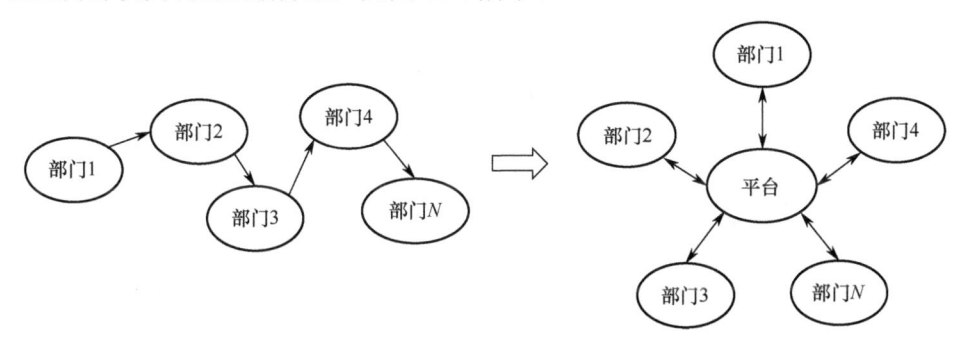

图 12-8 数字化带来的组织关系变化

平台服务化是以能力共享为导向，将企业的各项能力沉淀在共享平台上，对外提供服务，支撑一线作战。各业务领域不仅需要通过数字化转型提升自身业务能力，还应将能力包装为服务，在企业内外部共享和重用。业务能力实现数字化的核心是各业务领域都要沿着主业务流，识别出业务能力，主动进行能力的数字化建设，并将服务开放、共享出来，为一线作战平台或客户连接平台提供核心支撑，快速响应业务需求。

第四篇

数字化治理篇

第 13 章

数字化的组织变革

数字化治理管控的内容是建立健全管控组织、明晰管控职责、制定管理原则、执行管控流程、管理架构资产,通过机制长效保障数字化各项目实施落地。企业数字化跨越多个业务部门和系统,统筹架构治理和项目群管理相关工作必不可少。企业需要加强项目间协调和共享,从而降低成本和衔接问题,并确保项目与战略重点保持一致。

在团体标准 T/AIITRE 10001—2020《数字化转型 参考架构》中,治理体系包括数字化治理、组织机制、管理方式、组织文化以及与之对应的联动机制,帮助组织建立相匹配的治理体系并推进管理模式持续变革,以提供管理保障。

本章将结合该标准的内容,给出对数字化组织变革有关数字化治理、组织机制、管理方式和组织文化等方面的理解及建议。

数字化治理

组织应运用架构方法,从数字化领导力培育、数字化人才培养、数字化资金统筹安排、安全可控建设等方面,建立与新型能力建设、运行和优化相匹配的数字化治理机制,包括但不限于:

(1)战略指导执行,数字化转型必定也是通过战略牵引的,通过数字化战略明确转型的业务目标和成果是很重要的。每个企业都会具有不同领域和优先级的变革目标,确认共同努力的目标是成功的第一步。

（2）聚焦核心能力。只有聚焦才能高效转型，数字化转型的焦点应该是建立以客户为中心的业务体系，聚焦提高客户体验，并根据客户需求变化持续作出反应。

（3）没有投入就没有产出，企业需要准备专门的投资用于数字化转型，用于支持商业模式创新，以及流程、产品和服务的优化，新技术的研发和引入也需要人力和资金支持。

（4）围绕实现解决方案相关四要素（数据、技术、流程、组织）和有关活动的统筹协调、协同创新管理和动态优化，建立适宜的标准规范和治理机制。

（5）高层领导者需要对数字化转型敏锐战略洞察和前瞻布局，由一把手、决策层成员、其他各级领导、生态合作伙伴领导等共同形成协同领导和协调机制。

（6）进行全员数字化理念宣贯和技能培养，建立完善的数字化人才绩效考核和成长激励制度，以及跨组织（企业）的人才共享和流动机制。

（7）建立适宜的制度机制，强化围绕新型能力建设等数字化资金投入的统筹协调利用、全局优化调整、动态协同管理和量化精准核算。

（8）有效开展自主可控技术研发、应用与平台化部署，充分应用网络安全、系统安全、数据安全等信息安全技术手段，建立完善信息安全相关管理机制，提升整体安全可控水平。

组织机制

应从组织结构设置、职能职责设置等方面，建立与新型能力建设、运行和优化相匹配的职责和职权架构，不断提高针对用户日益动态、个性化需求的响应速度和柔性服务能力。

组织应开展的活动包括但不限于：

（1）适时建立流程化、网络化、生态化的柔性组织结构，并建立数据驱动的组织结构动态优化机制，提升组织结构与新型能力之间的适宜性和匹配度。

（2）建立覆盖全过程和全员的数据驱动型职能职责动态分工体系，以及相互

第 13 章 数字化的组织变革

之间的动态沟通协调机制，提升新型能力建设活动的协调性和一致性。

不同企业的数字化组织架构不一样，没有一种固定的组织架构是最优的，只有当下最适用的。例如，"扁平化"架构（主要适用于快速创新或小规模组织）和"层级制"架构（主要适用于提高效率或复杂组织）没有好坏，只是适用场景不同。

华为的数字化转型治理体系如图 13-1 所示。

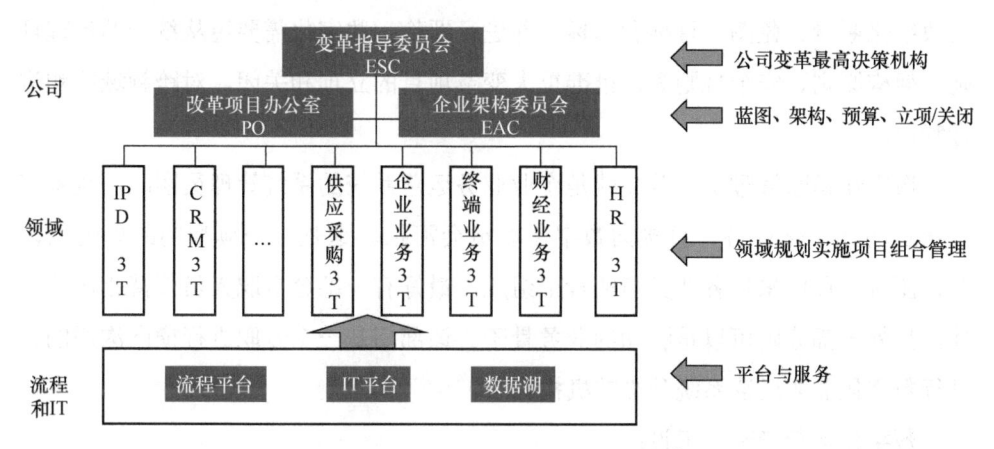

图 13-1 华为数字化转型治理体系[①]

其中，3T（即 Business Transformation & IT Management Team）是指业务变革与 IT 管理团队。

参考华为案例，笔者结合接触到的大多数复杂企业的实际情况，给出一个供读者参考的数字化组织结构，如图 13-2 所示。

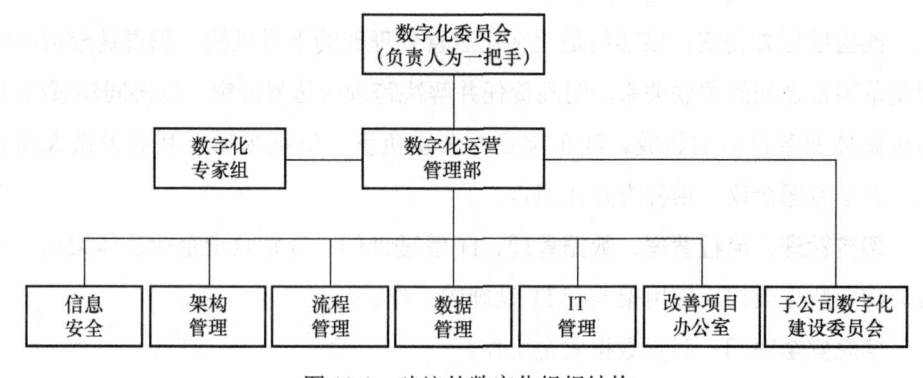

图 13-2 建议的数字化组织结构

---

① 源自《华为数字化转型之道》。

数字化委员会：企业数字化的最高决策机构，建议由董事长或执行董事主持，成员以各业务部门负责人为主。该委员会负责掌握变革的方向，基于业务战略和数字化战略进行变革的投资决策（包括变革的优先级），以及各部门重大冲突的裁决。

主要负责决策以下内容：企业数字化整体愿景、蓝图、节奏和预算；各领域的数字化愿景、蓝图、目标和路标，并进行评价；数字化需要遵从统一的治理规则、架构原则、安全规则等；批准重大变革项目的立项和关闭，对跨领域问题进行裁决。

数字化运营管理部：其实就是企业业务运营系统的系统管理员团队，统筹整个企业的数字化业务，直接向数字化委员会汇报。这是一个典型的跨单位的团队，团队成员由来自各业务口的骨干组成。最好有一部分专职人员保持相对稳定性，另外一部分则可以是流动的业务骨干。该部门是一个专职进行横向沟通的、进行数字化业务运营系统升级的机构。

数字化运营管理部下设：

（1）企业架构相关部门。架构管理（4A）、流程管理、数据管理、IT 管理（含应用管理和 IT 设施管理）等。

（2）信息安全部门：负责公司专门的信息安全管理职责。

（3）改善项目办公室：保障项目建设和变革方向一致。

（4）子公司数字化建设委员会。

改善项目办公室：该部门是数字化运营管理部的下设机构。职责是分析和管理变革项目之间的关联关系，明确责任并解决跨领域边界冲突，以协同领域/项目促进整体变革目标的达成。改善项目办公室负责广泛征求项目利益关系人的意见，召集专题会议，由各方陈述观点。

架构管理、流程管理、数据管理、IT 管理部门：分别负责企业总体架构、业务架构、数据架构、应用架构和 IT 设施的工作。

信息安全部门：负责数据安全工作。

数字化专家组：通常为伴随式辅导专家，为企业的数字化提供脑力支持。

第13章　数字化的组织变革

管理方式

组织应从管理方式创新、员工工作模式变革等方面，建立与新型能力建设、运行和优化相匹配的组织管理方式和工作模式，推动员工自组织、自学习，主动完成创造性工作，支持员工自我价值实现，与组织共同成长。

组织应开展的活动包括但不限于：

（1）开展与其新型能力建设、业务创新转型等需求相匹配的管理方式创新，包括但不限于推动职能驱动的科层制管理向流程驱动的矩阵式管理、数据驱动的网络型管理、智能驱动的价值生态共生管理等管理方式转变。

（2）顺应新一代信息技术引发的工作模式变革趋势，支持员工基于移动化、社交化、知识化的数字化平台履行职能职责，并以价值创造结果和贡献为导向，激励员工开展自我管理、自主学习和价值实现。

组织文化

组织应从价值观、行为准则等方面入手，建立与新型能力建设、运行和优化相匹配的组织文化，把数字化转型战略愿景转变为组织全员主动创新的自觉行为。

组织应开展的活动包括但不限于：

（1）积极应对新一代信息技术引发的变革，构建开放包容、创新引领、主动求变、务求实效的价值观。

（2）制定与价值观相匹配的行为准则和指导规范，并利用数字化、平台化等手段工具，支持行为准则和指导规范的有效执行和迭代优化。

上文介绍的"文化—规则"模型认为"文化孕育规则，规则决定行为，行为导致事件"；业务运营系统的运行原理模型则认为"无形的文化决定了有形机制，而有形机制巩固了无形的文化"，这两个模型都在强调文化对于企业的至关重要的作用。

"一把手"工程

十几年前，信息化解决方案的购买者往往是组织的技术体系团队或 CIO。现在，数字化是从业务、数据、应用、技术全方位开展的建设，数字化远远不只是个 IT 范畴的课题，而是变革范畴或可持续发展范畴的课题。所以，数字化解决方案的购买者往往是 CEO 经营团队、董事会或董事长。实际上，数字化的工作不仅需要"一把手"讲话定调，更需要给予资源和环境，且深度参与其中。

企业数字化没法良性开展，跟管理层的关系非常大，很多具体问题在过程中通过项目组成员的努力都能解决，而管理层对数字化的认识不足和消极态度才是主要因素，其中常见现象有：

- "一把手"没有从全局上对数字化真正深入地进行系统思考，不笃定；
- "一把手"除了讲话支持，不深入参与相关工作，没有认识到数字化的重要性；
- "一把手"没能对数字化组织或团队进行足够授权，只是将这项重要工作委派给了某个职能部门执行，或某位德高望重的副总主抓；
- 在管理班子层面没有达成基本共识；
- ……

数字化建设必定涉及核心的端到端的价值流和流程，这类流程注定是跨单位、跨业务领域的，这涉及组织职责、权力、利益的再分配，以及组织结构的重塑。组织底层的、关键的、重要的流程或规则的调整往往会涉及管理班子层面的决策，最终需要直达"一把手"。

第13章 数字化的组织变革

关注利益相关方

企业数字化需要依靠团队协作,最终服务于内外部客户/用户,需要注重客户、用户、供应商、伙伴、员工的发展,"人同频,事自顺"。

IBM的研究(见图13-3)表明,影响企业变革工作成功的主要因素包括:改变人们的思考方式和态度;资源短缺;企业文化;高层管理层缺乏承诺;低估变革的复杂性;因信息/沟通的缺失或错误,缺乏透明度等,而技术壁垒造成的影响非常小。

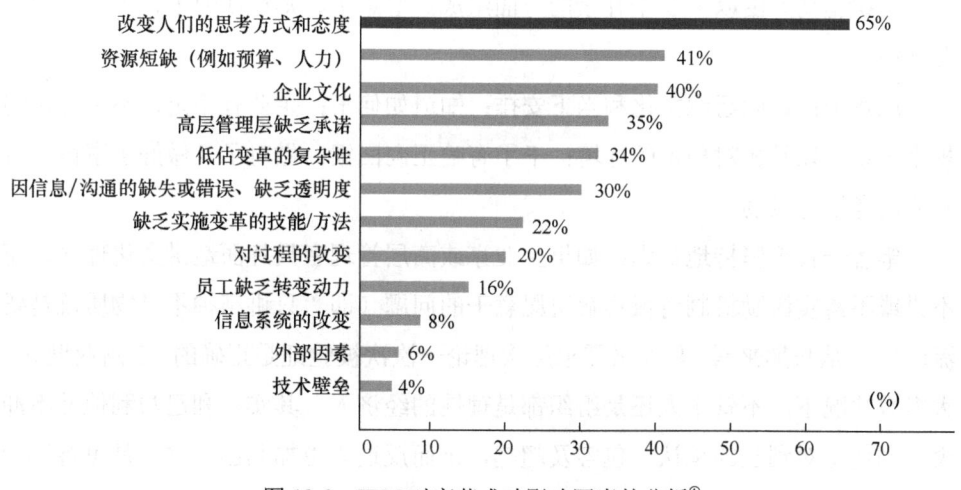

影响因素	百分比
改变人们的思考方式和态度	65%
资源短缺(例如预算、人力)	41%
企业文化	40%
高层管理层缺乏承诺	35%
低估变革的复杂性	34%
因信息/沟通的缺失或错误、缺乏透明度	30%
缺乏实施变革的技能/方法	22%
对过程的改变	20%
员工缺乏转变动力	16%
信息系统的改变	8%
外部因素	6%
技术壁垒	4%

图13-3 IBM对变革成功影响因素的分析[①]

由图13-4可见,组织所处的"势"(即环境)、领导者的初心等因素决定了当下组织的"文化"(对应第6章介绍的"无形根基")以及业务运营系统改善相关工作开展的广度和深度。如果没有做好这部分的评估和调整工作,那么在"形"的层面(对应第6章介绍的"有形机制")即便再努力、相关工作做得再好、拥有再好的人才也无法将业务运营系统的改善工作做到位。如此一来,很容易造成具体做法与文化严重背离,请务必认识到"势"是首先需要被关注的方

[①] 源自IBM"成功变革之路"研究。

面，只要重视了"势"的作用，其他的就不是大问题了。

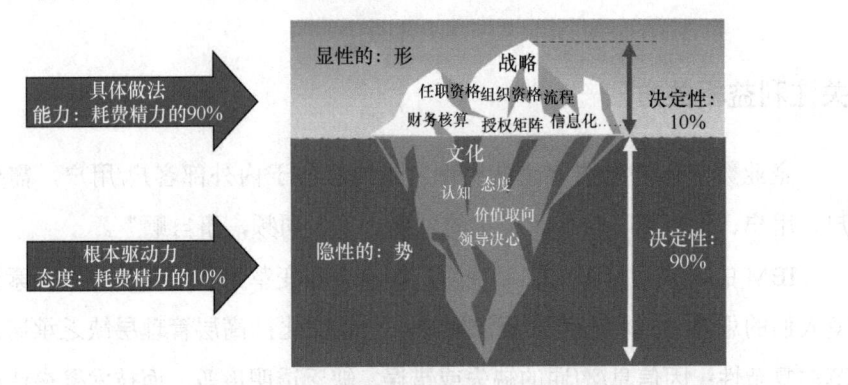

图 13-4 变革"冰山模型"

组织驱动力由以下 3 个朴素的方面组成：愿意干、知道如何干、干了有啥正向回馈。

愿意干：认同组织文化和当下安排；知道如何干：企业有稳定、不断优化的规则体系，以及相对稳定的环境；干了有啥正向回馈：做对了、做好了事情，有对应的考核与激励。

笔者一直很坚持地认为：如果企业家或高层管理者只片面地讲文化理念，而不讲或不落实激励机制将很难解决愿意干的问题（即"只讲精神不讲物质就是耍流氓"）。从长期来看，马斯洛需求层次理论一次次被验证是正确的。在商业世界，大多数情况下，不管个人还是组织都是理性的经济人。其实，利己与利他并不冲突，利他是对利己的承认、包容及超越，进而反过来更加利己，这才是可持续的良性循环，但这需要通过机制来保障此循环的良性运转。

可以借助图 13-5 中的利益干系人四象限来对利益干系人进行分类：

（1）高权力、高利益者：通常为项目发起人，应该重点管理。了解发起人对项目的真正诉求，对项目的成功实施至关重要。

（2）高权力、低利益者：通常为部门经理（或叫职能经理），需要令其满意。部门经理是（能力）资源池的所有者，所管辖的团队通常覆盖多个项目或项目群，这也使得其与单个项目的利益相关度通常比较低，介入程度往往也很有限。这类干系人分成 3 类：

- 支持者：是项目获得成功所非常需要依赖的力量。有意识地创造更多的空间

第13章 数字化的组织变革

和机会,让其能够深度参与到项目的决策或设计环节,可以增强其主人翁意识,会给整个项目带来最大收益。

- 反对者:管理这类人的重点在于建立信任,化解敌意。如果实在无法争取支持,至少要让其保持中立,以免对其他成员造成负面影响。必要情况下,向最高领导层汇报情况,请求支援,这是企业最高层面需要解决的变革中的问题。
- 中立者:在条件合适时,进一步将其转化为支持力量。

高权力：影响变革的能力 低	部门经理 策略：令其满意	项目发起人 策略：重点管理
	支持人员 策略：监督	项目组成员 策略：随时告知
	低　　　利益：变革意愿　　　高	

图 13-5　利益干系人四象限

(3)高利益、低权利者:通常为项目组成员,随时告知。项目任何变动随时告知,及时通报项目的进展和困难。

(4)低利益、低权利者:通常为外围支持人员,对其工作进行监督。通常会把一些复杂度低而且非核心的工作,转交给外围支持人员。在不影响项目的前提下,花最小的力气对其进行监督。

考核与激励

数字化建设许多时候涉及"开着车换轮子"的场景,需要调整核心的业务流程。但是,由于当期考核指标的存在,使得当事人不想"换轮子",如图 13-6 所示。

数字化的极简逻辑与方法

图 13-6 "开着车换轮子"

这时候要获得一线人员的支持，就需要非常注意考核机制的相应调整。例如，数字化业务运营系统建设与业务目标之间需要平衡；升级数字化业务运营系统，一些工作很难用短期的、可量化的 KPI 来衡量等。表 13-1 是对变革期的全面考核给出的一些大致方向。

表 13-1 全面考核

	考核方面	考核对象	考核指标	考核组织者
规则构建时	参与建设的过程	项目组	出勤率、交付物合格率、完成率等	PMO、PM 等
	规则设计质量	项目组	验收通过率等	
规则运行时	目标达成	各部门	销售额、招聘人数等	经营班子、HR 等
	规则执行质量	规则执行参与方	输出物合格率、执行质量等	运营管理部门、职能部门等

企业相关制度大致可分为两大类：激励制度、管理制度。其中，激励制度回答"数字化工作如何激励"的问题；激励制度体现在财富分配规则，目的在"激励"，包括企业的股权制度，以及与之相适应的工资、奖金等激励制度等。管理制度回答"如何高效运营"的问题，体现生产的效率规则，目的在"规范运营、降本增效"。好的激励制度在很大程度上可以"让笨人变聪明、让懒人变勤劳、让恶人变善人、让坏人变好人"，激励制度对于增强企业活力至关重要，绩效管理就是让激励制度发挥作用。

"业务"表达企业的"事情"，"组织结构"表达执行工作的"人"，而绩效管理是连接"事情"和"人"的强纽带（广义上讲，绩效管理规则从属于企业的业

— 232 —

务规则)。"事情"需要"人"去执行,而"人"因为做了"事情"而被考核、被激励,所谓绩效针对"人",就是按照既定逻辑计算出来其做了多少"事情"而评估出来的结果。

激励需要充分考虑被激励对象的核心需求(如通过需求层次模型、相关者利益分析矩阵等),将被激励者真正需要的东西与企业希望达到的目标通过激励制度建立关系;激励制度一定要通过相关方熟知的原则、规则、流程、规章、制度等形式表现出来。激励制度就是充分考虑相关的利益权衡,拟定适当的制度,实现共赢。

激励制度的建设可以考虑基于如下原则:

战略导向:以企业战略和发展为整体方向,注重将战略转化为具体行动;激励制度要为企业未来想实现的主要目标服务,表现为指标、指标目标值、指标计算逻辑、分配规定等。

沟通:最合适的激励制度不是领导直接颁布的,而是通过与主要利益相关方沟通出来的。要激励解决的是人的意愿的问题,激励需要与主要利益相关方的利益取向一致才会真正发挥作用,激励制度建设的前序工作是做利益相关方分析,必要情况下需要调整组织结构。

实效:强调考核体系的实效性和可操作性。指标的数据来源明确、计算逻辑清晰、结果透明;被激励对象与其授予的激励之间有直接关系,应基于个人的努力影响作为激励基础的绩效(即基于当事人其本职工作作出的贡献进行激励)。

在数字化的过程中,关键人才的重要性没有降低,反而比以往更重要。吸引具有数字化技能的人才、提升和转型现有人员的技能是必须的工作。旧的绩效考核也需要升级成为更加灵活、及时、自动化的方式。企业的绩效管理工作需要在以下3个方面提升:

提升考核及时性:在快速发展和迭代的互联网时代,绩效周期需要从以前的月/季度/年度的考核转变为周/天乃至实时的考核。越是及时激励,效果越好。同时,及时发现问题,才能迅速作出反应和调整。

数据驱动绩效:人力资源绩效系统需要利用企业大量的业务数据自动生成绩效 KPI,支持基于实时数据的考核体系。管理层和员工都能随时了解考核目标和

数字化的极简逻辑与方法

实际执行情况。对于定性的考核可以在业务流程中增加反馈点，快速搜集客户和内部团队的反馈意见，丰富为考核数据。

建立创新文化：鼓励尝试并允许失败。

持续机制

企业的精益工作没有终点，业务运营系统的持续迭代也没有终点，其数字化工作自然也没有终点，是长期持续之功，不适合"搞运动""上个大项目就完成"等。

数字化是与企业发展紧密相关的持续性工作，需要构建数字化机制保障相关工作持续迭代进行。对这些企业来说，数字化转型不仅是长期战略，更是企业管理进化和迎接未来挑战的主要手段。

附录 1

伴随式辅导服务（解决方案）

数字化伴随式辅导服务是邀请合格专家深入企业具体数字化工作，本附录介绍其具体方案。

专家的遴选

企业数字化工作涉及企业的多个方面，这决定了提供数字化伴随式辅导服务的专家一定是懂数字化的商业顾问，而不只是懂新一代信息技术的数字化技术顾问，所提供的服务不能局限于技术本身，而是能对企业进行全方位的咨询与辅导。

尽量邀请跨领域复合型的专家

谨慎邀请数字化标杆企业的领域专家。合格的专家一定不能有"手里拿着锤子到处都是钉子"的习惯，必须具备全局视野、系统思维、多专业领域的知识结构、灵活的沟通技巧等。能够从企业的发展战略全局出发，了解和发现企业的关键战略价值点、核心能力等，据此能够引导、建议和参与协助设计好数字化落地方案，以及快速评估关键技术方案的可行性等。

尽量邀请有实战经验的专家

谨慎邀请专业讲师、流量大咖。合格的专家通常不是专业讲师，其主要时间

数字化的极简逻辑与方法

潜心在企业数字化一线，能够潜下心、俯下身、慢工出细活地和企业业务骨干一起"玩泥巴"（解决具体问题），这种历练是其力量之源；能够直接面对企业最核心、最难啃的问题，不回避利益冲突；敢于呈现事实与逻辑，引导和协助企业利用机制解决问题。

尽量邀请有复杂行业辅导经验的专家

谨慎邀请标准化程度较高行业的专家。行业复杂程度越高，标准化程度通常越低（如制造业），其面临问题的难度也越高。不同行业的专家受锤炼程度不同，最好选择有跨行业、跨领域数字化工作背景的专家。注意未必只从同行中去寻找专家，真正厉害的专家具备较强的跨领域沟通和学习能力，隔行不隔理，学习行业知识会非常快，通常1个月左右的时间就能够和企业业务骨干和行业专家对话沟通，快速进入较好的工作状态。如果仅从本行业去挖掘具备丰富经验的专家，则选择面和成功率都比较低。

服务的价值

专家的伴随式辅导服务能为企业带来如下价值：
- 缓解企业数字化人才的问题，规避外聘高管和邀请实施方的高成本及高风险；
- 协助企业建立跨领域沟通机制，有序开展数字化，优化、沉淀管理资产；
- 注重企业数字化的系统性，协助通过数字化工作持续强化企业运营体系；
- 立场中立，呈现事实与逻辑，提供专业建议，主动识别风险，充分沟通方案，参与关键工作的执行，保障相关工作的质量；
- 在实战中协助企业培养数字化人才。

附录 1　伴随式辅导服务（解决方案）

服务的内容

专家根据具体需要和进展情况适时提供适当的服务。

组织问题解决

充当各单位之间"黏合剂"的角色，以及发挥解决问题时的"催化剂"的作用。协助解决问题，做好跨领域、跨单位、跨层级沟通，维护思路、方案、术语、通用语言、上下文的一致性，在具体工作过程中识别关键断点、阻塞点，引导团队用合适的方案解决关键的组织问题。

员工能力提升

员工能力提升包括以下几个方面：

- 知识导入。导入企业架构、TOGAF®、DAMA 等理论、标准等，以及培训具体的价值流/业务流程梳理、主数据治理方法等。
- 工作坊练习。讲解新一代信息技术的原理及应用场景，以及根据工作需要配套"工作坊"练习。
- 伴随式赋能。参与项目实施过程，在实战中协助员工及团队保证工作质量，提升跨职能、跨领域的能力和数字化能力。

数字化关键任务支持

- 关键路径识别。协助数字化团队识别、评估与选定 MVP，并协助项目实施落地。
- 实施方案优化。协助数字化团队设计可落地的实施方案与策略，例如，正向设计、从关键问题着手、参考最佳实践相结合的方法。

数字化的极简逻辑与方法

- 项目关键点贡献。协助数字化团队分析项目方案所需要的前提条件，协助做好项目前期沟通与前提条件准备，在重要变革点、关键任务上给予支持，并协助保障项目实施质量。

难题攻关助力

- 协助打通关键业务流程，打通堵点、拉通断点等，在关键主流程的贡献点提供有价值的建议。
- 协助保障数字化具体工作内容与战略、业务运营体系等的对齐与一致性。

附加服务

协助梳理和升级企业战略、业务逻辑、组织架构等工作，并关注这些内容与数字化之间的联系。

工作的前提

专家应保持中立

专家应立场中立，客观呈现事实与逻辑，减少企业内部的认知差与信息差。尽量不参与企业内部的行政沟通，绝对不能参与任何内部"政治斗争"；在服务客户的过程中不宜和相关供应商签署产品或服务的代理协议，以及与所服务客户的竞争者签订商业顾问、数字化顾问服务协议。

企业方面的前提

- 专家是企业邀请的没有职位的高级管理人员，需要深入企业的核心问题，有必要与之签订保密协议，明确工作边界和保密义务。
- 保障专家可以完整、无障碍地得到工作所需要的资料，熟悉企业发展战略、商业模式、组织架构，以及企业整体的数字化现状、数字化规划和当下具体工作安排等。

- 邀请专家参与现场关键会议及沟通。加入企业数字化委员会及数字化项目管理办公室（PMO）等机构，专家有发言权、建议权但无表决权，仅向决策者呈现事实与逻辑、发表观点、提供解决方案供参考。
- 安排专家参与具体问题解决和项目建设工作。

工作的方式

在伴随式辅导服务的工作方式中，专家与通常的咨询项目顾问有很大不同，主要体现在：
- 专家与员工一起参与工作，面对问题，解决问题；
- 战训结合，专家通过以战促训的形式进行赋能和帮助企业培养种子员工；
- 专家以现场工作为主，远程工作为辅，根据需要安排培训和工作坊；
- 专家用商业顾问的视角、跨领域沟通的方式，协助企业开展数字化工作；
- 专家的服务风格、提供的内容不是侵入性的，而是补充、支持性的，通过引导来开发和培养团队能力。

合作的方式

签约主体一定是企业。专家一定要能够方便地向董事会和经理班子直接汇报工作，而不是向某一个部门汇报工作。一方面，由于专家的工作涉及跨领域、跨单位、跨层级的沟通，发现和协助解决端到端的关键核心问题，工作范围不局限于某个部门，需要企业内各部门各单位的配合；另一方面，专家的工作不是为某一个部门、某一局部业务服务的，专家如果主要向某一个部门汇报工作，就会被限制在部门的认知和权利边界内，不便于工作开展，除非这个部门是一个专门的数字化部门。不过，为了方便合同签订、工作条件安排、款项支付等工作，企业可以授权委托某个部门执行签约、沟通、工作记录等协助工作。

风险的控制

由于数字化工作的第一负责人是企业的高管、部门及相关干系人，专家是协助者，只有话语权、建议权，而没有决策权，不适合通过 KPI 对其进行考核。又由于专家做的不是专项咨询，不适合以考核咨询公司的方式按照交付物质量进行考核。

笔者认为，可以参考以下方式进行风险控制：专家按照付出的时间获取报酬，按月/周结算；企业可无条件终止合作，只需提前（如 1 个月/1 个星期）知会专家，不用承担任何补偿费用；专家若需要终止合作，需要提前更多时间（如 2 个月）与企业商议，方便企业寻找替代者。

附录 2

数字化迁移示例

本附录通过一个示例，来展示一个数字化建设迁移的过程。

迁移是指通过阶段性的数字化建设，将数字化从现在状态（AS-IS）升级到目标状态（TO-BE）的过程。

请注意，本附录使用的是 The Open Group 的 ArchiMate 建模语言来表示图例的，鉴于图例的直观性，这里不详细介绍 ArchiMate 建模语言。

示例场景

示例背景：3 家保险公司，即 Home&Away、Pro-Fit、Legally Yours 合并为一家大型保险公司 ArchiSurance。其中，Home&Away 公司主要经营房屋保险和旅游保险业务；Pro-Fit 公司主要经营汽车保险业务；Legally Yours 主要经营诉讼费用保险业务。3 家公司分别在 3 个不同的城市，直接向顾客销售保险产品，其经营状况都比较稳定。合并后，3 家公司成了 ArchiSurance 的 3 个分部，名字仍然分别为 Home&Away、Pro-Fit、Legally Yours。

合并前，3 家公司都有各自的 Web 门户、客服中心系统、CRM 系统、业务后台管理系统、文档管理系统。合并后，ArchiSurance 对 3 个分部的应用进行了简单的优化和整合：3 个分部共用 1 套 Web 门户、1 套客服中心系统、1 套文档管理系统；Home&Away 和 Pro-Fit 共用 1 套战略 CRM 系统，而 Legally Yours 还保留原来的 CRM 系统；另外，考虑到应将风险最小化，暂时不对 3 个分部的

数字化的极简逻辑与方法

业务后台系统做变更和优化，3 个分部原有的业务后台系统继续保留，如图附 2-1 所示。

产品 业务种类 业务内容	屋主保险	旅游保险	汽车保险	诉讼费用保险
保持客户关系	Web 门户			
	呼叫中心系统			
	战略CRM系统			Legally Yours CRM 系统
合同 索赔处理 财务处理	Home&Away 保单管理系统	Pro-Fit 汽车保险 应用系统	Legally Yours 诉讼费用业务 处理系统
	Home&Away 财务应用系统		
文档处理	文档管理系统			

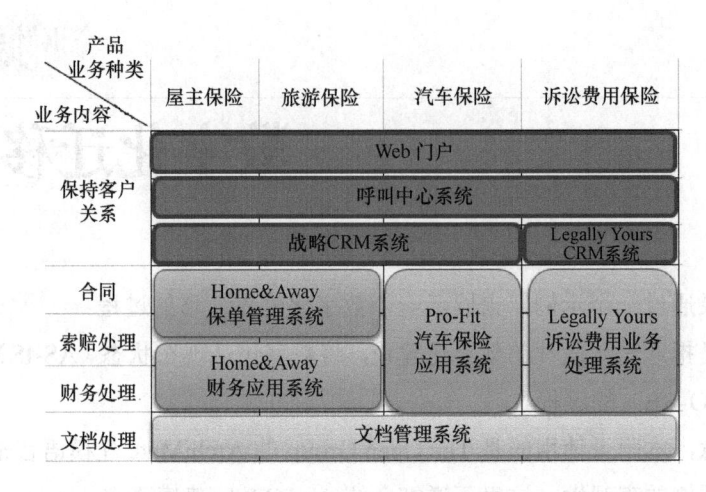

图附 2-1　应用架构当前状态

后来，随着业务开展逐渐步入正轨，市场和公司内部也出现了新的变化。例如，成本更低的竞争者进入保险行业；发现潜在的市场；期望利用合并后的规模效应和协同效应控制成本、维持客户满意度，从而充分利用合并后市场的增长潜力等。ArchiSurance 发现现有应用架构很难满足新的业务要求，多个应用的分散导致数据冗余、应用功能重叠、应用间点对点集成需要不同的数据格式和方法。这些问题又导致内部流程运行不稳定、增加应用维护成本、公司与合作伙伴分享信息也变得困难等，而 IT 部门越来越难以应对越来越多的工作请求，工作积压严重，所以有必要对现有应用架构进行优化和调整。而且，ArchiSurance 董事会想充分利用合并后的优势参与市场竞争，以更高的服务质量继续给顾客出售原有保险产品。因此，公司高层对应用架构优化和调整的期望较高，也给予了大力支持。

随后，ArchiSurance 对 3 个分部的应用进行全面的优化和整合：将 3 个分部的业务后台 IT 系统（保单管理系统、财务应用系统）进行集成，3 个分部以后将使用同 1 套系统；将 Legally Yours 原有的 CRM 系统集成到战略 CRM 系统。如此一来，3 个分部都将共用 1 套 Web 门户、1 套客服中心系统、1 套 CRM 系统、1 套业务后台管理系统、1 套文档管理系统。应用架构的未来目标如图附 2-2 所示。

产品业务种类 业务内容	屋主保险	旅游保险	汽车保险	诉讼费用保险
保持客户关系	Web 门户			
	呼叫中心系统			
	ArchiSurance CRM 系统			
合同	ArchiSurance 业务后端处理系统			
索赔处理					
财务处理					
文档处理	文档管理系统			

图附 2-2　应用架构的未来目标

策划

建立组织

为保障该项工作取得成功，ArchiSurance 公司成立了数字化指导委员会及数字化项目组，为发起本次数字化项目做好了组织准备，并界定了项目的范围：集成 3 个分部所用 IT 系统，最终 3 个分部共用 Web 门户、客服中心系统、CRM 系统、业务后台管理系统和文档管理系统。

项目原则

ArchiSurance 的数字化指导委员明确了数字化项目的原则，如图附 2-3 所示。

数字化的极简逻辑与方法

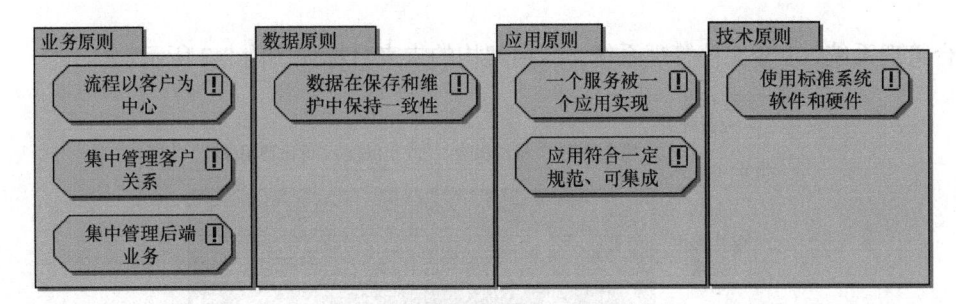

图附 2-3　数字化项目原则

差异分析

根据图附 2-2 中拟定的项目方案，在前端办公室，Legally Yours 原有的 CRM 系统将被原战略 CRM 系统集成，称为 ArchiSurance CRM 系统；在后端办公室，将 3 个分部使用的 4 个不同 IT 系统合并成 1 套 ArchiSurance 业务后端处理系统，由 3 个分部共用。

当前应用系统部署情况如图附 2-4 所示。

图附 2-4　当前应用系统部署情况

未来应用系统部署情况如图附 2-5 所示。

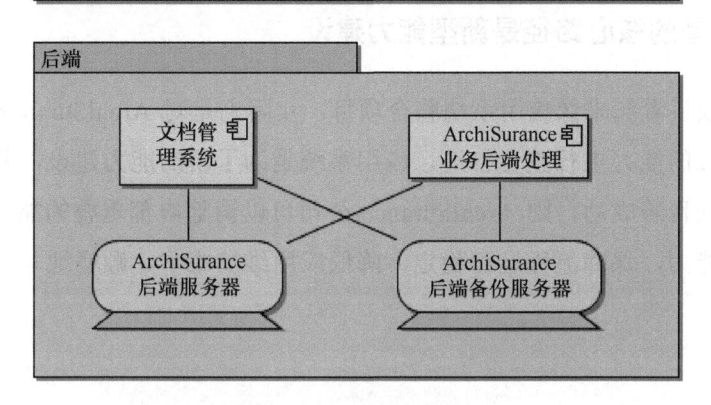

图附 2-5　未来应用系统部署情况

可见，文档管理系统、业务后端处理系统的部署方式也发生了很大变化。

战略引领

利用新一代信息技术获取商业价值

ArchiSurance 公司需要利用数字技术获取"定制化服务""长尾效应"等好处，抵抗低成本竞争者的进攻，发现潜在的市场；期望利用合并后的规模效应和协同效应，控制成本，维持客户满意度，充分发挥合并后市场的增长潜力等。

数字化的极简逻辑与方法

数字化转型的根本任务是价值体系优化、创新和重构

系统整合后，3 个分部的能力合为一体，以统一的界面呈现在客户面前，同时为客户提供原来的 3 种保险服务，以更高的服务质量继续向顾客出售原有保险产品。

数字化转型的核心路径是新型能力建设

这个项目看起来像应用系统整合项目，实际上是对 ArchiSurance 公司现在拥有的分散的能力进行整合打造，应用系统是为了新的能力建设，从而支撑业务实现。项目若成功，则 ArchiSurance 公司可以消除内部重叠的能力、弥补真空地带的能力，保障流程运行稳定、降低应用维护成本、顺畅地与合作伙伴分享信息。

数字化转型的关键驱动要素是数据

当数据能在合作方之间进行信息沟通时，通过推动基于数据的信息透明和对称，可提升 ArchiSurance 与客户、合作方的综合集成水平，提高效率；可以利用区块链技术，将保单变成一个信用凭证；公司沉淀的保险信息可以作为一项数字资产，对外提供对应的服务……

能力识别

ArchiSurance 的业务能力可以分成市场、精算、客户关系、承保、理赔、财务、文档处理、投资管理等几类，如图附 2-6 所示。在本项目前后，3 个分部的业

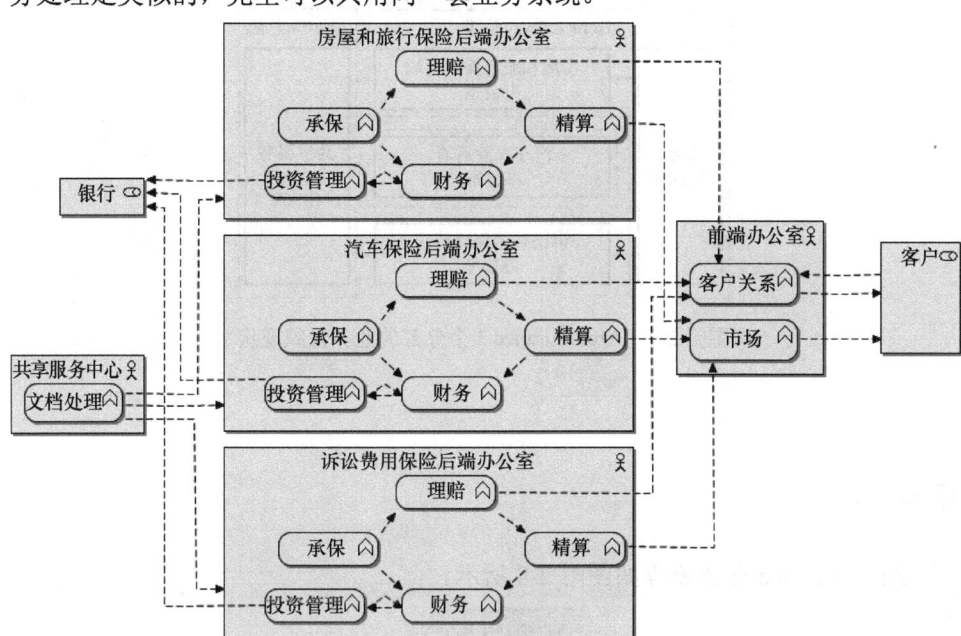

务处理是类似的，完全可以共用同一套业务系统。

图附 2-6　能力识别

解决方案

组织

合并以后，ArchiSurance 成立了前端办公室作为多渠道业务接洽中心，用来销售产品和提供客户服务，该前端办公室设置在 Home&Away 的总部；另外，成立了 1 个共享服务中心（SSC），用来集中处理 3 个分部的文档，该中心放在 Pro-Fit 的总部；3 个分部都保留原有的后勤部门来处理保险产品。ArchiSurance 3 个分部的业务组织现状如图附 2-7 所示。

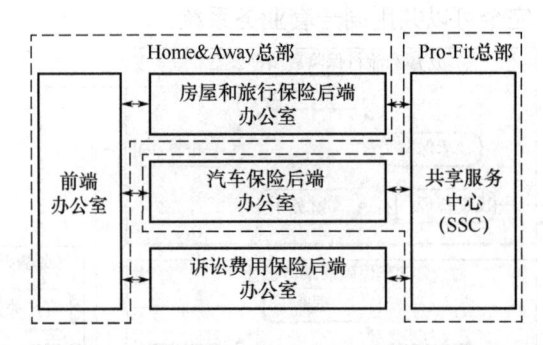

图附 2-7　ArchiSurance 3 个分部的业务组织现状

流程

ArchiSurance 业务流程如图附 2-8 所示。

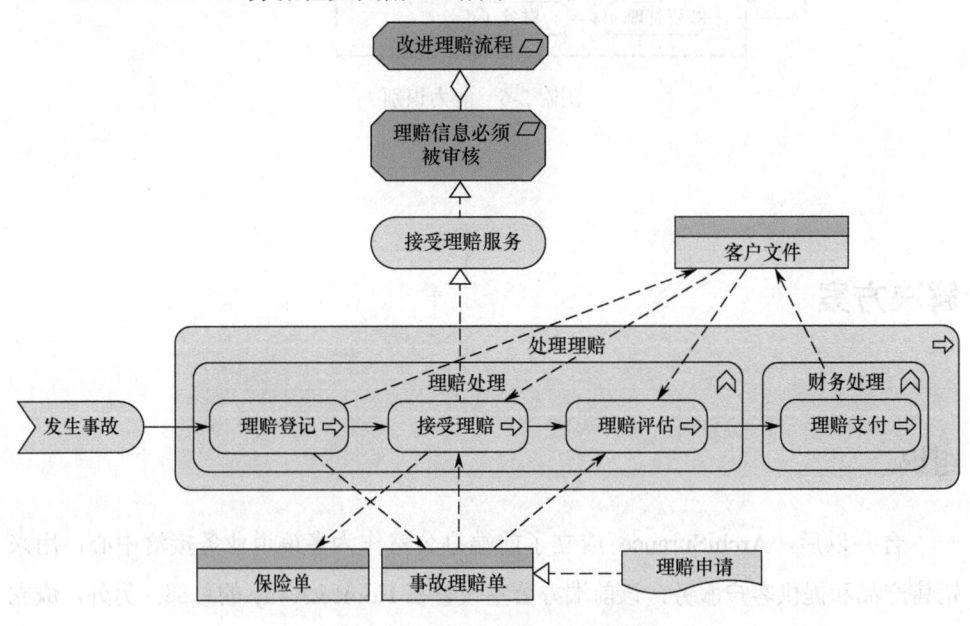

图附 2-8　ArchiSurance 业务流程

其中,"理赔信息必须被审核"是一个新需求。这个子需求可以被"接受理赔服务"来实现;服务又由"处理理赔"流程中的"接受理赔"子流程实现。在具体的业务处理过程中，会与业务对象产生信息交互。

ArchiSurance 董事会目前并不计划变更产品种类，只想利用合并后的优势参与市场竞争，以更高的服务质量继续向顾客出售原有保险产品。所以项目工作并不影响拓展业务范围。如果以后 ArchiSurance 战略决策者还希望调整产品机构，则势必会对业务范围带来影响，从而影响相关能力、流程等。

数据

图附 2-9 描述了 ArchiSurance 的用户信息（数据），用户信息通常是保险文件，该文件由保险申请、保险单、灾难理赔等组成。而保险单因保险产品类型不同且有多种样式。

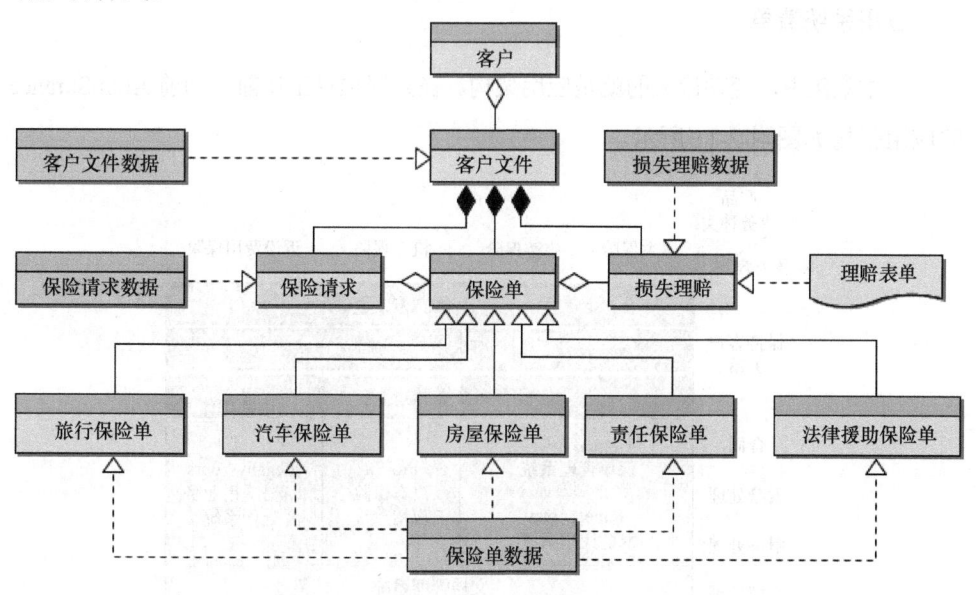

图附 2-9 ArchiSuramce 的用户信息（数据）

应用系统与数据的操作关系如图附 2-10 所示。

在该示例场景中，数据架构和数据模型保持不变，不需要进行差距分析。但是注意，使用数据的应用发生了巨大变化。

数字化的极简逻辑与方法

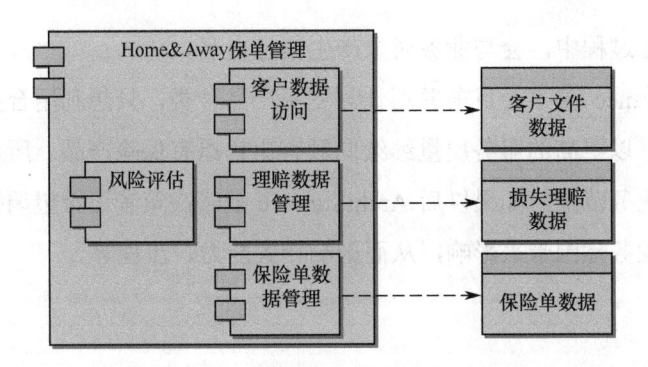

图附 2-10　应用系统与数据的操作关系

应用及技术

应用系统清单

在本案例中，变动最大的就是应用架构。在开展项目工作前，当前 ArchiSurance 的应用架构如图附 2-11 所示。

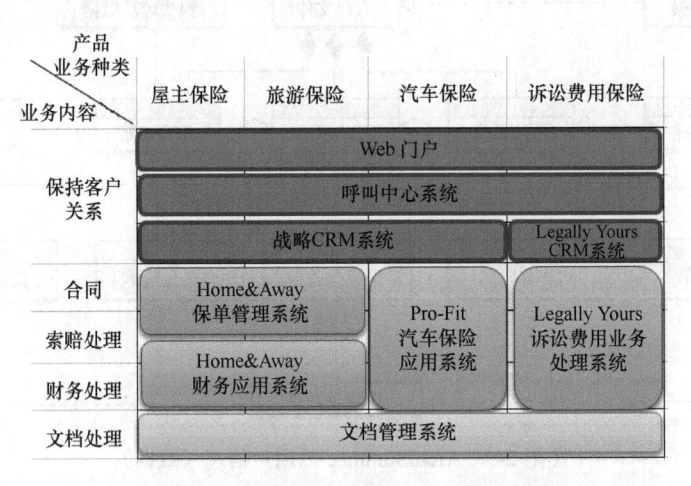

图附 2-11　当前 ArchiSurance 的应用架构

应用系统的交互情况如图附 2-12 所示。

— 250 —

附录 2　数字化迁移示例

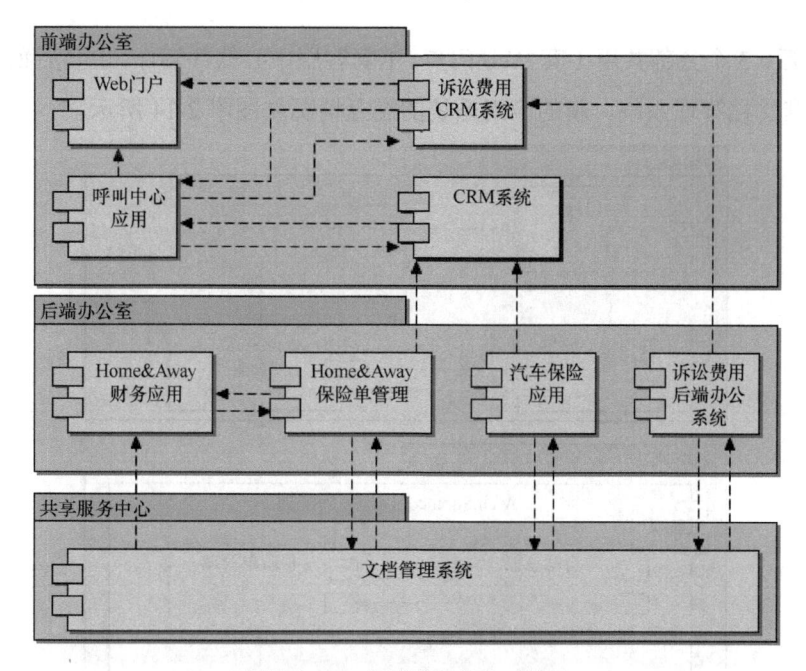

图附 2-12　应用系统的交互情况

ArchiSurance 计划对应用架构进行优化和调整。将 3 个分部的后勤 IT 系统（保单管理系统、财务应用系统）进行集成，3 个分部以后使用同一套系统，这套系统包括以下组件：自动承保、保单管理、理赔管理、产品配置、业务规则管理；同时，将 Legally Yours 原有的 CRM 系统集成到战略 CRM 系统。未来 ArchiSurance 的应用架构如图附 2-13 所示。

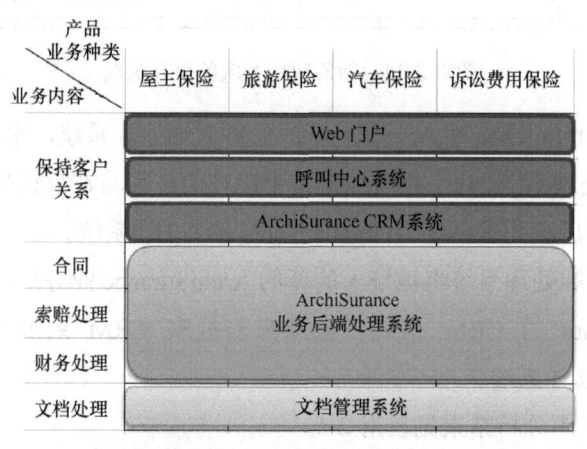

图附 2-13　未来 ArchiSurance 的应用架构

— 251 —

数字化的极简逻辑与方法

以后，3个分部共用1套Web门户、1套客服中心软件套件、1套后勤服务套件、1套文档管理系统。新的应用系统的交互情况如图附2-14所示。

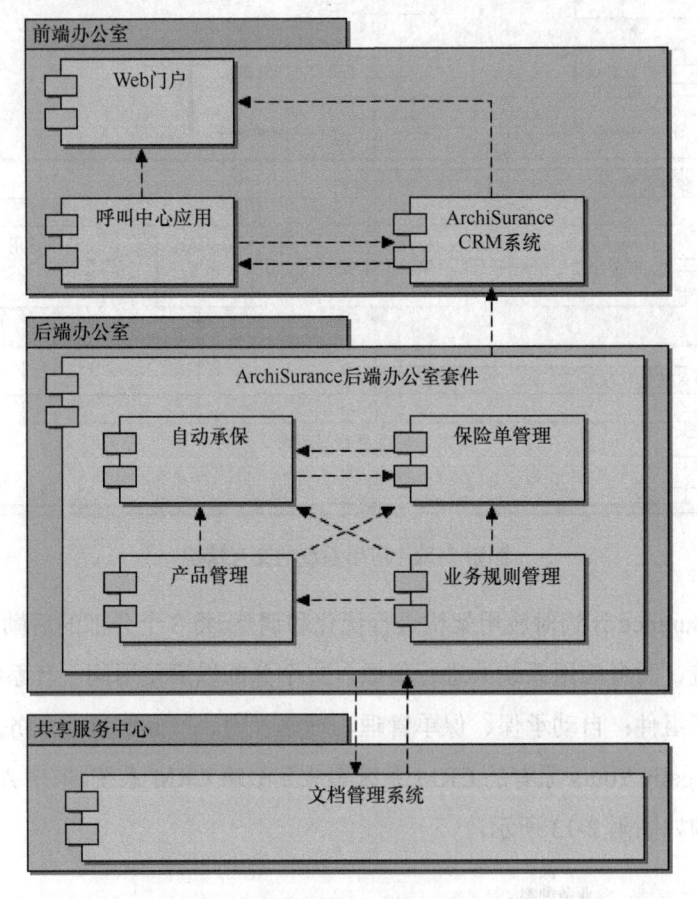

图附2-14 新的应用系统的交互情况

这需要ArchiSurance引入一套全新的业务后端处理系统，来替代原有的4个老的业务后端处理系统。几个在基线架构中存在的应用将在目标架构中不复存在，例如，4个业务后端处理系统、Legally Yours 的 CRM 系统。

4个业务后端处理系统将被统一的新的ArchiSurance业务后端处理系统替代；而 Legally Yours 的 CRM 系统将被原来的战略 CRM 系统集成，成为新的 ArchiSurance CRM 系统。

应用系统差距分析结果见表附2-1。

附录 2　数字化迁移示例

表附 2-1　应用系统差距分析结果

应用架构目标版本（适用范围）＼应用架构基线版本（适用范围）	Web 门户（所有分部）	呼叫中心系统(所有分部)	Achisurance CRM 系统（所有分部）	ArchiSurance 后端业务处理系统（所有分部）	文档管理系统（所有分部）	删除的构件块
Web 门户（所有分部）	已有					
呼叫中心系统（所有分部）		已有				
战略 CRM 系统（Home&Away、Pro-Fit）			将现有 CRM 进行扩展，将 Legally Yours 的客户纳入管理范围			
Legally Yours CRM 系统（Legally Yours）						有意删除
Home&Away 保单管理系统（Home&Away）						有意删除
Home&Away 财务应用系统（Home&Away）						有意删除
Pro-Fit 汽车保险应用系统（Pro-Fit）						有意删除
Legally Yours 诉讼费用业务处理系统（Legally Yours）						有意删除
文档管理系统（所有分部）					已有	
新增的构件块				用该系统替代原有 4 套后端业务处理系统，并将其中功能分成 5 类，各类功能间可相互配合。该系统由 3 个分部共用		

从分析结果来看：

- CRM 系统的变化是将现有 2 套 CRM 系统进行集成，具体将 Home&Away 和 Pro-Fit 共用的战略 CRM 系统的使用范围进行扩展，将 Legally Yours 的客户纳入管理范围，并将系统改名为 ArchiInsurance CRM 系统；待相关集成工作（如数据迁移、用户培训等）完成后，再把 Legally Yours 原有的 CRM 系统删除。
- 后端业务处理系统的变化是将 4 套业务后端处理系统进行集成，具体是引入新的 ArchiSurance 业务后端处理系统，集成 3 个分部原有的 4 个业务后端处理系统的功能。新系统的功能分成自动承保、保单管理、理赔管理、产品配置、业务规则管理 5 类，可以完全覆盖原有 4 套系统的功能，并增强了功能间的协作；待相关集成工作（如数据迁移、用户培训等）完成后，将原有的 4 个系统删除。
- 其他系统维持原状不变。

应用系统在基础设施上的部署

当前应用系统在计算基础设施中的部署情况如图附 2-15 所示。

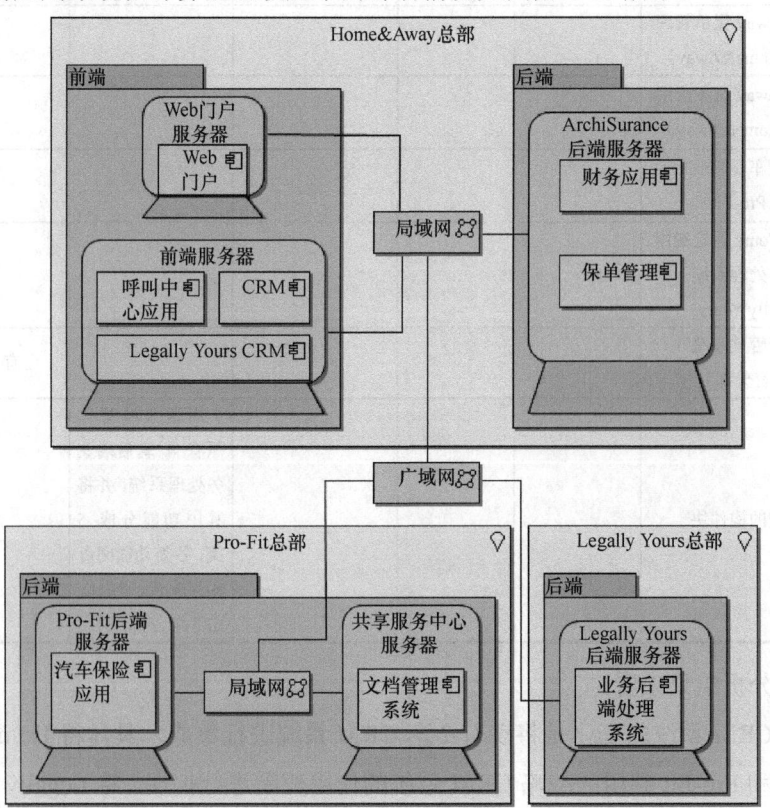

图附 2-15　当前应用系统在计算基础设施中的部署情况

附录 2　数字化迁移示例

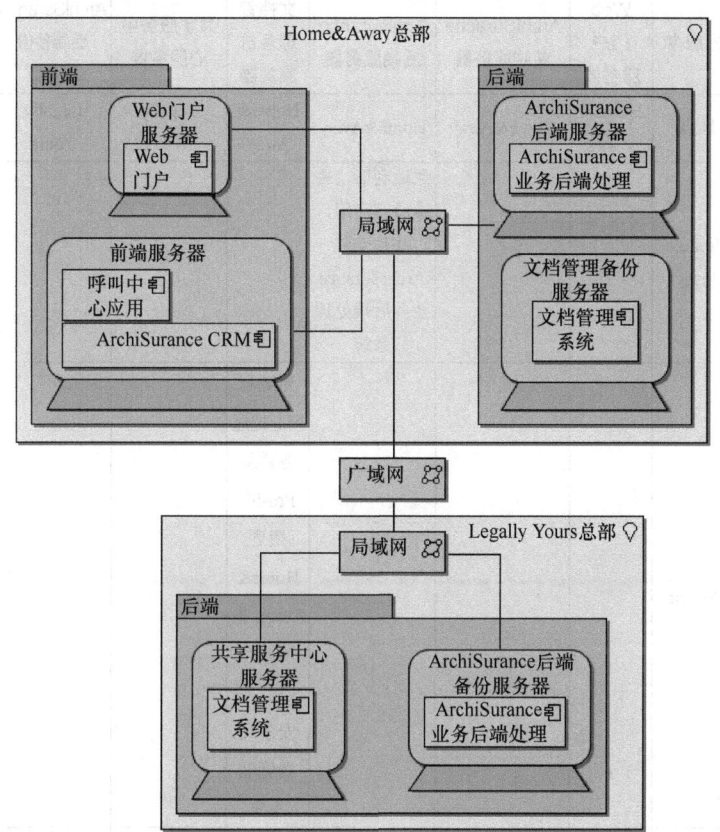

项目实施后，应用系统在基础设施中的部署情况如图附 2-16 所示。

图附 2-16　未来应用系统在基础设施中的部署情况

基础设施在项目实施前后的差异见表附 2-2。

表附 2-2　基础设施在项目实施前后的差异

应用架构目标版本		Web门户服务器	ArchiSuracne前端服务器	Achisurance后端服务器	文档管理备份服务器	共享服务中心服务器	ArchiSurance后端备份服务器	删除的构件块
应用架构基线版本	地点	Home&Away	Home&Away	Home&Away	Home&Away	Legally Yours	Legally Yours	不需要删除任何服务器。但是可以减少一路广域网连接
Web 门户服务器	Home&Away	原地利旧						
Home&Away 前端服务器	Home&Away		原地利旧，去掉Legally Yours CRM 系统					

数字化的极简逻辑与方法

(续表)

应用架构目标版本 / 应用架构基线版本	地点	Web门户服务器	ArchiSuracne前端服务器	Achisurance后端服务器	文档管理备份服务器	共享服务中心服务器	ArchiSurance后端备份服务器	删除的构件块
		Home&Away	Home&Away	Home&Away	Home&Away	Legally Yours	Legally Yours	
Home&Away后端服务器	Home&Away				原地利旧，去掉原有应用，并且安装ArchiSurance业务后端处理系统			
Pro-Fit后端服务器	Pro-Fit				异地利旧。把服务器从Pro-Fit搬到Home&Away，去掉原有应用，并安装文档管理系统			不需要删除任何服务器。但是可以减少一路广域网连接
共享服务中心服务器	Pro-Fit					异地利旧。把服务器从Pro-Fit搬到Home&Away		
Legally Yours后端服务器	Legally Yours						原地利旧。去掉原有应用，重新安装ArchiSurance业务后端处理系统	
新的构件块		不需要购买新的服务器，但需要根据各服务器重新部署应用后的计算能力的需要，添加某些配件						

从分析结果来看：

- 服务器数量的变化：维持不变，但配置会发生改变。将原有 6 台服务器部署的应用、服务器的位置、本身计算能力（若需要）进行了调整，尽量利旧，以节约成本。
- 应用部署发生变化：变化很大。尽管新的架构没有减少服务器数量，但是重要的两个系统（业务后端处理系统、文档管理系统）各安装主、备两套系统，而且服务器交叉分布在 Home&Away 总部和 Legally Yours 总部两地，极大增强了灾难恢复能力。若两套系统支持分布式部署，还可以在业务高峰时刻起到负载均衡的作用。
- 人员变化：Pro-Fit 不存放任何服务器，相关 IT 人员得以解放；同时，可以关闭 Pro-Fit 到其他 2 个分部的广域网链路，降低运营成本。

项目建设

ArchiSurance 项目建设内容如图附 2-17 所示。

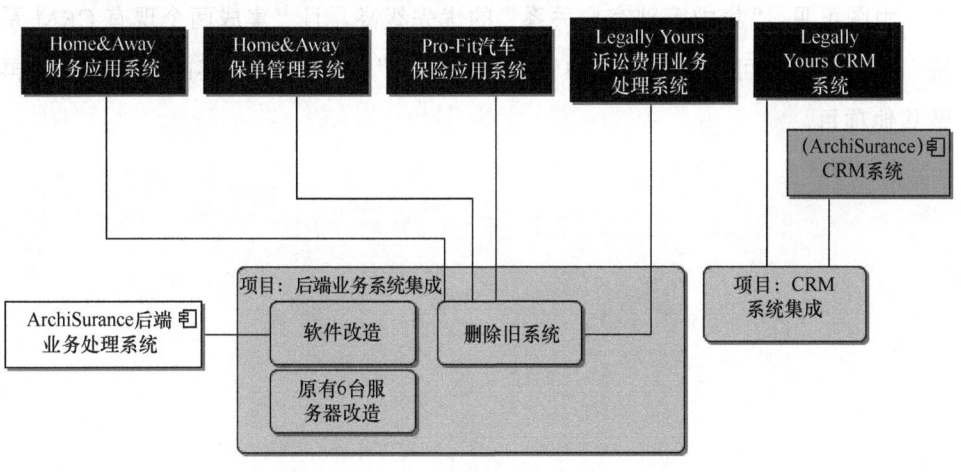

图附 2-17　ArchiSurance 项目建设内容

就应用来说，图中灰色部分代表应用在现在和未来都存在，是将要保留或改进的应用。例如，CRM 系统将扩充管理范围，并更名为 ArchiSurance CRM 系统。

图中黑色部分代表的应用仅存在于基线架构中，是将要删除的应用。例如，原有 4 个后端业务处理系统、Legally Yours CRM 系统将分别被 ArchiSurance 后端业务处理系统、ArchiSurance CRM 系统替代。

图中白色部分代表的应用仅存在于目标架构中，是将要新增的应用。例如，ArchiSurance 后端业务处理系统就是新增的应用。

一般我们通过图附 2-18 来识别 ArchiSurance 项目优先级。

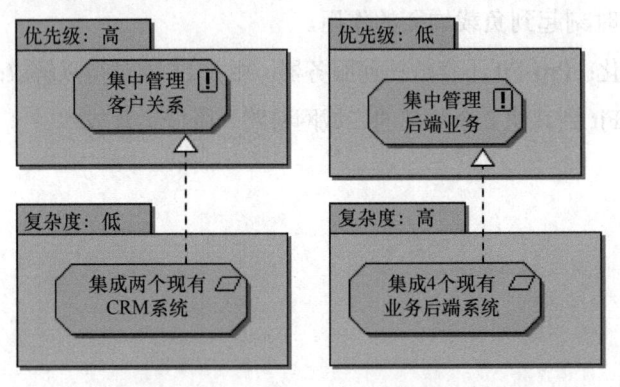

图附 2-18 ArchiSurance 项目优先级分析

由图可见，"集中管理客户关系"的优先级高，且"集成两个现有 CRM 系统"复杂度低，可以先做"集中管理客户关系"相关工作内容的项目，然后再做其他项目。

参考文献

[1] 钱学森，等. 论系统工程（增订本）[M]. 长沙：湖南科学技术出版社，1982.

[2] 钱学森. 创建系统学[M]. 太原：山西科学技术出版社，2001.

[3] 唐凌遥. 企业信息化：企业架构的理论与实践[M]. 北京：清华大学出版社，2016.

[4] 于海澜，唐凌遥. 企业架构的数字化转型[M]. 北京：清华大学出版社，2019.

[5] 华为企业架构与变革管理部. 华为数字化转型之道[M]. 北京：机械工业出版社，2022.

[6] BORKY J M, BRADLEY T H. Effective Model-Based Systems Engineering[M]. Berlin: Springer International Publishing AG, part of Springer Nature，2019.

[7] 王磊，等. 流程优化风暴：企业流程数字化转型从战略到落地[M]. 北京：机械工业出版社，2022.

[8] 王磊，等. 流程管理风暴：EBPM方法论及其应用[M]. 北京：机械工业出版社，2019.

[9] 陶景文. 华为数字化转型必修课[OL]. 得到，2021.

[10] 华为数据管理部. 华为数据之道[M]. 北京：机械工业出版社，2020.

[11] 华为大学. 熵减：华为活力之源[M]. 北京：中信出版社，2019.

[12] 上海交通大学钱学森研究中心. 钱学森研究 [M]. 上海：上海交通大学出版社，2021.

[13] 孙东川，孙凯，钟拥军. 系统工程引论[M]. 4版. 北京：清华大学出版社，2019.

[14] 王众托. 系统工程引论[M]. 北京：电子工业出版社，2012.

[15] 卢子芳，朱卫未，张冲，等. 系统工程：原理与实务[M]. 北京：人民邮电出版社，2016.

[16] 吴今培，李学伟. 系统科学发展概论[M]. 北京：清华大学出版社，2010.

[17] 周剑，陈杰，金菊，等. 数字化转型：架构与方法[M]. 北京：清华大学出版社， 2020.

[18] 周良军，邓斌. 华为数字化转型[M]. 北京：人民邮电出版社，2021.

[19] 王旭东，魏炜. 业务架构解构与实践[M]. 北京：电子工业出版社，2022.

[20] 莱克. 丰田模式：精益制造的14项管理原则[M]. 李芳龄，译. 北京：机械工业出版社，2016.

[21] 刘澜. 领导力：解决挑战性难题[M]. 北京：北京大学出版社，2018.

[22] 房晟陶，左谦，樊莉. 首席组织官：从团队到组织的蜕变[M]. 北京：机械工业出版社，2022.

[23] 刘敬东，张玲玲. 《实践论》《矛盾论》导读（增订版）[M]. 北京：中国民主法制出版社，2017.

[24] 梅多斯. 系统之美[M]. 邱昭良，译. 杭州：浙江人民出版社，2012.

[25] 国务院发展研究中心课题组. 借鉴德国工业4.0推动中国制造业转型升级[M]. 北京：机械工业出版社出版，2017.

反侵权盗版声明

电子工业出版社依法对本作品享有专有出版权。任何未经权利人书面许可，复制、销售或通过信息网络传播本作品的行为；歪曲、篡改、剽窃本作品的行为，均违反《中华人民共和国著作权法》，其行为人应承担相应的民事责任和行政责任，构成犯罪的，将被依法追究刑事责任。

为了维护市场秩序，保护权利人的合法权益，我社将依法查处和打击侵权盗版的单位和个人。欢迎社会各界人士积极举报侵权盗版行为，本社将奖励举报有功人员，并保证举报人的信息不被泄露。

举报电话：（010）88254396；（010）88258888
传　　真：（010）88254397
E-mail：　dbqq@phei.com.cn
通信地址：北京市万寿路173信箱
　　　　　电子工业出版社总编办公室
邮　　编：100036